本书的出版得到 2023 年度兰州大学"中央高校基本科研业务费专项资金"重点研究基地项目"中亚地区形势变化与'一带一路'建设"（项目编号：2023jbkyjd003）的资助，是兰州大学黄河国家文化公园研究院 2022 年公开招标课题资助项目"黄河文化国际传播中的叙事框架建构研究"（项目编号：HB005）的阶段性成果。

美国与中亚的
教育合作评析

李 亮/著

Review of Education
Cooperation Between
the United States
and Central Asia

中国社会科学出版社

图书在版编目（CIP）数据

美国与中亚的教育合作评析/李亮著. —北京：中国
社会科学出版社，2024.5
ISBN 978 - 7 - 5227 - 3343 - 2

Ⅰ.①美…　Ⅱ.①李…　Ⅲ.①教育—国际合作—
研究—美国、中亚　Ⅳ.①G571.2②G536

中国国家版本馆 CIP 数据核字（2024）第 065968 号

出 版 人	赵剑英
责任编辑	侯聪睿
责任校对	闫　萃
责任印制	王　超

出　　　版	中国社会科学出版社
社　　　址	北京鼓楼西大街甲 158 号
邮　　　编	100720
网　　　址	http://www.csspw.cn
发 行 部	010 - 84083685
门 市 部	010 - 84029450
经　　　销	新华书店及其他书店

印刷装订	三河市华骏印务包装有限公司
版　　　次	2024 年 5 月第 1 版
印　　　次	2024 年 5 月第 1 次印刷

开　　　本	710×1000　1/16
印　　　张	16
插　　　页	2
字　　　数	208 千字
定　　　价	85.00 元

推 荐 序

当 2019 年得知李亮选定美国与中亚的教育交流合作作为博士后研究主题，我是十分赞成的。首先，随着"一带一路"建设不断提质提量，区域国别研究持续升温。因此，在针对特定对象国家或区域进行优质知识的生产、提供与传播时，研究者必须尝试突破单一学科划分、知识体系和研究方法的局限，对对象进行一种全景式概览。关于中亚的区域国别研究，历来注重地区安全、大国博弈和国家间关系等"高政治"研究议题，而关于教育、文化、历史和社情等属于"低政治"范畴的研究则相对薄弱，也不受主流青睐。但从某种程度上说，它们是塑造中亚社会的重要力量，也会深刻影响我国中亚政策的实施成效。本书选择国际教育合作为切入点，详细梳理美国中亚政策中这一相当重要却鲜有人关注的领域，提醒我们切不可轻视大国在中亚博弈时这一特殊的"角力场"。

其次，2018 年 11 月恰逢教育部宣布实施"六卓越一拔尖"计划2.0，勾画出建设"新文科"的宏图。而打破学科壁垒、推进学科交叉、搭建多学科集群平台，正是新文科建设的核心要义。此前，中亚研究属于国际问题研究领域，中亚教育研究属于教育学领域，彼此独立，鲜少互动。而本书融合国际关系、教育、传播等多学科研究方法，在中亚研究的传统路径之外，尝试聚焦新议题、挖掘新现象、创新新观点，是一次非常值得鼓励的努力。

最后，2021 年是上海合作组织成立 20 周年，2022 年是中国与中亚五国建交 30 周年。可以预见，中国与中亚此后的合作将持续加速。本书着重讨论的议题及提出的观点，既能丰富中亚研究的研究视域，也能从现实与咨政角度回应完善中国的中亚政策、提升与中亚国家合作水平对知识供给提出的要求。

站在 2023 年年末再看本书，其出版的必要性和重要性与 2019 年相比又有提升。2022 年，区域国别学被纳入教育部人才培养方案中的交叉学科一级学科目录，中亚研究的重要性似乎也得到了更好的彰显。而 2023 年 5 月中国—中亚峰会的召开，更是中国—中亚关系史上的里程碑事件，体现出双方更高水平、更高标准、更高质量开展合作的意志和决心。因此，本书的出版可谓恰逢其时。

从内容上来讲，它在以下几个方面也有所贡献：

第一是论证了教育交流合作对于美国在中亚地区追求其战略目标所具有的意义。学界在论及美国与中亚关系时有一个普遍论断，即美国持续对中亚进行价值观输出，以推动其社会转型。不过，对于西方价值观是通过何种途径输出的？在教育、媒体、非政府组织等不同领域是如何操作的？其成效如何？有何经验与教训？这些问题鲜有人深入探究。美国一直致力于将中亚国家整合到西方自由主义秩序之中，意图塑造中亚国家的发展方向和地缘政治取向，整合的手段和塑造的重要支点即为教育。然而，目前国内难以找到专门研究美国与中亚教育合作的论著，零星的研究散见于涉及美国对中亚的文化输出、对中亚进行国际援助的相关成果。而由于乌克兰危机的持续、大国战略竞争的加剧等，中亚作为大国博弈阵地的价值再次上升，尤其是美国，其在经济、安全合作议程外又高调提出"价值观外交"，试图整合教育合作、意识形态输出、国际政治竞争等多重诉求，以扩大在中亚地区的影响。当此之时，如果我们始终沿用"新大博弈"、地缘政治竞争等传统视角来研究美国在中亚地区的行动，便难以洞察美国调整其中亚政策的深层动机、具体举措及其复杂影响。对此，本书花了很大篇幅凸显国际教育合作对美国提升全球影响力的价值，继而深入论证教育对美国实施中亚政策所具有的不可或缺的作用。对于从事中亚研究的我而言，本书也为我理解美国中亚政策提供了新视角和新观点。

第二是将观点建立在对相关数据有较为全面的把握这一基础之上。这里的全面，既指在时间上要覆盖美国与中亚各国建交的 30 余年，也指在项目上要包含官方、民间等不同层次不同类别，还指在对象上要涵盖五个中亚国家。客观而言，就此进行全面研究是一个庞大的工程。不过，本书另辟蹊径，较为出色地完成了这一任务。本书的创新在于：首先是收集了较为翔实的数据。为使本书的观点言之成理，作者耗费了不少时间精力，尽可能多地从美国国务院等相关渠道（包括相关政府与非政府组织的网站、年度报告、数据库等）获取了涉及美国与中亚教育合作项目的大量数据，这为本书论证相关观点提供了较为坚实的数据基础。其次是对数据进行分类。作者没有采取常见的时间分段，如分成起步期、发展期和成熟期，而是依类型来分类，如海外办学、交流项目、军事教育培训等。如此，可以较为全面地涵盖美国与中亚国家开展教育合作的层次与类别。最后是对历史经纬有较好的把握。显而易见，如仅研究具体的教育合作项目，则难以清晰把握美国通过教育合作为其国家战略服务的深层考虑。因此，本书通过案例研究的方法，提炼出美国往往会选择在发生重大国际或地区事件之际便出台教育合作法案的手法，并通过梳理通用性的教育合作法案与专门针对中亚的法案之间的关联，论证了美国的中亚教育合作嵌入在美国整体价值观外交中的这一重要观点。

　　第三是提出了对中国的诸多启示。区域国别研究的一个重要使命是咨政建言。之所以要全面研究美国和中亚的教育交流合作，一个重要目标是希望能取长补短，进而为完善中国的中亚外交，尤其是双方的教育合作，提供必要的借鉴，同时也提请人们需要注意避免的"陷阱"。因此，本书关于美国与中亚教育合作的评析，对中国如何更加有效地推动与中亚国家之间的教育合作、进一步夯实双方的民心基础，具有较高的现实参考价值。即便囿于篇幅所限，作者并未提出可操作性的对策建议，但字里行间仍很好地反映了作者的家国情怀和服务国家重大战略需求的研究初衷。

　　当然，本书也还有诸多可完善和提升的空间。比如就全书篇幅来讲，关于美国国际教育的立法与实践介绍较多，而涉及美国和中亚的内容占比仅为一半左右，比例显得有些失衡。此外，未引用俄文资料也是本书一个较为明显的缺陷。不过，鉴于美国与中亚国家之间的教育意义较大而相关研究稀缺，本书所作的努力仍值得高度肯定。希望李亮能持续关注此问题，并就此产出更多更深刻的研究成果，也期待能有更多的学者投身到中亚"低政治"范畴的研究领域中，对中亚各国人民"生活世界"有更丰富、更贴切的研究，一方面为促进中国与中亚各国人民之间的互学互鉴作出贡献，另一方面也为中国中亚研究水平的提升奉献更多的智慧和洞见。

曾向红

兰州大学中亚研究所、

兰州大学政治与国际关系学院教授

序　言

　　教育合作是国家间关系的重要推动力，也是"一带一路"建设的重点领域。中亚是"一带一路"的核心区，中国与中亚各国的教育合作既是"一带一路"教育合作的示范区，也是中国与中亚双边关系的新增长点。当前，双方的合作虽取得了一定成果，但仍存在规模有限、深度有限和战略模糊等不足。美国在中亚教育领域深耕多年，对中亚教育乃至整个社会均产生了巨大影响。中国与中亚开展教育合作，必须考虑到美国这一重要的影响因素。

　　美国与中亚的教育合作是中亚各国独立初期寻求外部帮助以度过教育危机，以及美国试图推动新生各国走上西方民主发展道路这两种因素共同作用的结果。中亚各国独立后，面临着教育经费严重短缺、教育内容全面调整和教育质量全面下滑等问题，应对困境的方法之一便是积极引入外部资源，支持本国教育转型与发展。俄罗斯、欧盟、土耳其抓住机会，凭借语言、文化、先进资源和宗教等各种便利条件，在中亚教育领域迅速占据一席之地。美国早在 19 世纪便认识到教育合作在传教过程中的作用，"9·11"事件后更将教育合作全面升级为维护美国国家利益的战略工具。联邦政府全面主导，确保其成为促进全球经济利益、维护全球战略利益和对外输出民主的先锋队；民间组织与私人基金会则提供源源不断的资金，使教育合作的规模与深度持续扩大。因此，当美国在中亚追求经济利益、安全利益以及民主利益的三大目标时，教育合作自然成为称手工具。

美国与中亚的教育合作拥有坚实的法理基础、齐全的实施机构以及多样的实施方式。苏联解体后，美国迅速出台多个针对新生国家展开援助与教育交流的法案，为后续的合作提供了法理依据和动力。国际开发署、国务院、教育部、千年挑战公司、和平队以及开放社会基金会等社会力量争相进入中亚，依托在援助、外交、技术等方面的优势，发起了大量教育合作项目。包括开办大学分校，创立"富布莱特"等大量项目资助中亚学生与学者等知识精英赴美进修，派出志愿者深入中亚社会帮助普通大众和中小学生提升英语能力、学习科学知识，此外还有针对军队高官、司法精英的大量项目。中亚从农民到精英，从乡村到城市，从平民到军人的广大人群，尽在这些项目的覆盖范围之内。

美国与中亚的教育合作带有鲜明的美国特色，其结果也是成就与缺陷并存。它以推进中亚社会民主转型为根本目标，联邦各机构齐力推动，索罗斯名下的开放社会基金会、福特基金会等旨在推动中亚东欧地区社会转型的民间资本也深度参与其中。此外，这些项目还有完善的评估、反馈和校友联络机制，"培养一人，影响一群"的"乘法效应"也使美国教育及美式价值观在中亚的影响力呈倍数扩大。因此，这些项目有效维护了美国在中亚的三大战略利益，也奠定了美国教育体系在中亚社会的认可度和影响力。但是，美国在教育合作中强势输出民主的做法引发了中亚各国的反感与抵制，美国整体投入较少、中亚配套能力不足等问题也使相关项目面临不可持续的困境。此外，在合作目标上的巨大差异也注定了双方无法建立互利共赢的健康合作关系。

　　美国与中亚的教育合作可为"一带一路"视野下中国与中亚教育合作的深入发展提供有益启示。虽然中国与中亚各国已建立了丰富的双边教育合作机制，且依托上海合作组织搭建起多个多边合作平台，但民间参与度低、双方合作动力不足、合作规模较小等短板仍然存在。全面梳理美国与中亚的教育合作历程、深入了解其实践路径、客观评析其成就与不足，对中国未来进一步优化与中亚教育合作政策、提升合作水平、补足现有缺陷和规避相关风险等，具有十分重要的价值。笔者也将以本书为起点，对中国与中亚教育合作、人文交流等研究议题展开后续研究，为构建中国—中亚教育共同空间、擘画中国—中亚关系新蓝图提供及时、有效、具前瞻性及可操作性的智力支持。

目　录

CONTENTS

第一章 绪论

第一节 研究背景

2021年8月塔利班夺取阿富汗政权，不仅彻底打乱了美国的阿富汗战略，也使其中亚外交面临重大调整。学者们分析，后阿富汗战争时期美国的中亚外交有三种可能走向，即全面进入、有限介入和逐渐退出。美国虽然尚未就此做出官方表态，但在2022年与中亚展开的一系列密集互动表明，拜登政府渴望扭转特朗普政府在中亚的战略收缩势头，力争全面回归中亚。早在2022年3月1日，美国与中亚五国举行在线"C5+1"外长会议，讨论国际和地区间的"紧急议程"，即俄罗斯对乌克兰的特别军事行动及其对中亚地区的影响。据称，美国在会上提出在中亚重建军事基地的可能性，遭到中亚各国的断然回绝。4月中旬，美国负责民事安全、民主和人权事务的副国务卿乌兹拉·泽雅访问哈萨克斯坦与吉尔吉斯斯坦，表态支持托卡耶夫总统的政治经济改革和民主化进程，并希望与吉尔吉斯斯坦开启两国关系在"民主权利"问题上的新篇章。5月23—27日，美国负责南亚和中亚事务的助理国务卿唐纳德·卢率团访问吉尔吉斯斯坦、乌兹别克斯坦、塔吉克斯坦和哈萨克斯坦四个中亚国家。此次代表团规模十分庞大，除唐纳德·卢外，还有国家安全委员会俄罗斯和中亚事务主任埃里克·格林，国防部负责阿富汗、巴基斯坦和中亚事务的副助理部长丽贝卡·齐默尔曼，美国国际开发署亚洲局副助理署长安贾利·考尔和美国国际开发金融公司政策部副主任纳兹·哈提卜。这种人员组成凸显了代表团此行的三大目的。一是向中亚各国确保美国在乌克兰危机爆发后发起的对俄制裁不会对中亚各国产生过多负面影响，二是支持中亚各国与阿富汗在经济联系、难民保护和边境安全等方面展开合作，三是许诺在"C5＋1"框架下继续深化与中亚各国在基础设施、能源、交通、环境保护和应对气候变化等领域的伙伴关系。

尤其值得注意的是，唐纳德·卢除了强调与中亚各国进行经济、政治与安全合作的意愿外，还抛出一个引发外界强烈关注的表态，即要与中亚"强化共同价值观"。拜登政府上台后，其外交战略中不断重复所谓"民主—专制"的意识形态对立叙事，企图利用"共同价值观"来构建集体认同，重启美日印澳四国对话机制，组建美英加澳新"五眼联盟"，修复美欧之间的跨大西洋伙伴关系，通过打造各类"小圈子"以实现对所谓战略竞争对手的围堵与遏制。而唐纳德·卢的这一表态，明确释放出要把中亚作为拜登政府操弄"价值观外交"新方向的强烈信号。①

这是一个值得重视的标志性事件。自中亚五国独立以来，中国与它们建立了友好合作关系，中亚成为中国周边外交圈中最稳固友好的一环，中亚各国成为共建"一带一路"的核心区与中流砥柱，在中国对外关系格局中具有独特且无可替代的作用。然而中亚向来是各大国

---

① 赵隆：《在中亚推"价值观外交"是伤口撒盐》，《环球时报》2022 年 5 月 25 日第 14 版。

的博弈与角力场，美国、俄罗斯、欧盟、土耳其和日本等域外大国在中亚深耕多年，在经济、安全和政治等"硬合作"领域与中亚各国建立了密切关系，在文化等"软实力"领域也产生了广泛的影响力。它们彼此间存在着复杂的互动关系，其他大国的中亚战略也成为中国与中亚关系中的重要变量。拜登政府全面回归中亚，欧盟与日本紧跟其后与中亚频繁互动，本身便会对中国与中亚关系造成深远影响；而它强调与中亚展开"价值观外交"，则已明确将矛头指向中国。虽然有学者认为，美国与中亚国家缺乏历史文化纽带和"共同价值观"的认同基础，中亚国家在"颜色革命"后对美国的民主观念输出行为存在负面记忆和抵触情绪，因此这种"价值观外交"注定将会失败。但要注意到，虽然中亚各国拒绝了美国在中亚重建军事基地的建议，但在其他方面对美国的提议都采取了较为积极的回应。此外，各种迹象显示，美国已充分吸取"颜色革命"时过分强势地推行民主价值观的教训，在近些年与中亚的交往中刻意展现出对中亚各国发展道路和政权安全的尊重，因此此次重提"价值观外交"，或许意味着未来美国将以更为低调和柔性的方式对中亚展开民主改造，潜移默化地将中亚纳入西方发展轨道。

通过长期对美国与中亚关系的动态追踪和理论分析，笔者认为，教育有可能成为美国在中亚推行"价值观外交"的重要抓手。原因在于，在美国的外交战略中，民主价值观输出向来与安全、经济利益并行不悖，甚至在某些时期和某些区域还有凌驾于后两者之上的势头。在其"价值观外交"的工具箱中，教育具有非常重要的价值。自20世纪以来，美国不断在全球各地区展开教育援助、海外办学及形式多样的教育合作，教育成为其公共外交中最重要也最成功的领域。美国有能力、有动力也有历史惯性继续发挥在这方面的优势。此外，中亚各国刚独立，美国便与俄罗斯和欧盟一同涌入中亚教育领域，经过多年深耕，美国已成为中亚各国最主要的教育合作对象，美式教育在中亚社会的影响力已渐渐超过俄罗斯。多年来，美国通过教育深刻影响和塑造了中亚各国的政治、经济与文化生态，不断挤压俄罗斯在中亚的战略空间。乌克兰危机后，俄罗斯在中亚的影响力将不可避免地再度减弱。美国很有可能将教育合作作为加快推进价值观外交的政策工具，配合其他经济与安全议程。此举虽不至于撼动中亚各国的"多元平衡"外交政策，但使中亚各国更加依赖和偏向西方，则是完全有可能的。

党的十八大以来，以习近平同志为核心的党中央高度重视国际人文交流工作，中外人文交流事业蓬勃发展。从倡导树立平等、互鉴、对话、包容的文明观，到构建人文共同体，人文交流一直是推动建设人类命运共同体的重要方式，也是"一带一路"倡议的核心内容。在 2020 年 11 月 10 日上合组织成员国元首理事会第二十次会议上，习近平主席首次提出"卫生健康共同体""安全共同体""发展共同体"和"人文共同体"四点主张，强调"要促进民心相通，构建人文共同体，要促进文明互学互鉴，支持教育、文化、旅游、体育、媒体、妇女等领域交流合作"。这说明，在世界格局发生深刻变革、国际战略不确定性增强的背景下，我国加强与中亚各国人文合作与交流的意义越发凸显。但推动人文合作与交流是一项极为艰巨的任务。因为它本身是一个内涵与外延均极为广泛的概念，包含教育、科技、艺术、旅游、卫生等多个次级领域，甚至还可延伸至美食、演艺等内容，推动不同次领域合作所需的资源、手段、方法也存在很大差异。推动教育合作与推动卫生防疫合作之间的差异，并不亚于推动经济合作与安全协作这两个大类之间的差异。因此，推动人文合作与交流，必然需要在统一战略原则指导下，就不同的次领域进行深入研究，制定各自的具体战略和行动方案，方能使各领域的合作真正落到实处。此外，人文交流具有投入多、周期长、起效慢的特征。其作用机制是潜移默化而非立竿见影的，其实施过程要求精耕细作而非粗放发展。国家大战略的引领诚然能使中国与中亚人文合作的步伐进一步加快，但真正的民心相通必然需要更细致且长期的努力方可实现。

当前，美国、欧盟回归中亚的大势已定，美国在经济、安全合作议程外又高调提出"价值观外交"，将在中亚的外交重点回摆至民主价值观输出这一历史轨道。可以预见，这不仅会对中国与中亚的人文合作空间造成挤压，更会深刻影响中国与中亚各国的双边关系与多边合作大局，对中国在中亚的影响力造成严重冲击。对此中国必须予以重视。就学界的努力方向而言，沿用大国博弈、地缘政治、安全困境等传统研究视角虽然也能解释一部分事实，但无法及时捕捉"价值观外交"背后美国对中亚政策的调整和变化，拓展现有研究视野势在必行。

第二节　研究价值

笔者将以美国重提对中亚的"价值观外交"为契机，对中亚独立以来美国与中亚的教育合作交流情况进行全面梳理，包括其发展历程、实施手段、现有成效等，从中寻求对中国的相关启示。下文将从为何聚焦教育、为何重视中亚、为何关注美国三方面详细阐述本书的价值。

一 教育交流对国家间关系的重大助力

中国自古便有尊师重教的传统，改革开放后，"百年大计，教育为本"成为中国特色社会主义发展的基本方针。百年大计是指导一个国家实现长远发展的宏观战略。国家的发展是一个复杂议题，需要政治清明、经济发达、军事强大、文化优秀等多种因素协同作用。教育之所以超越政治、军事、经济和文化等因素而成为这一大计之根本，是因为国家的发展、民族的进步归根结底要靠人，教育正是培养人的事业。因此，它对于国家的发展具有先导性、奠基性和决定性的作用。

发展教育可以推动一国政治、经济、社会和文化发展，发展教育合作与交流则是促进国家间关系的强有力手段。笔者基于美国学者伊恩·威尔逊①、史密斯·米歇尔②以及其他现有研究，将教育合作与交流对促进国家间关系的作用总结为四个方面，即释放友善信号、促进态度转变、提高跨文化交流能力和推动关系网形成。③

第一，释放友善信号。教育合作对国家间关系最直接和最明显的影响在于营造一种良好氛围。一国邀请对方国家的学生、学者到本国学习和研究，或派出本国知识精英前往对方国家，可以向对方释放一种信号，即希望与对方建立并长期保持和平友好的双边关系。此外，教育合作项目也易于获得普罗大众的关注，从而进一步将友好信号从官方扩展至社会各界。因此，一国领导人可以根据对方政府处理与本

---

① Iain Wilson, *International Exchange Programs and Political Influence：Manufacturing Sympathy?*, New York：Palgrave Macmillan, 2014.

② Smith Michael, "Educational Leadership for a Free World", *The Teachers College Record*, Vol. 57, No. 5, 1956, pp. 285 – 289.

③ Iain Wilson, *International Exchange Programs and Political Influence：Manufacturing Sympathy?*, New York：Palgrave Macmillan, 2014.

国教育合作的积极态度，推测出对方对双边关系持有乐观态度和发展预期，从而采取相应的积极回应，使双边关系形成良性循环。而教育合作项目所营造的双边关系良好氛围，又能促使两国民众产生好感与信任，最终全方位提高两国的友好关系。

第二，促进态度转变。促进态度转变是针对教育合作的参与者个人而言的。美国参议员、全球最负盛名的教育交流项目"富布莱特"项目发起者威廉·富布莱特认为，与其他人文合作方式相比，教育合作与交流在"国际关系拟人化"方面的作用是最强的。参与国家间教育合作项目，前往外国接受教育的人将建立起与该国民众的深刻联结和深厚感情，这是在该国旅游、工作和生活都很难达到的。又由于这些参与者通常为行业精英，他们有望通过两个"乘法效应"（Multiplier Effect）[①] 将这些感情放大。一是参与者日后成为政府高级官员；二是参与者成为对社会舆论具有高度影响力的意见领袖，如记者、学者和活动家。在这两种情况下，他们都有充分的资源和渠道，将自己对交流对象国家的良好观感直接转化为与该国交好的官方政策；或传播至社会大众，塑造大范围的善意，最终影响官方决策。

第三，提高双方的跨文化交流能力。跨文化交流能力是指了解、理解其他文化，并与该文化下的民众进行有效沟通的能力。对国家间教育合作项目的参与者来说，他们在交流对象国家长期生活，既熟练掌握该国语言，又了解该国文化，对该国文化还拥有"同理心"和共情力。当两国关系良好时，教育合作蓬勃发展，培养出一大批拥有跨文化交流能力的知识精英。他们在政府、高校、智库、企业担任重要

[①] Smith Michael, "Educational Leadership for a Free World", *The Teachers College Record*, Vol. 57, No. 5, 1956, pp. 285 – 289.

职务，可以通过自身影响力，维护和促进当前的友好关系。一旦双方产生摩擦与冲突时，这些人则能开辟不同渠道，促进双方准确表达诉求，消除因文化差异产生的误解，最终推动互相谅解和妥协。因此，教育合作成为两国进行跨文化交流与沟通的最佳桥梁。

第四，建立知识精英的跨国交际圈。国家间教育交流与合作项目，将两国最为优秀的青年及专业人士送往对方国家进行长短期学习。在此过程中，他们有机会在对象国结识当地乃至来自全世界的优秀同行，结交亲密朋友，建立广泛的交际网络。众多不同国籍与文化背景的知识精英可以通过这一网络交流感情、传递信息，并进行其他合作。当这一网络通过上述"乘法效应"被放大，便成为国家间交流与沟通的渠道。

美国学者伊恩·威尔逊（Iain Wilson）还提出了教育合作对国际关系的另一层影响，即促进社会制度的转移。国家间教育合作与交流的参与者在学习与研究过程中，得以充分观察到对方国家的社会制度、公共政策及相关实践，自然会将之与母国的制度及政策进行对比，并思考将对方的制度移植到本国的可能性。威尔逊通过实地访谈发现，大量的教育合作参与者在结束项目多年后担任政府高级官员时，仍会保留对交流对象国诸多公共政策的记忆，并在自己的决策中加以参考运用。[①] 这与卡罗尔·阿金森（Carol Atkinson）的理论是一致的。阿金森认为，教育交流有助于"其他国家"的学生及学者到美国亲身经历和感受美式民主政治，进而影响生源国的政治制度和政治行为。"许多研究显示，参与教育交流的学生往往对留学国持积极看法，回国后通常会运用留学期间所学的知识来改善自己

---

① Iain Wilson, *International Exchange Programs and Political Influence*：*Manufacturing Sympathy?*, New York：Palgrave Macmillan, 2014, pp. 7 – 8.

国家的状况。"他认为,"民主理念扩散的最有效的方式是国际教育交流"。①

综上所述,教育合作对促进国家间关系发展、国家战略目标达成具有显著作用。我国著名教育家顾明远先生认为,国际教育关系是国家外交政策的一个重要方面。② 约瑟夫·奈也提出,以教育与人文交流为核心的公共外交是一国外交的核心部分。相比于官方外交和经济合作,教育合作与交流的参与者通常是学生和学者,与政府无直接联系,天然拥有中立、合法和受人尊敬的身份,在交流国不会遭受排斥与质疑。而教育的目标是个人发展与社会进步,在任何文明中均为完全积极正义的事业,教育对个体思想与观念的塑造,比官方刻意的意识形态宣传更易于接受。与旅游、卫生、艺术等其他人文合作相比,它对于促进人文交流以及国家间关系又具有先导性、基础性和长期性价值。因此,教育合作是国际合作中认可度最高、争议性最小、回报最大、影响力最为长远的领域。它可以与政治互信、经济联通形成良性的三向互动,促进国家间关系向好向善发展。

二 美国始终重视与中亚的教育交流合作

在美国的外交实践中,教育一直处于公共外交、价值观外交和民主输出的核心地位。曾担任美国教育与文化交流处首任主任的菲利普·库姆斯 (Philip Coombs) 将教育称为美国外交政策的第四个维度。他认为,在第二次世界大战后,美国全面推行国际教育合作,

---

① Carol Atkinson, "Does Soft Power Matter? A Comparative Analysis of Student Exchange Programs 1980 – 2006", *Foreign Policy Analysis*, Vol. 6, No. 1, January 2010, pp. 1 – 22.

② 顾明远、薛理银:《比较教育导论:教育与国家发展》,人民教育出版社 1996 年版,第 353 页。

通过"富布莱特"等多个国际教育合作与援助项目，既巩固了与西方国家的关系，又拉拢和动摇了社会主义阵营及在两大阵营中摇摆不定的其他国家，最后以与美国社会的价值观与利益相容的方式结束冷战等。① 这便是"价值观外交"的核心观点。"9·11"事件后，有所降温的国际教育合作被重新提上优先日程，且超越教育政策层面而上升为直接影响经济竞争、外交政策、国家安全乃至维系美国全球领导地位的国家发展战略，成为美国赢得"全球竞争的一个基石"。② 2022 年 7 月 26 日，美国国务院和教育部 20 年来首次发布联合声明《美国对国际教育的新承诺》（*A Renewed U. S. Commitment to International Education*），认为学生、研究人员、学者和教育工作者的积极交流，以及美国和其他国家之间更广泛的国际教育努力，加强了当前和未来领导人之间的关系。这些关系对于应对共同挑战、促进美国繁荣以及全球和平与安全是必要的。国际教育提高了文化和语言的多样性，有助于培养跨文化交流技能、外语能力，对于增强自我意识和对不同观点的理解有很大的帮助。美国教育部部长米格尔·卡多纳称："现在，我们比以往任何时候都更需要促进和加强国际教育。"这份声明来源于美国国务卿布林肯在 2021 年美国教育论坛上的发言。他说，让美国继续成为国际学生的世界顶级留学目的地，这符合美国的国家利益。③

纵观美国与中亚关系的发展历程，可以发现一个重要特征贯穿

① Philip Coombs, *The Fourth Dimension in Foreign Policy*, New York: Harper & Row, 1964, p. 117.

② 马毅飞、谭可：《美国国际教育政策的战略走向——基于〈美国教育部 2012—2016 国际战略〉的分析》，《现代教育管理》2015 年第 6 期。

③ U. S. Department of State and Department of Education, "A Renewed U. S. Commitment to International Education", 26 July, 2021, https: //educationusa. state. gov/sites/default/files/intl _ ed_ joint_ statement. pdf.

始终，即把文化传播与政治价值观渗透作为首要内容。教育合作则为重中之重。中亚各国独立后，美国将其视为欧亚地区新出现的一个地缘政治板块以及俄罗斯的合作伙伴，开始推动原苏联加盟共和国实现"民主改造"，其本质是凭借"软实力"争夺和蚕食原苏联加盟共和国空间，扩大自己的全球影响力。其中最突出的两种方式：一是为中亚各国提供大量经济援助。比如 1992 年 5 月，哈美签署《哈萨克斯坦和美国合作促进援助协定》；1994 年 11 月，美哈签署《美国通过非政府组织对哈萨克斯坦实施援助计划的协定》。在哈萨克斯坦的示范效应下，美国在 1993 年 5 月与吉尔吉斯斯坦签署《美国和吉尔吉斯斯坦合作促进援助协定》；2002 年 3 月，美乌签署《美国和乌兹别克斯坦战略伙伴关系与合作宣言》。《美国中亚战略（2019—2025）》显示，美国为中亚地区提供了超过 90 亿美元的直接援助，以促进和推动中亚地区的和平安全、民主改革、经济增长，满足相关人道主义需求。近 30 年来，美国每年在中亚地区的援助资金投入多达约 3 亿美元。① 二是向中亚各国派出和资助大量非政府组织，从事环境保护、司法援助、新闻培训、选举知识普及和教育交流等工作。这些均为独立初期积贫积弱的中亚国家推进国家建设和社会发展提供了强有力的支持，但其根本目的是向中亚各国传播极具美国意识形态特色的价值观，引导中亚各国走上美国乐见的所谓"民主发展模式"。教育交流自然是其中的重点领域。中亚各国刚独立，美国便迅速出台法案，组建机构，以"培养中亚民主改革的领袖"为宗旨，创建了大量教育援助、交流与办学项目。而跨国企业、民间组织及私人基金会也蜂拥而至，利用资金雄厚与制度灵活等优势，使这些项目的影响力进一步扩

---

① 刘赛、石岚：《论美国非政府组织在中亚的活动与角色》，《俄罗斯东欧中亚研究》2022 年第 6 期。

大。美国与中亚各国教育合作的工作之细、网络之大、活动能力之强、影响力之深，使美国成为中亚国际教育合作中风头最劲的主角之一。美国著名智库战略与国际问题研究中心（CSIS）2015 年发布报告称，拓展教育与学术合作是美国支持和发展中亚合作的重要方式，这种方式成本低，影响深远，有助于中亚各国精英与美国建立"长久联系"。在1992—2015 年，超过 2.4 万名中亚学者与学生通过美国国务院资助的教育交流项目来到美国。该报告建议美国进一步扩展以大学为基础的教育交流、研究合作和商务培训项目。[①]

特朗普执政时期，美国外交战略明显收缩，对中亚国家的援助与重视程度明显下降。2018 年美国国会对中亚五国的经济援助预算总额约 5126 万美元，较 2016 年的 10486 万美元减少近一半。[②] 美国和中亚的教育合作进入一个较长的低迷期。然而拜登政府已全面扭转这一态势，恢复了民主党对推进民主价值观的重视，"价值观外交"的提出更预示着双方的教育合作有望回温。此外，塔利班执政后，美国在阿富汗作战正式结束，中亚的反恐作用明显下降，但战略价值并未减损。美国的中亚战略重点正在转向经济发展、社会治理等有利于地区长期发展的领域。加上世界格局剧烈转变、大国战略竞争加剧、地区冲突频发，双方教育合作可能迎来全新发展阶段。因此，全面梳理美国与中亚教育交流合作，既是一种历史与经验总结，更重要的是有助于洞察当前美国中亚战略的真实意图与可能路径，还能为研判未来美国与中亚关系走向提供参考。

---

① Andrew Kuchins, Jeffrey Mankoff, *Central Asia in a Reconnecting Eurasia*：*U. S. Policy Interests and Recommendations*，CSIS, May 11, 2015.

② 陈亚州、曾向红：《特朗普政府的中亚政策——继承与调整》，《国际问题研究》2018 年第 4 期，第 82—98 页。

三 美国与中亚教育合作对中国的影响维度

关于中亚的地缘政治价值，最为世人所熟知的论断来自著名的英国地理学家麦金德对这场大博弈的观察结果。他认为，英国作为传统资本主义国家及海洋霸主，在中亚问题上显露出对陆权强国沙俄的明显忌惮，因此提出"心脏地带—枢纽区域"三段论："谁统治了东欧，谁就主宰了心脏地带；谁统治了心脏地带，谁就主宰了世界岛；谁统治了世界岛，谁就统治了世界。"① 这一理论虽已随着世界格局的变化而变得不合时宜，但彰显出中亚在世界史上曾拥有的高光时刻。虽然深处欧亚大陆的腹地，但中亚一直是欧亚大陆上人员、货物与文化交流的十字路口，其地缘政治价值则一直处于演变之中。15 世纪前，它是远离世界政治与经济中心的边缘地区，是欧亚大陆上强势文明的征伐目标。地理大发现和航海技术发展后，欧洲帝国主义取道海洋，实现了对全世界的殖民与瓜分。此时刚刚完成工业革命的沙俄，没有新陆地可供殖民，便将目光投向尚未被西方染指的欧亚大陆腹地——中亚。英国此时已建立了英属印度殖民区，担心沙俄征服中亚后，越过兴都库什山，进入阿富汗，进而与英国抢夺印度。因此，双方便在中亚展开了一场传统海权强国对新兴陆权强国的较量②，即所谓的"大博弈"。远离世界舞台中心的中亚此时成为影响两大强国命运走向的重要因素。苏联的成立，使中亚结束了作为独立政治板块的历史，变为苏联加盟共和国。直至苏联解体后，中亚以五个民族国家的身份再次出现在国际舞台，即哈萨克斯坦、吉尔吉斯斯坦、塔吉克斯坦、乌兹

---

① Halford Mackinder, "The Geographical Pivot of History", *The Geographical Journal*, Vol. 23, No. 4, 1904, pp. 421 –437.

② 许涛：《中亚地缘政治沿革：历史、现状与未来》，时事出版社 2016 年版，第 39 页。

别克斯坦和土库曼斯坦。尽管国际局势已趋于缓和，但俄罗斯希望保持在中亚的影响力，使其继续充当自己的后院；美欧国家则致力于使中亚摆脱俄罗斯的影响，走上西方民主化发展道路。双方通过外交与政治博弈的方式继续在中亚角力，中亚则勉力在俄美间保持平衡，争取外部资源谋求自身发展，"大博弈"图景较此前更为复杂和多变。"9·11"事件后，国际反恐、大国博弈、区域安全等多重利益交织于此，中亚的战略价值进一步上升。塔利班夺取阿富汗政权后，中亚在全球反恐版图上的战略地位略有下降，但在防止阿富汗恐怖主义势力外溢、协助阿富汗战后重建、维护地区发展方面的作用依旧重大。而在大国战略竞争加剧、全球权力转移的背景下，中亚作为大国博弈阵地的价值再次上升，未来即便不再是全球地缘政治核心区，① 也将是美国、俄罗斯、欧盟与中国等各方展开角力的前沿。中国发展与中亚的关系，离不开对域外力量在中亚活动的考察，教育合作领域也是如此。美国、俄罗斯、欧盟、土耳其和日本均与中亚展开了多年的教育交流合作，以实现教育合作、意识形态输出、国际政治竞争等多重诉求。而美国既是中亚国际教育合作的主角，又是中国与中亚教育合作的最重要变量。

（一）中亚对中国的战略价值

中国历史上通过古丝绸之路与中亚发展出密切的文化、商贸与政治关系，但其性质是古代中原王朝与周边民族之间的朝贡和羁縻关系，对当代的参考价值有限，此处不予赘述。中国与中亚在现代政治学意义上的双边关系，始于中亚各国独立。许涛从三个层面概括了中亚在中国总体外交布局中的价值。②

① 杨恕：《中亚的地缘政治——历史和现实》，《中国边疆史地研究》2003 年第 3 期。
② 许涛：《中亚地缘政治沿革：历史、现状与未来》，时事出版社2016 年版，第31—32 页。

第一，战略价值层面。苏联解体并没有带来福山预言的"历史的终结"，不同体制与道路的国家仍在进行着竞争与对立。新生的中亚五国既是中国西邻，又是前社会主义国家，它们与中国的彼此支持此时便具有重要的意义。1992 年，时任国务院副总理李岚清访问中亚五国，并与五国正式建交。此后，中国与中亚的关系不断深化，从发展政治关系为主转为政治、安全、经济、人文合作齐头并进，从双边合作转为多边合作，从睦邻友好合作关系升级为战略伙伴关系。① 2001 年中国、俄罗斯以及哈萨克斯坦、乌兹别克斯坦、塔吉克斯坦、吉尔吉斯斯坦六国创建上海合作组织，中国开始双边与多边并重，全面提升与中亚各国的关系，与吉尔吉斯斯坦、塔吉克斯坦、乌兹别克斯坦、土库曼斯坦建立起战略伙伴关系，与哈萨克斯坦建立全面战略伙伴关系，同时在推动地区发展中也扮演了重要角色。习近平主席于 2013 年在访问哈萨克斯坦时提出"一带一路"畅想，中亚各国迅速将本国发展战略与"一带一路"实施对接，使中国与中亚的外交进入一个新阶段，具有三个新的使命和目标：一是充分发挥中亚地区作为连接东西方战略通道的优势，把中亚打造成连接中国与欧洲的陆上大通道。二是在中亚积极探索建立以合作共赢理念为核心的新的区域合作模式，推动形成中亚区域大市场。三是增进与中亚各国的战略互信，携手打造更加紧密的利益共同体、责任共同体和命运共同体。②

第二，安全价值层面。20 世纪下半叶，中东地区的伊斯兰复兴浪潮扩散至西亚与中亚，阿富汗则成为欧亚地区伊斯兰极端主义的源头。在苏联政府的强力管控下，中亚地区保持了大致稳定；但苏

---

① 邓浩：《"一带一路"倡议与新时期中国的中亚外交》，《当代世界》2019 年第 6 期。
② 邓浩：《"一带一路"倡议与新时期中国的中亚外交》，《当代世界》2019 年第 6 期。

联解体后，来自中东、西亚和南亚的伊斯兰极端势力迅速渗透，中亚成为宗教极端主义、暴力恐怖主义和民族分裂主义这"三股势力"的活跃地带。[①] 中国和中亚有着漫长的共同边界和大量跨界民族，"三股势力"的猖獗对中国西部稳定和国家安全构成了严重威胁。2001 年 6 月 15 日，中国、俄罗斯与中亚四国创建上合组织，同时签署《打击恐怖主义、分裂主义和极端主义上海公约》，首次对恐怖主义、分裂主义和极端主义做出明确定义，并制定出打击"三股势力"的措施与方案。这是中国首次签署共同打击"三股势力"的外交文件，中亚国家成为中国维护国家安全的重要伙伴。阿富汗战争结束后，阿富汗及周边地区仍暗流涌动。地方武装泛滥、毒品及武器走私猖獗、难民问题与恐怖势力交织，并外溢至中亚、南亚、中国和俄罗斯等国。[②] 2021 年塔利班执掌阿富汗后，社会治安与毒品问题得到一定改善，但其安全治理能力仍然有限，与恐怖组织又存在千丝万缕的联系，因此对中亚、南亚的安全威胁依旧存在。因此，保持中亚地区安全局势总体可控和基本稳定，是中国对中亚外交的核心目标之一，中亚作为中国的重要安全合作伙伴和西部安全屏障的作用将长期存在。

第三，经济价值层面。在经贸方面，中亚蕴藏丰富的石油、天然气及矿产资源，其经济结构与中国形成互补。中国是哈萨克斯坦、土库曼斯坦的第一大贸易伙伴，乌兹别克斯坦、吉尔吉斯斯坦的第二大贸易伙伴，塔吉克斯坦的第三大贸易伙伴。随着中哈石油管道和中国—中亚天然气管道相继建成运营，中国在中亚的能源格局中

---

① 苏畅：《中亚伊斯兰极端主义的由来及应对》，《现代国际关系》2016 年第 1 期。
② 富育红：《阿富汗武装集团的发展现状及对周边地区安全的影响》，载孙力主编《中亚黄皮书：中亚国家发展报告（2020）》，社会科学文献出版社 2020 年版，第 129—130 页。

已占据重要一席。2013 年中国成为土库曼斯坦天然气的第一大买家，哈萨克斯坦石油的第二大出口市场。"一带一路"建设启动以来，中国与中亚关系进入快车道。经贸方面，2014 年中国与中亚国家贸易额达到 450 亿美元，2022 年这一数字跃升至 702 亿美元，比建交时增长了约 100 倍。2022 年，中国从中亚国家进口农产品、能源产品、矿产品同比增长均超过 50%，对中亚国家出口机电产品同比增长 42%，结构更加优化。投资方面，截至 2022 年年底，中国对中亚五国直接投资存量近 150 亿美元，累计完成工程承包营业额 639 亿美元。此外，中国还推动各类多边融资平台为中亚各国提供融资支持。2020 年，亚洲开发银行和亚洲基础设施投资银行（下称亚投行）为哈萨克斯坦提供了约 15.7 亿欧元贷款。基础设施建设方面，中国—中亚天然气管道是世界上最长的天然气管道，截至 2022 年 6 月累计对华输气超 4000 亿立方米。中哈霍尔果斯国际边境合作中心与中哈连云港物流合作基地成功建成，打开了中亚国家通向太平洋的大门；中吉乌公路正式通车，成为中国—中亚—西亚国际经济走廊的大动脉。2023 年 11 月 24 日国家发改委公布的数据显示，中欧班列已累计开行 8.1 万列，通达欧洲 25 个国家 217 个城市，其中将近 80% 的班列途经中亚。①

中国同中亚国家建交 30 年来，始终秉持相互尊重、睦邻友好、

---

① 数据由作者根据以下资料整理。邱海峰：《2022 年双边贸易额同比增长约 40%——中国同中亚五国经贸合作持续深化》，《人民日报》（海外版）2023 年 2 月 20 日第 3 版；《中国与中亚五国经贸合作发展势头强劲》，中国政府网，2023 年 4 月 19 日，https：//www. gov. cn/yao-wen/2023 – 04/19/content_ 5752129. htm？eqid = dab1015000100bdb00000003645895e5；《中亚多国专家：共建"一带一路"带动中亚快速融入全球大市场》，中青在线，2023 年 10 月 10 日，https：//m. cyol. com/gb/xwzt/articles/2023 – 10/10/content_ dqxYVQHy5d. html；《国家发改委：中欧班列累计开行 8.1 万列》，人民网，2023 年 11 月 24 日，http：//finance. people. com. cn/GB/n1/2023/1124/c1004 – 40125384. html。

同舟共济、互利共赢原则，不断深化友好合作。中亚五国是中国的友好邻邦和战略伙伴。中亚地区是"一带一路"首倡之地、核心建设区和西线出境第一站，是通往欧洲的重要枢纽。2022年是中国和中亚五国建交30周年，六国元首共同宣布打造中国—中亚命运共同体，使双方战略互信迈上新台阶。2023年5月，中国—中亚峰会在西安举行。这是31年来中国同中亚五国首次以实体形式举办峰会，峰会全面梳理了中国与中亚五国的合作成果，并建立中国—中亚元首会晤机制，成为中国与中亚国家关系发展史上一次里程碑性事件。

（二）中国与中亚的教育合作现状

中国与中亚的教育交流合作开始较早，发展也较为迅速。1983年，中国和仍是苏联加盟共和国的哈萨克斯坦、吉尔吉斯斯坦、塔吉克斯坦和土库曼斯坦以及其他共20个国家共同签署了《亚洲和太平洋地区承认高等教育学历、文凭和学位的地区公约书的协议》。苏联解体后，中国陆续与乌兹别克斯坦、吉尔吉斯斯坦、哈萨克斯坦、塔吉克斯坦和土库曼斯坦签署了高等教育学历学位互认协议。在此基础上，双方展开了多种形式的教育交流。截至2020年，中国在中亚共设立了13所孔子学院，22个孔子课堂，汉语国际教育成果显著。中国接收中亚国家的留学生的数量也已达到一定规模，其中学历生比例稳步上升。2019年，哈萨克斯坦是中国留学生的第八生源国，超过印度尼西亚与法国。[①] 在科研合作上，中国和中亚各国以上海合作组织为依托，成立了上海合作组织大学、中国—中亚教育共同体和中国—中亚大学校长联盟等多边合作平台。

---

① 《2018年来华留学统计》，教育部网站，2019年4月12日，http://www.moe.gov.cn/jyb_ xwfb/gzdt_ gzdt/s5987/201904/t20190412_ 377692. html。

但由于中国推进国际教育合作的整体力度较低，且中亚的国情民意较为复杂，双方的教育合作仍存在诸多短板。如当前合作仍限于签署合作协议、成立象征意义大于实质意义的机构等，真正能影响双方教育体制、人才培养模式，且对社会产生强大吸引力的项目还比较少。孔子学院提供了语言学习和比较初级的文化交流渠道，高校之间深层次的学术合作尚不多见。总体而言，当前中国尚未就与中亚展开教育合作制定出科学、全面且具有前瞻性的政策与战略。这与"一带一路"蓬勃发展的势头是不相符的。无论是"一带一路"倡议在中亚的落实，还是"一带一路"的教育合作，均属于国家重大战略行动，对智力支持的需要十分迫切。"一带一路"是一个系统和长期的工程，政策激励与经济回报固然能吸引沿线国家积极参与共建，但教育合作及人文交流更能催生其内在动力。尤其在共建遇到困难与挫折时，这种内在动力更容易感召与凝聚各国，使其克服机会主义心理，与中国共克时艰。从另一个角度来讲，由于中亚经济发展水平落后，中国与中亚的经贸合作很难在短时间内取得突破性进展，安全合作在现有成果基础上升级的难度也较高，教育合作应是当前"一带一路"倡议在中亚的新增长点。尤其在美国重提"价值观外交"的当下，其重要性尤其突出。

（三）中美在中亚存在复杂战略互动

在研究域外大国参与中亚事务时，通常不以单个国家而以两个或多个国家之间的互动关系作为主题，比如美俄在中亚的竞争、中美俄在中亚的互动、土俄在中亚的互动、美伊在中亚的互动等。也就是说，各国在中亚的行动之间存在着密切关联。对中国的中亚战略造成影响最大的域外国家无疑是美国。

围绕着中亚油气资源开发、打击"三股势力"尤其是分裂势力的立场，以及大国战略竞争等议题，中美在中亚事务上的关系带有强烈张力。2011 年 7 月，时任美国国务卿希拉里在印度金奈访问时提出"新丝绸之路"战略，即以阿富汗为中心，通过建设铁路、公路、电线与油气管道等硬件设施，推动贸易自由化、降低贸易壁垒、简化过境程序、改善投资环境，将中亚和南亚整合为同一个地缘政治经济板块，推动商品、服务、人员在此板块内的便捷与自由流动。这一庞大的战略设想完全未提到中国、俄罗斯与伊朗这三个近邻及地区大国。外界普遍认为，美国排斥中、俄、伊三国的目标已不言自明。① 而中国提出"一带一路"倡议后，双方的竞争态势进一步明朗。大量研究成果对比分析"一带一路"与"新丝绸之路"战略，认为双方在战略手段、战略目标及杠杆国家等方面均构成直接的竞争。② 一些学者提出，中国应采取措施，防止中美在中亚事务上的竞争加剧，损害"丝绸之路经济带"整体推进大局。③ 虽然目前"新丝绸之路"战略在美国已无人再提，但美国通过多种手段追求中亚的安全、经济和民主利益的趋势不会改变，尤其是美国与中国当前均和中亚五国建立了"C5＋1 机制"，双方在中亚的战略竞争似乎已拉开了序幕。因此，美国因素是研究中国与中亚国家关系时绕不开的话题。然而，国内现有成果大多聚焦经济、政治及安全等战略领域，对人文领域涉及较少，关注教育的研究更为鲜见。

---

① 赵华胜：《美国新丝绸之路战略探析》，《新疆师范大学学报》（哲学社会科学版）2012 年第 6 期。

② 孙喆：《中国共建"一带一路"倡议与美国"新丝绸之路"计划对比研究》，硕士学位论文，外交学院，2018 年；崔日明、陈晨：《美国"新丝绸之路"战略研究——基于中国"一带一路"战略比较》，《世界经济与政治论坛》2016 年第 3 期；李文佳、熊理然、刘雪娇等：《中美"新丝绸之路"战略比较分析》，《对外经贸》2015 年第 7 期。

③ 王志：《"丝绸之路经济带"视角下中美中亚竞合关系》，《常州大学学报》（社会科学版）2017 年第 5 期。

　　国家间的教育合作通常不会对第三国构成明显的排斥与压力。以欧盟为例，其在中亚推进教育合作的力度不低于美国，也是使中亚各国融入西方教育系统的主要推手。但它推进合作的进度较为平稳，不似美国随地区局势和全球战略的变化而大起大落；合作方式也十分巧妙，将西方价值观提炼成更易于被中亚接受的"青年成长"和"发展"理念，将合作目标设定为消除贫困、帮助青年成长和促进社会发展。① 因此，欧盟与中亚的教育合作一直有序推进，未引发中亚的负面情绪，对其他合作者也持开放与合作态度。

　　相比之下，美国与中亚的教育合作则更加强势与咄咄逼人。无论是美国相关法案和官方文件，还是高级政客和教育专家的发言，抑或是相关教育合作项目对自身目标的阐释，均体现出强烈的意识形态倾向。它们反复强调促进与中亚等发展中国家的教育合作，目的在于推广美国政治民主、经济自由与社会多元化的价值观，维护美国国家安全。这种价值观的优越性与目的的排他性虽然未明确针对中国，但必然给中国与中亚的教育合作构成一定压力。随着美国与中亚的教育合作持续深化，中亚各国知识精英和社会各界对美式价值观的接受度不断提高，必然会自觉或不自觉地迎合美国的对华立场，对与中国展开教育甚至政治与其他领域的合作很难再报以积极态度。即便美国在中亚教育领域的影响力不对中国构成直接排挤，但仍会在一定程度上稀释中国可争取的优质生源，压缩中国的作为空间。比如中亚学生赴海外留学时，只能选择一个目标国，选择美国，势必要放弃中国。尤其当前拜登政府的"价值观外交"已明确将矛头指向中国，美国与中亚的教育交流合作必然会对中国与中亚

---

　　① 陈柯旭、石婧：《中美欧援助塔吉克斯坦比较研究——关于援助资金、领域分配和效果评估》，《新疆师范大学学报》（哲学社会科学版）2014年第3期。

的教育合作机会构成全面挤压。更重要的是，在大国战略竞争的背景下，由教育合作推动的美国与中亚关系的提升，对中国中亚战略的实施、中国与中亚关系的发展也会形成严峻挑战。

仅从"同行"视角出发，积极与中亚各国发展人文交流并进行"共同体"建设的中国也有必要对一个起步早、成果丰硕的先行者案例进行深入研究、学习与借鉴。以美国为代表的发达国家在全球展开了多年的教育合作实践，成为国际教育合作的理念先导者和知识创造者。① 而它们与中亚的教育合作，也会对中亚当前的教育体系、社会发展乃至地区格局产生深远的影响。中国推进与中亚的教育合作，不能只关注自身的需求，必须全面研究中亚国际教育合作格局，并对美国、欧洲、俄罗斯等重要国家与中亚的合作情况，包括发展历程、实施途径、影响因素、对华影响等进行深入分析，在知己知彼的情况下，提炼经验与教训，指引中国与中亚的教育合作全面升级。对美国的研究则是一个恰当的开始。当然本书并非全面肯定美国与中亚的教育合作，更不建议对美国的各种做法加以效仿，而是要做出取舍，对好的经验进行借鉴，对错误与教训则报以警惕态度。通过深入的案例分析与比较研究，全面认识美国与中亚的教育合作格局，寻找美国与中国在与中亚开展教育合作时的差异与共性，识别出美国那些已被证明有效的经验，适当参考；对一些低效、引发中亚国家不满甚至起了反作用的做法，则进行规避和反思。深刻认识到美国与中亚的教育交流合作必须基于自身需求、中亚需求及外部影响等多种因素，中国才能制定出全面、科学、有效地与中亚进行教育合作的战略，以教育合作为抓手，促进双方人民在文化、价值观与发展理念上的了解、理解和认

---

① 赵玉池：《国际教育援助研究》，博士学位论文，西南大学，2010 年。

同，最终推动政府间的深度互信与国民的全面友好。这便是本书的题中之义。

（四）小结

当前中国国内学界对中亚的关注主要集中在与政治和安全相关的战略问题，如与中亚各国共建"一带一路"、上合组织的发展、中亚的地区稳定与稳定的价值、美俄在中亚的博弈等。这些议题与国家政策相关度高，时效性强，学界与社会的关注力度大，研究水平也较高。相对而言，中亚地区和各国内部的政治生态、经济发展、宗教演变、文化思潮等"基础性问题"则与当下热点时政不相关，决策者对智力支持的需求不迫切，学界的研究热情也相对不高。然而，这些问题对于深入了解中亚各国诉求、准确判断其外交战略走向、推动双边与多边关系提质等的价值，并不在前述战略问题之下。教育合作正是最重要的基础问题之一。中国在中亚各国独立初期便开始布局与各国的教育合作，"一带一路"倡议使相关合作加快发展，但总体进度与成效仍低于预期。中国与中亚的教育合作当前处于何种发展阶段，拥有怎样的便利和优势，又受到何种因素的挑战和制约？如何主动回应挑战、制定出有利于促进中国与中亚教育合作的全面战略？这些问题均亟待回答。而美国、欧洲、日本等域外力量重回中亚、"价值观外交"重回美国外交主线，使我们解答上述问题的需求空前迫切。美国与中亚的教育交流合作既是未来中亚社会发展的重要推动力量，也是中国实施中亚战略的关键影响因素，更是中国与中亚展开教育合作的核心变量和借鉴对象。关于美国与中亚教育交流合作的研究，可以为美国中亚战略、中国中亚战略、中国国际教育合作等多个其他领域的研究提供全面、丰富、细致、准确的信息，使后类研究更加科学深入，为国家宏观战略决策构成强有力的智力支持。

第三节　研究现状与评述

　　除选题自身蕴含的研究价值，笔者写作本书的另一个原因，是当前国内外学界围绕美国与中亚教育交流合作的专门研究几近空白。下文将以国别为界，从中国学界与美国学界两部分，先分别梳理关于美国与中亚教育交流合作的研究成果，发现这些成果比较分散和笼统，既不成体系，也缺失学理分析，再次凸显本书写作的必要性；然后分别挑选与"美国与中亚教育交流合作"密切相关的其他主题进行成果介绍，它们均为本书的顺利写作奠定了坚实的基础，使本书的研究具备了可行性。在介绍相关主题的成果时，中国学界和美国学界的处理方法略有不同。中国学界会涉及四个相关主题，即美国中亚战略研究、美国国际教育合作研究、中亚教育研究、中国与中亚教育合作研究。美国学界的相关主题则精减为两个，即美国国际教育研究和中亚教育研究。

一　中国学界研究现状

（一）美国与中亚教育交流合作

　　关于美国与中亚教育合作的研究几乎没有单独论著，往往是在研究美国对中亚的文化输出、国际援助时以美国与中亚的教育合作作为佐证。比如马斌的博士学位论文提出，虽然经济援助与军事援助是美国对中亚援助的两大支柱，但教育援助项目对中亚尤其是中亚青少年影响很大。目前美国文化和价值观正在影响和改变着中亚的青少年。英语在中亚被认为是最有前途的语言，逐渐成为科学、政治和商业领域的通用语言。杨恕也认为，美国对哈萨克斯坦公共外交的最突出成就是通过各种奖学金、助学金资助哈萨克斯坦年轻学子赴美留学，从而培养出大批知美、亲美的社会精英和未来领袖。陈柯旭、石婧对比了美国和欧盟对塔吉克斯坦的援助，发现美国专门设立"年轻领导人计划"，为塔吉克斯坦优秀青年提供公民课程教育，提高其参政能力。丁宁也注意到，美国推动中亚民主化的战略非常注重对年轻人的专项教育援助。美国国务院资助了大量中亚优秀学生及有潜力的政治新秀前往美国进行留学或短期交流，从而对其思想进行"软渗透"。宗培荣认为美国的非政府组织一直将卫生、文化和教育作为在中亚国家扩大影响力的突破口，它们对教育的重视在阿富汗战争结束后将得到进一步加强。①

（二）其他相关主题

与美国—中亚教育交流合作这一主题密切相关的，首先是美国的中亚战略。国内学界在此问题上的研究成果质量与数量均属上乘。赵华胜教授是研究中亚地区大国博弈的代表人物。他在奥巴马就任美国总统时认为，随着奥巴马政府调整美国的外交政策和阿富汗局势的恶化，美国可能会改变此前的观望态度，加强与上海合作组织的合作，从而在中亚地区扩大影响。美国提出"新丝绸之路"战略后，他又展开深入解读，认为该战略旨在保障阿富汗在过渡期后的稳定和发展，控制中南亚地区以及周边的地缘政治和地缘经济形态。中国应采取积极态度，防范它对中国可能造成的战略挤压。美国宣布从阿富汗撤军

---

① 马斌：《冷战后美国对中亚援助政策研究》，博士学位论文，复旦大学，2012 年；杨恕、郭旭岗：《美国对哈萨克斯坦公共外交述评》，《俄罗斯东欧中亚研究》2015 年第 3 期；陈柯旭、石婧：《中美欧援助塔吉克斯坦比较研究——关于援助资金、领域分配和效果评估》，《新疆师范大学学报》（哲学社会科学版）2014 年第 3 期；丁宁：《美国"中亚民主化"战略：意识形态的争夺》，《新疆社会科学》2010 年第 1 期；宗培荣：《冷战后美国中亚战略中的非政府组织》，硕士学位论文，湘潭大学，2009 年。

计划后，赵华胜教授认为，虽然中亚在美国外交中的地位将下降，俄罗斯和中国的影响将上升，中美俄在中亚的力量对比格局将发生重大改变，但美国仍会继续推进"新丝绸之路"战略，参与中亚"大棋局"。谈到中俄美在中亚的互动时，赵华胜教授还认为，三国虽然同时推行着以中亚为中心的区域一体化战略且形成明确的竞争与博弈关系，但目前仍停留在柔性和隐性阶段。未来三国的相处模式可能表现为在政治上竞争，在经济上合作。① 潘志平教授在研究中亚时也投入大量精力关注美俄等大国的动向。他全面回顾了美国自冷战以来就大中亚地区出台的地区战略及其流变，包括"大中东倡议""新中东地图""大中亚计划""大南亚理念"等。他认为，美国以中亚和南亚为依托，带动阿富汗的重建与发展，只是一种地缘政治战略而非战略真相。他认为，中亚当前存在多重博弈，即美俄等传统强国在此构成"大博弈"，印巴等地区大国则在非传统安全领域开展"小博弈"。大小"博弈"相互交织、走向扑朔迷离的景观，正是中亚各国独立后中亚地区的国际格局常态。他认为，俄罗斯不断推动独联体地区一体化，意欲扭转在"大博弈"中的劣势。② 许涛教授也对比了美国和俄罗斯的中亚政策，认为国际环境、地区局势及国内政治驱动着两国的政策不断演变，对中亚政治和经济发展方向产生至关重要的作用。③

---

① 赵华胜的相关研究，参见《美国与上海合作组织：从布什到奥巴马》，《国际问题研究》2010 年第 2 期；《美国中亚政策与中美关系——"美国中亚政策与中美关系研讨会"来稿选辑》，《和平与发展》2010 年第 6 期；《美国新丝绸之路战略探析》，《新疆师范大学学报》（哲学社会科学版）2012 年第 6 期；《后阿富汗战争时期的美国中亚外交展望》，《国际问题研究》2014 年第 2 期；《浅评中俄美三大战略在中亚的共处》，《国际观察》2014 年第 1 期。

② 潘志平的相关研究，参见《欧亚腹地的地缘政治——以美国的地区战略为视角》，《俄罗斯东欧中亚研究》2009 年第 1 期；《中亚地缘政治现状分析（2008—2009）》，《新疆师范大学学报》（哲学社会科学版）2010 年第 2 期；《俄美中亚"大博弈"的攻守逆转及地缘政治走向》，《新疆师范大学学报》（哲学社会科学版）2011 年第 1 期。

③ 许涛：《试析美俄中亚政策演变路径与前景》，《俄罗斯学刊》2015 年第 5 期。

曾向红教授长期关注美国历任政府的中亚政策演变。他梳理了美国新设南亚与中亚事务署、提出"大中亚"计划、打通"南向"运输走廊、将哈萨克斯坦树立为中亚"地区领袖"的诸多努力,认为中亚在美国地区战略中的重要性明显提高。他还分析,美国通过双边而非多边途径与中亚各国展开合作,目的在于削弱俄罗斯的影响力。但这实际上使中亚各国之间的关系有所恶化,还激化了美俄在中亚的竞争。①

著作方面,梁超主编的《中亚博弈新视角》、曾向红所著的《遏制、整合与塑造:美国中亚政策二十年》均以美国的中亚政策作为研究主题。其他中亚学者在有关中亚的著作中通常会设一章或更大篇幅讨论美国及其他域外大国的中亚战略,如赵常庆《中亚五国新论》的第六章"对外关系与大国中亚博弈",许涛《中亚地缘政治沿革》的第四章"域外权力中心的中亚观与地缘影响"、第五章"中亚地缘政治环境的变化",赵华胜《中国的中亚外交》的第七章"中亚大国关系的形成和特征"、第八章"中俄美关系在中亚的演变"、第十章"中国与美国在中亚"。② 总之,关于美国参与中亚事务的动态跟踪和理论研究,构成了国内中亚研究的重要组成部分,成果数量较多,水平较高,尤其重视政治博弈和军事安全。

对美国中亚战略的研究属于国际关系范畴,另一个相关主题——

---

① 曾向红的相关研究,参见《重塑中亚的地缘政治环境:2005 年以来美国中亚政策的调整》,《外交评论》2008 年第 3 期;《美国参与中亚事务的主要途径及其效果研究》,《当代亚太》2013 年第 4 期;《美国对中亚事务的介入及中亚国家的应对》,《国际政治研究》2015 年第 3 期。

② 梁超主编:《中亚博弈新视角》,社会科学文献出版社 2011 年版;曾向红:《遏制、整合与塑造:美国中亚政策二十年》,兰州大学出版社 2014 年版;赵常庆:《中亚五国新论》,昆仑出版社 2014 年版;许涛:《中亚地缘政治沿革:历史、现状与未来》,时事出版社 2016 年版;赵华胜:《中国的中亚外交》,时事出版社 2008 年版。

美国国际教育合作则属于教育学。李爱萍对美国国际教育的研究十分全面且系统，她全面梳理了美国国际教育自 19 世纪发展至今的历史脉络，以重大国际教育法案颁布时间为依据，将美国国际教育史划为萌芽期（1936—1946 年）、勃发期（1946—1966 年）、回落与抗争期（1966—1991 年）、强盛期（1991—2002 年）和转型期（2002 年至今）。她还从性质政策、目标政策、管理政策、资助政策、实施政策多个角度对美国国际教育进行了全面分析，总结其特点与深层目标，提出对中国国际教育法规的制定、高等教育改革、教育理论建设的有益启示。马毅飞的博士学位论文与本书类似，也运用了教育学与国际关系学等多学科交叉的研究方法。他认为，国际教育交流与国际政治经济秩序之间存在着复杂的联动关系。在比较分析的基础上，他动态梳理了中国和美国制定国际教育政策的过程，并对这些政策的影响因素进行深入分析，对两国国际教育政策的发展趋势做出总结与预测。他的结论是，中国与美国的国际教育政策既存在共性也有巨大差异，中国应革新教育观念、明确政策目标、完善产业机制，全面提升国际教育政策的制定水平及执行效果。张荷皎和陈时见也以历史发展为脉络，分别介绍了殖民地时期、第二次世界大战后、20 世纪 90 年代及"9·11"事件后四个时期美国国际教育的发展，包括国际定位、目标、对象、实施机构和管理与投资拨款等细节。①

专门针对美国国际教育合作中的特定学校、项目、领域和机构的研究也颇为丰富。其中，"富布莱特"项目最受人关注。胡礼忠

---

① 李爱萍：《美国国际教育：历史、理论与政策》，云南大学出版社 2005 年版；马毅飞：《中美国际教育政策研究——基于比较视角的理论与实例分析》，博士学位论文，华东师范大学，2014 年；张荷皎、陈时见：《美国国际教育的历史、多重身份与新发展》，《大学（研究与评价）》2008 年第 1 期。

详细介绍了该项目的具体内容和实施情况。翁丽霞、洪明则剖析了美国通过立法形式先出台《高等教育法》第六款，再设立"富布莱特"计划的"美国特色"，认为政府立法、大学牵头、社会集资的国际教育合作形式，对中国具有借鉴意义。孙大廷、孙伟忠重点指出了"富布莱特"项目中的文化输出取向，认为美国制定和实施教育国际化政策时始终以追求文化霸权为重要目标。张德启则以较少人知但在美国国际教育合作中占据重要位置的"林肯计划"为研究对象，认为美国通过该计划，尝试对本国高等教育国际化的战略方向进行调整，使之更加均衡，更重视国家安全且对全球更加开放。赵中建以全美第一家在教育学院内设立国际交流处的美国高校——宾夕法尼亚大学为例，认为该校通过国际教育处，不仅全面推进了本校的国际教育发展，还带动了美国其他高校的相关进程。卢娜选择美国哈佛大学，介绍了学校通过学生交流、课程调整和专业管理机构设置等措施，全面推进学校国际化的历程。许玮以2004年美国"高盛基金会国际教育卓越表现奖"获得者——加州中美国际学校和康涅狄格州的都市学习中心（Metropolitan Learning Center）两所学校为案例，分析了这两所类型不同、层次不同的学校通过构建国际化课程体系、强调外语学习、加强教师的国际化素养、积极与国内外同类学校建立合作关系等方式，成为美国中小学进行国际教育合作的佼佼者。魏丹萍则把目光投向美国国际教育交流中最重要的三个非政府组织，包括美国国际教育协会（Institute of International Education，IIE）、美国国际教育交流协会（Council on International Educational Exchange，CIEE）和国际教育者协会（Association of International Educators，AIE），全面阐述了这些组织通过雄厚的资金实力、专业的机构管理、灵活的实施手段、明确的实践目标，推动美国国际教育合作走向世界一流的过程。①

国际教育合作具有精英化的特点，因此最重要的表现形式是高等教育的国际合作。曾满超、王美欣和蔺乐介绍了美国、英国和澳大利亚三国高等教育国际化的历史和现状，又在美国挑选具有代表性的三所名校，即杜克大学、耶鲁大学和加州大学伯克利分校作为具体案例，分析它们通过开办分校、吸收留学生等措施逐步提高国际化水平的成功经验。汪霞和钱小龙分析了近年来美国接收和派遣留学生的情况，认为这是美国高等教育国际化的重要成功经验，可供我国借鉴。王留栓简要分析了美国高校与欧洲、亚洲及北美洲等地区国家展开国际教育交流的情况，发现它们积极接收外国留学生和访问学者、鼓励本国大学生出国学习、提高专业与课程设置国际化水平及重视高校的国际合作等特点。王春玲梳理了美国高校的境外办学历史，认为美国政府与宗教组织、私人基金会及其他社会组织共同努力，将美国教育产品送到其他国家"家门口"的做法，极大地提高了国际教育合作的效率。谌莉和刘晓红既肯定了美国高等教育国际化的成功经验，又强调我国在吸收借鉴这些经验时要注意双方国情的巨大差距，要处理好国际化与本土化的关系，建立适应我国国情的高等教育国际化系统。以

---

① 胡礼忠：《富布莱特项目与中美教育交流》，《国际观察》2000 年第 5 期；翁丽霞、洪明：《美国联邦政府国际教育政策探略——聚集〈高等教育法〉第六款与"富布赖特计划"》，《教育发展研究》2011 年第 7 期；孙大廷、孙伟忠：《美国高等教育国际化政策的文化输出取向——以"富布赖特计划"为例》，《黑龙江高教研究》2009 年第 5 期；张德启：《塑造世界公民：美国高等教育国际化进程中的林肯计划》，《全球教育展望》2009 年第 10 期；赵中建：《从一所学校看美国高等教育的国际化——以宾夕法尼亚大学教育研究生院为例》，《全球教育展望》2001 年第 1 期；卢娜：《哈佛大学国际化特点及对中国高等教育的启示》，《中州大学学报》2008 年第 2 期；许玮：《美国国际教育的先行者——两所学校的实践和经验》，《外国中小学教育》2005 年第 6 期；魏丹萍：《美国国际教育交流机构研究》，硕士学位论文，华东师范大学，2012 年。

李联明、于虹为代表的学者还以"9·11"事件为时间节点，分析了美国全面调整高等教育国际化的政策，旨在以教育合作为工具，推动国家安全、实现战略利益的新风向。[①]

　　另一个关于美国国际教育合作的热门议题是美国的教育援助。赵玉池全面分析了由发达国家向发展中国家及地区提供教育领域发展所需的贷款、赠款、师资、设备、奖学金的国际教育援助行为，认为它虽然促进了受援国教育领域的硬件和软件升级，对社会发展带来了积极影响，却会使受援国对援助国产生依赖感甚至建立更深层的依附关系。他认为，中国既是受援国也是援助国，应继续利用外部援助为我国的教育改革与发展服务，也要将中国当代教育发展成果推广到其他发展中国家。彭丽婷简单梳理了美国、英国、日本等主要发达国家进行国际教育援助的历程，还分析了印度作为受援国充分利用外国教育援助发展本国教育的特征与效果。田海丁认为，美国教育援助受到美国全球战略及自身利益的双重驱动。他介绍了美国对印度尼西亚基础教育及高等教育进行援助的主要项目，认为这些项目根据印尼国情与社情量身定制，因此援助效果显著，在印尼国内取得了较好的社会影响。张杨截取冷战局势最紧张的20世纪50—60年代，认为美国政府与私人基金会在受到苏联压力时达成共识，合作推动美国在日本、菲

---

① 曾满超、王美欣、蔺乐：《美国、英国、澳大利亚的高等教育国际化》，《北京大学教育评论》2009年第2期；汪霞、钱小龙：《美国高等教育国际化的现状、经验及我国的对策》，《全球教育展望》2010年第11期；王留栓：《美国高等教育国际化进程展望》，《上海高教研究》1995年第3期；王春玲：《美国境外办学的历史与现状——对"一带一路"建设中我国教育合作的启示》，《河北师范大学学报》（教育科学版）2018年第5期；谌莉、刘晓红：《美国高等教育国际化的经验与反思》，《世界教育信息》2005年第1期。其他成果有：李联明、汪霞：《后"9·11"时代美国高等教育国际化新发展研究》，《高等教育研究》2014年第8期；刘自忍：《美国高等教育国际化初探》，硕士学位论文，西南大学，2007年；陈德云：《全面国际化：美国高等教育国际化发展的新动向》，《全球教育展望》2014年第12期；武山山、贺国庆：《浅析"9·11"以来美国高等教育国际化新进展》，《宁波大学学报》（教育科学版）2016年第2期；于虹：《后"9·11"时代美国高等教育国际化政策发展和实践新动向》，《外国教育研究》2015年第8期。

律宾、中国香港与中国台湾地区展开规模庞大的教育援助项目以遏制中国大陆，从侧面反映出美国对外教育援助包藏意识形态目的的本质。谷贤林则聚焦美国数量庞大、能量巨大的私人基金会，肯定它们开展教育援助的慈善使命与正面影响，也强调了它们追逐商业利益与维护国家利益的深层诉求。邝艳湘从公共外交的视角，分析了第二次世界大战后美国国际教育交流对扩大美国政治影响力、提升美国的软实力、传播美国的政治价值观所发挥的作用。此外，还有学者对主管美国对外援助的美国国际开发署实施的特定教育援助项目，如"让所有儿童都阅读"项目（ACR）、"危机和冲突中的教育"项目（EiCC）进行过详细介绍和研究。① 应该说，中国学界对美国国际教育合作，尤其是相关政策和教育援助的研究，成果已十分丰富，但内容多为信息综合而非深度分析；视角多是单一的教育学，跨学科研究较为罕见；且国别研究的覆盖范围有待拓展。当前关于美国教育合作的国别研究集中在东南亚、印度及非洲地区，对美国与中亚教育合作的专门研究几乎没有。

　　第三个相关主题是中亚各国教育发展。兰州大学杨恕教授在"一带一路"倡议提出后便详细介绍了中亚独立后高等教育的发展情况，包括教育体制的转轨、高校学制的变化以及与美、英、土、日等国的教育合作，信息与数据极为丰富，是教育学与国际关系学交叉研究应

---

① 赵玉池：《国际教育援助研究》，博士学位论文，西南大学，2010 年；彭丽婷：《国际教育援助实践及启示》，《世界教育信息》2018 年第 24 期；田海丁：《美国对外教育援助历程的观察与思考》，《天津中德应用技术大学学报》2019 年第 1 期；田海丁：《美国对东南亚国家教育援助观察——以印度尼西亚为例》，《管理观察》2018 年第 6 期；张杨：《冷战共识——论美国政府与基金会对亚洲的教育援助项目（1953—1961）》，《武汉大学学报》（人文科学版）2013 年第 3 期；谷贤林：《利己抑或利他：美国基金会教育援助动机及其策略分析》，《清华大学教育研究》2018 年第 3 期；邝艳湘：《二战后美国国际教育交流及其政治效应探析》，《公共外交季刊》2016 年第 3 期；丁梦琦：《美国国际开发署的教育援助探究——以 ACR 项目为例》，《世界教育信息》2018 年第 2 期；赵喆：《美国国际开发署的教育援助探究——以 EiCC 项目为例》，《世界教育信息》2018 年第 2 期。

用于中亚教育研究领域的代表作。冯燕收集了大量俄文信息，既全面介绍了中亚国际教育合作的现状，也提出了促进中国与中亚教育合作的建议与展望。何雪晴、马静均对乌兹别克斯坦的教育体制与变革进行了梳理。阿依提拉·阿布都热依木则关注中亚教育国际化水平最高的吉尔吉斯斯坦，介绍该国通过出台和实施相关政策法规，推动原有苏联教育体系向民主化、市场化、国际化、规范化发展的历程。① 这些成果有一个突出的特征，即均出自西部高校学者，均有大量的俄文内容，这也决定了从事研究的人员较少，成果数量较少，视角也相对单一。

　　第四个相关主题是中国与中亚教育合作研究。申建良梳理了中亚各国高等教育的发展现状，总结了新疆作为中国与中亚交往的排头兵，发挥地理优势、文化优势和外部环境优势，推动与中亚高等教育合作的成果，同时还提出未来借鉴发达国家经验、依靠上合组织平台、通过新疆这一桥梁，加速推动中国与中亚教育合作的诸多洞见。李慧等人紧密结合"一带一路"需求，认为应根据中亚各国教育系统的发展特色及不同需求，重点培养能源、信息技术、交通、纺织以及农业等专业的研究生留学生，同时探索政府、机构、个人等多层次合作渠道。杨恕提出了关于推进中国与中亚各国教育交流合作的诸多建议，包括加强外交部、教育部、财政部等部委之间的协同；在中亚兴办大学；注意研究欧美在中亚的教育合作情况；在制定政策时注意中亚各国间的发展差距，避免一刀切等。阿依提拉·阿布都热依木和刘楠提出中国应和哈萨克斯坦进行宏观政策对

---

① 杨恕：《中亚高等教育概况》，《中亚研究》2017 年第 1 期；冯燕：《独立后中亚高等教育与国际合作研究》，硕士学位论文，新疆师范大学，2013 年；何雪晴：《乌兹别克斯坦高等教育及其国际化发展研究》，硕士学位论文，新疆大学，2017 年；马静：《乌兹别克斯坦高等教育研究》，硕士学位论文，兰州大学，2012 年；阿依提拉·阿布都热依木：《吉尔吉斯斯坦高等教育变革研究》，《比较教育研究》2016 年第 4 期。

接，着力提高双方在技术创新人才培养、孔子学院功能拓展和跨境合作办学方面的合作水平。袁佳认为，在当前"一带一路"建设背景下，中亚地区的孔子学院以汉语教学和文化传播两项为基本职能已无法满足其作为中国与中亚合作纽带的要求。她呼吁孔子学院应从本土化教材编写、本土师资培养、现代化教学方法引进、文化活动方式及内容创新、管理制度健全、学术交流平台搭建、孔院特色化发展九个方面完善基本职能，拓展衍生职能。① 总体而言，这方面的研究虽不至于空白，但仍属冷门领域，与战略、政治、军事与经济相比，成果的数量与质量均逊色不少。

二 美国学界研究现状

对国外学界的研究评述与国内学界略有不同。第一，评述范围仅指美国而不包括其他英语国家。由于本书研究的是美国与中亚的教育合作，美国学者对这一主题的研究相较于其他英语国家的研究对我们更有启发价值。第二，由于美国的中亚研究十分兴盛，成果极为庞杂，即使对最具代表性的学者和成果进行简单介绍都需要耗费大量精力与篇幅。因此本书先介绍美国与中亚教育交流合作的成果，然后梳理美国国际教育和中亚教育这两个相关主题，对于在国内研究中出现的美国中亚战略、中国与中亚教育合作这两个主题则略过不表。

---

① 申建良：《中国新疆与中亚国家高等教育合作研究》，博士学位论文，新疆农业大学，2014 年；李慧、苏卡特、阿米娜：《中国与中亚国家"教育丝绸之路"合作路径探析——基于中亚四国高等教育的发展》，《东北大学学报》（社会科学版）2018 年第 4 期；杨恕：《关于推进"一带一路"建设教育交流合作的战略思考》，《比较教育研究》2015 年第 6 期；阿依提拉·阿布都热依木、刘楠：《"一带一路"倡议下中国与哈萨克斯坦教育合作的政策对接与实践推进》，《比较教育研究》2019 年第 12 期；袁佳：《"一带一路"背景下中亚地区孔子学院职能拓展研究》，硕士学位论文，兰州大学，2020 年。

（一）美国与中亚教育合作研究

虽然美国与中亚的教育合作实践相当丰富，相关研究却很少。笔者暂未找到该主题的学术著作，只收集到政府部门和专门从事美国与中亚教育合作的机构发布的多份研究报告。比如美国中亚教育基金会（CAEF）发布的《中亚商业教育》报告，收集了吉尔吉斯斯坦美国中亚大学及哈萨克斯坦管理经济战略研究院（下称 KIMEP 大学）商业与经济专业教师的文章，介绍其课程设计、创新意识培养、商业模拟训练等一系列教学与技能训练的经验。美国国际开发署、AED 网站也有其在中亚的教育合作报告介绍。①

（二）其他相关主题

首先来看关于美国国际教育的研究。第二次世界大战后，对战争的反思使不同领域的学者不约而同地将目光投向维护国际秩序与和平的议题，美国国际关系和教育界学者是其中主力。美国教育学者赫伯特·里德（Herbert Read）1949 年发表著作《为和平而教育》，呼吁美国及全世界的教育工作者重视国际教育合作对和平的作用。他提出，国际教育的目标应该是人类的和平相处，通过培养年轻人的理性判断力与批判力，培养宽容心和共同意识，从而促进和平。1955 年，另一教育学者伊萨克·康德尔（Issac Kendel）发表《教育的国家维度与国际维度》（*The National and International Aspect of Education*）一文，认为教育具有两种不同但彼此相关的维度，即国家维度和国际维度。国家维度是指对国家的忠诚和爱国主义，国际维度则是指国家间的相互理解和共同观念。他提出，通过教育发展国际理解与共识，不意味着要放弃国家意识，而是使人们意识到

---

① Kathryn Nantz ed. , "Business Education in Central Asia: Best Practices in Integrative Study and Teaching", *U. S. Central Asia Education Foundation*, 2014.

自己的国家处于国际社会之中，国际社会的存在与发展则维系于和平之上。换句话说，康德尔希望通过教育来消除狭隘的民族主义冲动，建立起国际共识，从而达到止战目的。1965 年春，美国哥伦比亚大学教授查尔斯·弗兰克（Charles Frankel）在著作《被忽视的领域》中提出，美国当前对国际教育合作的重视程度远低于现实需要。他评估了美国的文化与教育交流事业并指出其中存在的诸多问题，如当前文化与教育交流的相关决策与实践是由国务院、美国情报部（U. S. Information Agency）和国际开发署（Agency for International Development）以及其他多个联邦机构一起实施的，令出多门必然导致信息和政策的混乱。他建议加强国务院教育与文化交流办公室的职能，建立一个由政府、大学、社会组织共同出资的教育与文化交流专项基金会。此书出版后不久，弗兰克便被任命为美国教育与文化事务处助理国务卿。几乎在同一时间，另一位提名者——曾任福特基金会教育项目主任、巴黎国际教育规划研究所所长的教育专家菲利普·库姆斯也发表著作《外交政策的第四维度——教育与文化事务》。他追踪了美国在教育和文化交流活动方面的发展历程和最新趋势，对比了美国与法国、英国、德国和苏联在教育交流领域的异同。他指出，社会与私人在教育合作领域的努力与作用远超出美国政府，而美国外交政策中对人文因素的重视程度也远低于欧洲国家。他强调，教育和文化活动对美国实现外交政策中的长远目标具有非常明确的贡献，呼吁美国加强对教育与文化事务的投入，为从业人员提供更好的职业待遇及规范培训等。本书出版后不久，即 1966 年 2 月 2 日，时任美国总统约翰逊向国会提交《国际教育与健康法案》（1966）（International Education and Health Acts of 1966），回应了书中的诸多呼吁，比如要求在卫生、教育和福利部下设教育合作中心，推动成立民间性质的国际教育理事会，组建专门的教育外交团队，接收其他国家的"和平队"到美国进行教育交流等。该法案象征着美国战后国际教育开始向专业化和体系化发展。①

在前人完成了对国际教育重要性的论证并将它变成一种国家共识后，后来的学者则致力于对国际教育的有效性、留学生流动等具体问题展开研究。西奥多·维斯塔（Theodore M. Vestal）是关于美国国际教育合作研究的集大成者，他在著作《国际教育：历史和对当前的承诺》中回顾了从肯尼迪政府到克林顿政府四十余年中美国联邦政府通过的与国际教育交流相关的法案、拨款案及其他举措，重点分析了1966年《国际教育法》和1991年《国家安全教育法》。他强调，美国教育和高等教育界承担着提高美国国际战略能力，应对冷战后复杂的世界挑战的重大责任。赫科·艾伯特（Heike C. Alberts）和海伦·哈泽（Helen D. Hazen）在著作《美国的外国学生与学才》中详细分析了美国利用强大的国力及优良的学术环境，成为全世界最大的科研与学术人才输入国。他分析了这些学术"移民"的流动模式、适应情况和对美国科研与教育的巨大贡献，同时还提出美国应为这些国际学者、教师与学生提供更好的生活与工作支持体系，帮助他们在美国更好地实现其学术成就。除了学术著作，美国政府、机构还定期出版一些报告，比如美国国际教育协会的研究报告《国际教育作为一项优先策略：美国高校都应知道》，以美国高等教育机构的国际化策略为例，提出美国高等教育机构需要制定有关国际化的"对外政策"，通过明

① Herbert Read, *Education for Peace*, New York: Charles Scribner's Sons, 1949; Issac Kendel, "The National and international Aspect of Education", *International Review of Education*, No. 1, 1955, pp. 5–17; Charles Frankel, *The Neglected Aspect of Foreign Affairs: American Educational and Cultural Policy Abroad*, Washington D. C.: The Brookings Institution, 1965; Philip h. Coombs, *The Fourth Dimension in Foreign Policy*, New York: Harper&Row, 1964. Lyndon B. Johnson, Special Message to the Congress Proposing International Education and Health Programs, The American Presidency Project, February 02, 1966, https://www.presidency.ucsb.edu/documents/special-message-the-congress-proposing-international-education-and-health-programs.

确国际使命、发展国际合作伙伴机构、吸引国际学生、促进海外学习、把师资作为课程国际化的一部分等途径推进国际教育。①

　　关于美国和不同区域与国家开展教育交流的情况，学界也多有提及。如特蕾莎·贝维斯（Teresa Brawner Bevis）梳理了从鸦片战争时期迄今的中国和美国之间的高等教育交流情况，并详述了其中具有代表意义的个人、项目及主要成就。作者还梳理了美国与中东各国之间丰富的教育合作项目，包括双方合作的规模、特色及对双方社会的发展产生的积极影响。②

　　第二个相关主题是中亚教育发展。出于冷战需要，美国自20世纪50年代开始大力推动区域国别，尤其是对苏联及社会主义阵营国家的基础研究，有关苏联教育体系的大量成果问世。康奈尔大学社会学家布朗·芬布伦纳（Urie Bronfenbrenner）全面对比了美国和苏联养育儿童的模式，结合在苏联实地考察的数据与教育心理学理论，对美苏家庭、幼儿园、社区等多种育儿力量的运行模式进行梳理与分析，认为双方养育儿童方面的异同来源于社会制度，同时也会塑造社会制度。还有一些纯见闻式的书籍，比如《华盛顿邮报》驻莫斯科记者的妻子苏珊·雅各比所著的《走进苏联学校》，对当时苏联的学前教育、小学、初中和职业教育，以及学校与家庭在教育中的作用进行了细致的观察、描述和分析。虽然缺少严谨的学术分析，但胜在观察直观细致，且有大量一手资料。③

---

　　① Theodore M. Vestal, *International Education: Its History and Promise for Today*, Westport: Praeger Publishers, 1994; Heike C. Alberts, Helen D. Hazen, *International Students and Scholars in the United States Coming from Abroad*, New York: Palgrave Macmillan U. S., 2013; *International Education as an Institutional Priority: What Every College and University Trustee Should Know*, Institute of International Education, New York, 2012.

　　② Teresa Brawner Bevis, *A History of Higher Education Exchange: China and America*, New York: Routledge, 2014; Teresa Brawner Bevis, *Higher Education Exchange between America and the Middle East in the Twenty-First Century*, New York: Palgrave Macmillan, 2016.

　　③ Urie Bronfenbrenner, *Two Worlds of Childhood: U. S. and U. S. S. R.*, New York: Russell Sage Foundation, 1970; Susan Jacoby, *Inside Soviet Schools*, New York: Hill and Wang, 1974.

冷战后，美国开始关注中亚各国的教育情况，最具代表性的著作是《中亚的教育挑战》。该书编者认为，中亚各国既要保持苏联的教育传统，又要创建适应本国当前发展情况的教育特色，还要与西方接轨，因此任务极为艰巨，通常是"走两步，退一步"。该书共收录21篇文章，分为地区教育转型概览、社会与政治背景、经济背景和基础，以及中学教学四个部分，涵盖了中亚五国面临的突出问题，比如塔吉克斯坦的教师生活问题、吉尔吉斯斯坦教育语言的选择、土耳其高等教育在中亚的扩展等。本书最大的贡献便是展示了中亚教育转型中如何在传统与现代、东方与西方之间保持平衡，在极为复杂的政治、经济和社会背景下找到自我。几位编者还与其他学者专门对吉尔吉斯斯坦的教育转型进行案例分析。史蒂芬·韦伯（Stephen Webber）和埃卡·利卡能（Ilkka Liikanen）编著的《后共产主义国家的教育与公民文化》一书关注的是中亚和东欧新生国家如何处理教育与国家认同及青年对社会的认知之间的关系，以及政府如何推动教育系统改革使之适应后共产主义时代的社会需要。布瑞塔·科斯（Britta Korth）从语言社会学的角度，分析了吉尔吉斯斯坦独立后在俄语与吉尔吉斯语之间摇摆、探索本国语言政策的过程，也解释了它至今以俄语作为社会与教育主导语言的原因。①

---

① Stephen P. Heyneman, Alan J. DeYang, eds., *The Challenges of Education in Central Asia*, Charlotte: Information Age Publishing, Illustrated edition, 2006; Stephen Webber, Ilkka Liikanen, eds., *UK Education and Civic Culture in Post-Communist Countries*, New York: Palgrave Macmillan, 2001; Britta Korth, *Language Attitudes towards Kyrgyz and Russian*, Bern: Peter Lang, 2005. 其他的成果还包括 Steve Heyneman, "The Transition From Party/State to Open Democracy: The Role of Education", *International Journal of Educational Development*, No. 1, 1998, pp. 21-40; Madeleine Reeves, "Of Credits, Kontrakty and Critical Thinking: Encountering 'Market Reforms' in Kyrgyzstani Higher Education", *European Educational Research Journal*, No. 4, 2005, pp. 5-21; Alan J. De Young, "Problems and Trends in Education in Central Asia Since 1990: the Case of General Secondary Education in Kyrgyzstan", *Journal Central Asian Survey*, Vol. 25, 2006。

三 评述

横向对比中美学界，可以发现二者的相似之处是关于美国与中亚教育合作的研究成果都不多。美国作为中亚研究重镇，又是与中亚教育合作的主导者，研究却未能形成与实践同样丰富的局面。中国"一带一路"研究与中亚研究蓬勃发展，但对中亚教育的研究却仍然薄弱。此外，中国学界还存在几个"少"。

第一，对外交、经贸、能源合作和综合双边关系的研究多，对教育合作的研究少。2023 年 11 月 24 日以"中亚"和"战略"作为主题词在中国知网数据中进行搜索，可得 5524 条结果；以"中亚"和"教育"作为主题词搜索，结果是 691 条。可见，与战略对接、自贸区建设、能源合作、投资、金融和产能合作这些热门议题相比，教育合作的实践及研究热情均较为缺乏。学者们多关注安全、大国博弈、地区合作机制等领域，对文化涉及较少，教育则更是小众话题。

第二，以本国需求作为出发点的研究多，重视对方需要的研究少。中国在对外交流过程中历来重视自我表达，对交流对象及交流环境的关注较少，这种倾向应予以调整。中亚存在十分复杂的社会制度、宗教文化及大国博弈关系。中国与中亚各国的合作必须充分了解这些复杂因素。若不对中亚国际教育合作格局进行深入研究和准确评估，中国与中亚的国际教育合作难以取得突破。

第三，资料翻译、成果引介和事实整理的成果多，深度分析与理论创新不足。这主要体现在中国学界的研究中。无论是关于中亚教育概况的研究，还是美国与中亚教育合作的研究，抑或中国与中亚教育合作的研究，都普遍偏重提供信息和浅层分析，无法充分解释美国推动与中亚教育合作的动机、成效、预测未来发展，也很难有效地提炼出对中国的启示，这一方向的研究尚待提升。

第四，对于这些议题，中西部学者关注多，其他地区学者关注少。现有研究成果多来自接收较多中亚留学生的中西部高校及专门设有中亚研究机构的高校，如兰州大学、新疆大学、新疆师范大学等，这说明中亚研究，尤其是中国与中亚的人文合作研究仍是冷门和少数学者的偏好，未成为区域与国别研究者的共同兴趣。2020年9月11日习近平总书记在科学家座谈会上强调"持之以恒加强基础研究"，中亚是"一带一路"倡议核心区，教育与人文合作是"一带一路"倡议的支柱之一，与中亚的教育合作理应成为中亚国别基础研究中的重点，受到更多关注。

笔者还察觉出，社会各界对中国与中亚的教育合作似乎存在一种过分乐观的倾向，即强调中国与中亚教育合作的成果，中国在中亚教育界的影响力等；对中亚与中国教育合作的微妙心态把握不准，对存在的问题考虑不足，等等。事实上，中亚虽然经济发展速度缓慢，在中国周边外交中的存在感不强，但并非无人问津的落后地区。中国在与中亚交往的过程中也并非总是掌握完全的主动权。与其他国家对比，中国与中亚教育合作的广度、深度和社会影响力均有所欠缺。基于中亚在中国外交战略中的重要地位、教育合作对"民心相通"的关键作用，以及美国在中亚国际教育合作格局中的历史优势和未来雄心，本书因此具有了重要的价值。

第四节　研究框架

一　主要概念辨析

本书的研究对象是美国与中亚的教育合作与交流（Educational Cooperation and Exchange）。在国际关系和教育学领域，国家间的教育合作与交流都不是一个专业术语，而是指一系列的行为。但它与多个教育学概念存在密切联系甚至是内涵上的重叠。为保持研究对象的准确而不致引发概念混乱，下文对几个相关概念进行简单辨析。

国际教育（International Education）是一个内涵极为丰富、适用范围十分广泛的术语。自 1919 年美国卡内基国际和平研究院（原称基金会）出资创立美国国际教育协会，"国际教育"一词便在全世界开始传播。各国研究者基于不同的视角及需求对国际教育提出了不同的定义。有些定义十分抽象，如认为国际教育包括推动国际理解、国际观念与全球意识，积极参与全球互动，提高跨文化的理解与尊重、鼓励和平与宽容。[①] 美国教育学者霍莉·汉森（Holly Moran Hansen）认为，国际教育是一个动态的概念，包括人、思想、观念跨越政治与文化边界进行移动的过程。它伴随着全球化现象而生成，包含了广泛领域的学习行为，包括正式的学历教育，也包括非正式的培训、短期交流及跨文化沟通等非正式学习行为。[②] 本书认同我国著名教育学家顾明远先生主编的《教育大词典》对国际教育内涵的分类。即从学科属性上说，国际教育是研究跨国和跨文化教育的问题以及教育、社会、经济和政治等因素对国际关系的影响和作用的教育分支学科；从微观目标上说，是使受教育者获得理解国际问题所必需的语言、能力、观念和态度的教育；从宏观目标上说，是促进国家间教育、学生和资料的交流的教育计划。更为具体且易于理解的定义来自马毅飞，他认为国际教育是指以培养受教育者的国际理解能力为目标，以国际学校和国际交流为依托，以教育资源、信息和人员的跨国流动为主要内容的教育活动。一般意义上的国际教育包含四种形式：一是人员的跨境流动，包括学生跨境学习和教师

---

① Nicholas Tate, "International Education in a Post – Enlightenment World", *Educational Review*, Vol. 65, No. 3, 2013, pp. 253 – 266.

② Holly Moran Hansen, "Defining International Education", *New Directions for Higher Education*, Vol. 117, 2002, pp. 5 – 12.

跨境进修两个方面，以留学教育为主要形式。二是项目资源的跨境流动，主要是指跨境教育合作项目、通过网络提供的学习项目和教育培训课程的国际流动。三是教育机构的跨境流动，主要是在国内外设立国际教育培训机构或开展合作办学等。四是国际理解教育，包括国际课程的引入与输出，国际高中及国际班的设立等。这四种形式渗透于基础教育、中等教育、职业教育、高等教育、成人教育等不同的教育阶段和类型，构成一个内容丰富的国际教育体系。① 可以看出，国际教育的内涵与外延极大，它既可以指代教育学与国际关系学交叉后形成的学科及学术研究领域，又涵盖了所有旨在培养学生具备国际层面知识与理念的教育活动，还是国家对外交往的一个重要组成部分。包括学生与学者的跨国流动、知识与信息的国际传播、课程体系和教学方式的国际化发展等，都是题中之义。

教育国际化（Education Internationalism）与国际教育的内涵在很大程度上存在重合，联合国教科文组织、欧美国家政府及多数学者均没有对两者进行严格区分而是大量混用，不过"国际教育"一词更常出现。比如联合国教科文组织向成员国发起的促进国际合作与理解的文件，以及美国国际教育协会每年发布的《门户开放报告》（*Open Door Report*）都使用"国际教育"一词，而美国国务院与教育部联合私人基金会向国会提交的研究报告又呼吁"推动教育国际化"。双方均强调教育在国家之间、民族之间、文化之间发生相互关系，也强调了教育的最终目标应该是促进国家、民族与文化之间的理解与共识。

---

① 顾明远主编：《教育大辞典》，上海教育出版社 1999 年版；马毅飞：《中美国际教育政策研究——基于比较视角的理论与实例分析》，博士学位论文，华东师范大学，2014 年，第 10 页。

深入辨析后可以发现两者还是存在一定差异的。从兴起时间看，国际教育随着国际交往的开始而开始，欧洲传教者在亚洲等殖民地开办教会学校，便是国际教育的初期实践。而教育国际化则与工业国际化、农业国际化、信息国际化等其他产业国际化一样，是20世纪80年代兴起的，是教育领域对全球化浪潮的追随与回应。从内涵看，国际教育是一种教育的类型与目标，而教育国际化则是不同国家间的教育领域跨越国界展开交流、合作与融合的动态发展和演进过程。[①] 加拿大学者简奈特也认为，教育国际化是一个国家、一个部门以及一个学校把国际的、跨文化的、全球性的制度融入自身教育目的、职能或实践的过程。[②] 从外延看，国际教育的外延更加宽泛，大至国家公派留学计划，小到幼儿园老师给幼儿播放英文儿歌，凡是可以促进不同国家人民互相了解的教育行为，都可以归入国际教育领域。而教育国际化则相对狭窄，必须是一个民族国家及其教育主管部门对本国教育进行改革的一种政策行为。此外，国际教育可以涵盖从幼儿园到高等教育各个阶段，而教育国际化则更侧重于高等教育国际化，基础教育的国际化较少被提及，或者提及时一般会引起争议。

与前两个概念相比，"教育合作与交流"（Educational Cooperation and Exchange）一词则更为具体。

从广义上说，教育合作与交流大致等同于文化交流。比如梁碧莹的著作《近代中美文化交流研究》将绝大部分笔墨都放在近代中美教育交流上。于富增等学者则把古代中国派出使者到其他国家与民族区域内学习其他文化视为早期的教育交流。卫道治认为教育是文化中的

---

① 杨启光：《教育国际化进程与发展模式》，社会科学文献出版社2011年版。

② Knight J, "Updating the Definition of Internationalization", *International Higher Education*, Vol. 33, 2003.

一个特殊部分，其功能是传播和继承人类文化遗产。"教育既是文化的组成部分，又是文化各方面的交流混杂交融在一起的"，教育合作不仅是"教育思想和教育制度的中外交流"，而且涉及"更广阔的社会文化背景"。①

从狭义上说，教育合作与交流是政府部门、工商界、民间组织以及与教育活动相关的人员，通过人员往来、项目合作、合作办学、国际会议和教材图书建设等形式，进行教育科研成果、教育制度和教育思想方法的交流，以获取特定的政治、经济和文化利益的活动。② 它既包括合作，也包括交流。主体是从事教育活动的机构与人；客体则是教育思想、观念、制度、教育服务以及相关的人力、物力资源；而形式更是十分多样，既包括教师、学者和学生的跨国流动、合作办学、合办学术会议、提供奖学金等大型活动，也包括赠送教材与图书、派出英文教师、捐助校舍等零星活动和个人行为。

另一个相关词汇是教育援助（Education Assistance）。赵玉池认为，作为国际发展援助的组成部分，国际教育援助是援助方（主要是发达国家政府、多边国际组织、非政府机构及其他私人部门或私人）对受援国在教育领域的发展提供贷款、无偿赠款或其他资源（如教师、专业技术、知识、设备、奖学金等）的援助，以帮助这些国家和地区改善教育，并最终促进生产经济、卫生和公共福利的改善。国际教育援助不仅意味着援助方和受援方之间资金的转移，同时也意味着知识和技术及其他相关教育资源的转移。靳希斌教授认为，国际教育援助的基本特征是对象一般是发展中国家的弱势群体，

---

① 梁碧莹：《近代中美文化交流研究》，中山大学出版社 2009 年版；于富增、江波、朱小玉：《教育国际交流与合作史》，海南人民出版社 2002 年版；卫道治：《中外教育交流史》，湖南教育出版社 1998 年版。

② 黄仁国：《政治、经济与教育的三向互动》，博士学位论文，湖南师范大学，2010年，第 1 页。

援助内容通常是师资培训等软件建设。此外，教育援助一般不会独立存在，而是与其他的发展援助共同实施，是其他援助的补充与辅助。与其他援助一样，教育援助也不会是完全无偿的。它不要求受援助国提供经济回报，但可能附加其他条件，比如要求受援国提供配套设施，在教育系统内植入援助国价值观，开放国内经济市场，甚至是其他政治条件。①

教育援助与教育交流合作的关系也值得重视。米克尔·卡尔顿（Michel Carton）梳理了第二次世界大战后国际教育援助的发展历程，认为20世纪70年代前的教育援助一直是发达国家对发展中国家进行教育思想、服务、设施等资源的单向传输。随着全球化浪潮的兴起，新兴经济体大量崛起，对旧有教育援助形式提出异议，迫使援助国开始探索新的形式。有数据显示，1989—1994年，经济合作与发展组织发展援助委员会对各成员国的教育援助持续下降，但是教育领域的国际合作却在发展。斯蒂芬·赫尼曼（Stephen Heyneman）指出，"尽管国际教育援助正在减少，但是国际教育合作却在增加"②。美、欧、俄三个域外行为体与中亚国家的教育合作，发生于全球化及当代国际关系民主化浪潮之中，其教育援助的性质并不明显，但实质上大部分教育资源仍在单向流动。以留学生为例，虽然美国赴华留学生远少于中国赴美留学生，但近年一直在增加，奥巴马政府也曾发起"十万学生留学中国"的项目。但在中亚国家，中亚向美国输出学生、美国向中亚输出教育资源及价值观的格局非常明显，双方的教育合作带有很强

① 赵玉池：《国际教育援助研究》，博士学位论文，西南大学，2010年，第27页；靳希斌、安雪慧、月国华等：《国际教育援助研究——理论概述与实践分析》，福建教育出版社2008年版，第93—97页。

② Michel Carton, "Aid, International Cooperation and Globalization: Trends in the Field of Education", in Kenneth King and Lene Buehert, eds. *Changing International Aid to Education*, Paris: UNESCO, 1999, p. 64.

的援助性质。

　　与本书相关的概念还有教育外交。教育外交兼具教育和外交两种属性。教育是其内容属性与表现形式，其主体是一国政府，客体是外国受教育者，实施方式是各类教育活动。外交是其本质属性，即教育外交的目标不仅在于培养人才，更在于促进民心相通和维护国家利益。① 美国教育部发布的《2012—2016 国际战略》明确表达了教育是外交的工具这一观念。该战略提出，根据美国政府的需要和优先事务，与优先级别较高的国家和地区进行双边乃至多边的教育互动，构建与这些国家政府官员、决策者、学者、学生和其他专业人士的关系，以提高美国应对教育热点问题的领导力。② 美国与中亚进行教育合作的本质无疑是将其作为外交工具。

　　本书并非教育学专业研究著作，无力对这些概念做更深更细致的辨析，只尝试对上述几个主要概念进行梳理，说明本书所指的教育交流合作，是一个层次丰富、内涵广泛的概念。美国与中亚的教育合作，既凭借着美国在第二次世界大战后国际教育蓬勃发展所创造的傲视全球的教育资源与实力，也是 20 世纪 70 年代以来中亚在教育国际化浪潮影响下的一种理性选择结果。它既融合了国际教育援助的公益性质，又带有教育外交的工具诉求。因此，本书所指的美国与中亚教育合作包括但不仅限于以下几类：一是学生流动，指大学生、中学生或间隔年学生赴国外接受学历或非学历教育及培训。二是学者和专业人士流动，指学者和研究人员赴国外进行长短期交流培训，或在国外学术机构供职。三是机构的流动，指高校赴国外开办分校，两个国家的高校共办学校，联合培养学生等。四是互联网教育资源流动，即通过互联

_____

　　① 周谷平、韩亮：《"一带一路"倡议与教育外交》，《比较教育研究》2018 年第 4 期。
　　② "Succeeding Globally Through International Education and Engagement", U. S. Department of Education International Strategy 2012 – 16, November 2012, https://www2. ed. gov/about/inits/ed/internationaled/international – strategy – 2012 – 16. pdf, 2022 – 6 – 10.

网分享本国教育资源。此外，一切与教育相关的美国与中亚交往政策与实践都能被纳入本书研究范围。

二 研究方法

本书研究的是一个典型的跨学科议题，即以教育合作为研究主体，但探索的并非教育学上的结论，而是充分结合大国竞争、中美关系等国际关系背景，考察教育合作与国家间关系之间的互动。因此，本书既采用大博弈、国家安全、战略利益、"软实力"、民主改造这类国际关系领域的名词与理念，也大量运用了教育开放、教育流动性、援助有效性等教育学概念。理论与名词的交杂可能会提高研究的难度，希望同时也能提高研究的解释力与学理价值。相应地，在研究方法上，本书既会运用当前中亚研究中较常见的文本解读、案例分析、逻辑归纳和演绎等方法，也会融合比较研究、数据分析等教育学方法，力图完整、科学、准确地呈现美国与中亚教育合作的全貌。其中最主要的研究方法包括以下几种。

（一）文献研究法

国家间教育合作的主体虽然有政府、组织与个人三类，但政府在其中仍占绝对主导地位。在推动教育合作时，一国政府首先需要出台相应的法律，然后制定全面的战略，再辅之以具体的政策等。尤其在美国，各领域的发展都有"立法先行"的传统。本书将重点考察第二次世界大战后美国在国际教育合作领域的一系列法案，分析其出台的时代背景和着重解决的问题，力图勾勒出美国对国际教育合作的理念演变脉络和实施路线图景。

（二）个案研究法

这是国际关系研究中较为常见的研究方法，即通过观察与分析某一个别事物与现象，得出一般性和普遍性的结论与规律，对其他类似事物与现象形成一定的对照与启示。本书通过观察美国与中亚这两个国家的教育合作政策与实践，归纳出美国在推动教育合作时立法先行、重视价值观传播、提倡官民政商联动等特质。基于这些特质，又可以审视中国推进与中亚教育合作时的情况，演绎出中国需要借鉴的经验以及规避的风险等。

（三）比较研究法

区域与国别研究领域内的比较研究有三种路径，即区域内比较、跨区域比较与区域间比较三种理想类型。区域内比较是指对同一区域内不同国家、民族、群体等共同体存在的同种现象进行对比。比如对中亚五国的部族政治发展、政权和平更迭路径等进行比较，既有助于加深对中亚地区的了解，也能更准确掌握各个国家的特色；又如对比德国与法国对于欧盟的态度等。跨区域比较是对不同区域的国家、民族或其他共同体的同种现象进行对比，比如对中亚、东欧、高加索等国"颜色革命"的发生路径、社会影响等进行对比，能促进对"颜色革命"的研究精准化。[①] 对中国和美国与中亚教育合作的对比，属于这一种，这一种与第一种均较为常用。区域间比较是把两个不同区域作为分析单位进行对比。但由于一个区域内涉及的民族与国家众多，所以这种方法的实施难度较大，使用较少。

比较研究在中亚研究中使用十分普遍，原因在于以下方面。一是虽然外界经常将中亚视为一个统一的地缘板块，对它一概而论，但中亚五个国家在国情民意、经济发展水平、社会文化等方面存在重大差异。对它们进行比较研究，既可以加深对这一地区的普遍认识，也可以更鲜明地突出不同国家的特色。二是中亚历来是大国博弈的地区。各国在与中亚交往时，其战略考量、实施手段与实际效果均存在差异。

---

① 曾向红：《比较区域研究视域下的中亚研究》，《国际政治研究》2020 年第 5 期。

对不同国家在中亚的行为进行比较研究，比如中、美、欧援助塔吉克斯坦的比较研究，既能折射中、美、欧对外援助战略的不同取向，也能看到三国处理与中亚关系时各有侧重。对比中国和美国与中亚的教育合作，也有这样的效果。它既能展现中国与美国在国际教育合作上的不同路径，也能看出双方在中亚战略上的不同导向，还能从侧面反映中亚对待美国和中国的不同态度。因此，比较研究是本书的核心研究方法，也是特色之一。

三　结构设置

本书共设四章。

第一章为绪论，包括四节。第一节阐释了研究背景。第二节探讨了选题的研究价值，即教育合作对国家间关系具有重大推动作用，美国在外交中非常注重人文合作与价值观传播，教育便是其重要抓手。在中亚教育领域，美国已深耕多年，对中亚教育体系、社会发展乃至政治生态都产生了巨大影响，同时也构成中国与中亚整体关系及教育合作的重要影响因素。研究美国与中亚教育合作并总结对中国的启示，因此成为一个有价值的选题。第三节是研究现状与评述，即无论是中国与中亚的关系，还是美国与中亚的关系，相关研究都集中在安全、能源、战略等"硬实力"上，对人文等"软实力"研究少、深度不足，涉及教育的更少，因此具有较大的补充与提升空间。第四节是研究框架，即辨析国际教育、教育国际化、教育合作与交流、教育援助、教育外交等相关理念的异同，界定本书的研究对象是广义的教育合作，即两国间所有涉及教育人员和教育议题的合作与交流活动。

第二章为美国与中亚教育交流合作的概况。第一节介绍了中亚教育状况，即中亚独立后面临着管理权限变动、经费严重短缺、教育内容全面调整和教育质量全面下滑等问题。通过不懈探索，采用下放管理权、增加经费筹集渠道、改革教育内容和语言文字等举措，逐步度过转型期而走上稳步发展道路。第二节介绍了中亚的国际教育合作情况，以哈萨克斯坦、吉尔吉斯斯坦、乌兹别克斯坦三国为代表的中亚五国在独立后积极开放国内教育市场，引入外部资源，支持本国教育转型与发展。而美国、俄罗斯、欧盟、土耳其则迅速进入，凭借语言、文化、先进资源和宗教等各种便利条件，与中亚展开了众多卓有成效的教育合作。第三节介绍了美国国际教育合作概况，即美国对国际教育合作的认知和实践随时间推移而不断演变，19世纪教育只是传教工具，第一次世界大战后用教育合作促进和平，冷战时通过教育合作压制苏联，"9·11"事件后将教育合作全面升级为维护美国国家利益与国土安全的战略工具。美国出台了大量法案，确保联邦政府成为教育合作的主导者与资助者。美国的国际教育合作具备鲜明特征，包括充当美国向他国输出民主观念的先锋队，多个联邦部门重视合作协调、擅长打组合拳，民间组织与私人基金会为这些合作提供源源不断的资金与渠道支持。第四节探讨了美国的中亚战略概况。美国的中亚政策具有明显的阶段性特征，但无论这些表征如何，它在中亚追求能源与经贸利益、安全利益以及民主利益的三大目标始终不动摇。教育则是同时满足这三大目标的战略工具。

第三章为美国与中亚教育交流合作的实施路径。第一节为立法支持，即美国在苏联解体后迅速出台多个针对新生国家展开援助与教育交流的法案，为后续的合作提供了法理依据和动力。第二节为实施主体，即国际开发署、国务院、教育部、千年挑战公司、和平队以及开放社会基金会等社会力量争相进入中亚，依托自身在援助、外交、人员交流等方面的优势，共同担负起促进美国与中亚教育合作的责任。

第三节为实施方式，美国与中亚开展教育合作的方式多种多样，包括开办大学分校，创立"富布莱特"等大量项目资助中亚学生与学者等知识精英赴美留学进修，派出志愿者深入中亚社会帮助普通大众和中小学生提升英语能力，学习科学知识，此外还有针对军队、司法行业的大量合作项目，覆盖了从农民到精英，从乡村到城市，从平民到军人的广大人群和行业。

第四章为美国与中亚教育交流合作的整体评估。第一节为美国与中亚教育合作的特色。美国国际教育合作的整体特色在中亚体现得淋漓尽致，它以推进中亚社会民主转型为根本目标，除联邦各机构外，索罗斯名下的开放社会基金会、福特基金会深度参与其中。美国政府重视项目评估与反馈的做法也使这些教育合作项目出现偏差后能立刻回归正轨。第二节为美国与中亚教育合作的成果。它有效维护了美国在中亚的三大战略利益，同时也奠定了美国教育体系在中亚社会的认可度和影响力。第三节为美国与中亚教育合作的缺陷，即美国通过教育合作强势推行民主输出的行为引发了中亚各国的强烈抵制，美国整体投入较少、中亚配套能力不足等问题也使相关项目面临不可持续的困境。此外，在合作目标上的巨大差异也注定了它们无法建立互利共赢的健康合作关系。

第二章　美国与中亚教育交流合作的概况

美国与中亚的教育交流合作并非一套独立的战略行为，而是美国国际教育合作战略与美国中亚战略的重要组成部分。这两大战略既构成了双方教育合作的背景，也是重要的影响因素。本章首先对中亚整体教育状况进行梳理。中亚地区的教育在苏联时期奠定了较为坚实的基础，但独立后经历了艰难的重建与转型。其次，本章分析了中亚对国际教育合作的态度。各国在独立后均积极与国际社会展开交往，对国际教育合作也持欢迎态度并出台了诸多政策及便利条件，尤其是哈萨克斯坦与吉尔吉斯斯坦。再次，本章介绍了美国国际教育合作情况。自"一战"起，美国日益重视国际教育合作，出台了一系列法律，促使国际教育合作从各州事务变为联邦事务，并成为增加美国战略利益的有力工具。最后，本章介绍了美国的中亚战略。美国在中亚存在着安全、民主与经济三重政策目标，而教育合作对这些目标尤其是民主目标的促进作用十分显著，是美国中亚战略中"最有价值的资产"。

第一节　独立后中亚教育发展历程

一　苏联时期中亚地区的教育概况

在强大国力与重视教育观念的支持下，苏联建立起了一个规模庞大、运行有序且极具特色的教育体系，为经济、科技、军事的发展及冷战时期与美国的战略竞争做出了巨大贡献。同时，它运用强大的中央集权，举国家财政之力，推动所有加盟共和国的教育实现资源的均衡分配与同步发展。中亚各加盟共和国从中受益甚大。它们是苏联最偏僻落后的地区之一，教育水平却与其他加盟共和国大致持平，甚至可与一些发达国家比肩。苏联解体初期，中亚经济出现大滑坡，但五个国家的小学与中学入学率和成人识字率几乎达到百分之百，高等学校数量和学生人数按万人占比远远超出发展中国家平均水平，其中女生在学生总数中的占比也超过百分之五十。[1] 此外，中亚地区的教育全面服务于计划经济的需要。在苏联的计划经济环境下，国家对劳动者的需求准确体现在教育领域。学生先接受十年义务教育，再接受一到两年中学教育，通常是职业教育。职业教育系统完全依据国有企业的雇用需求来设计，学生毕业后则直接进入这些企业工作。高等教育招生数量较少，尤其重视工程、军事、农业等理工农类学科，社会和人文科学专业很少。

二　独立后中亚各国教育面临严峻挑战

苏联解体后，中亚各国从加盟共和国变成独立主权国家，并开始了艰难的国家发展和社会转型历程。虽然各国因经济基础、资源禀赋不同而面临着不同类型与不同程度的困难，但在教育领域的挑战较为相似。

（一）管理权限转移

在苏联时期，中央政府掌握着全国教育体系的绝对管理权。学校预算由中央财政批准和提供，教学内容由中央政府和国有企业共同决

---

① Stephen P. Heyneman, "The Transition from Party/State to Open Democracy: The Role of Education", *International Journal of Educational Development*, No. 1, 1998, pp. 21–24.

定，教育资源由政府来调配，教师的薪资标准也由中央政府统一设置。各加盟共和国只需执行中央政府指令，自主权限十分有限。苏联解体后，中亚各国仓促地接收了国防、外交、经济和教育的管理大权，重新理顺本国教育体系的管理权责成为第一要务。以高等教育为例：苏联时期的高等教育带有较浓重的职业教育色彩，多数大学附属于农业部、工业部和卫生部等国家部门，教育目标是为这些部门及下属国企培养公务员和专业人才。拥有齐全的学科门类、能提供完善学术教育的大学在所有高校中占比不到三分之一。苏联解体后，国家部门改组，国有企业大多倒闭或衰落，既无法为高校提供资金，也难以吸纳学生就业。因此，中亚国家教育改革的首要挑战便是收回各政府部门对大学的管理权，建立独立运作的教育部，全面担负起管理国家教育体系的责任。

（二）教育经费不足

苏联解体后，原本由中央政府为加盟共和国提供的教育经费不复存在。中亚各国经济严重下滑，教育系统陷入严重的财政困境。独立后，哈萨克斯坦、吉尔吉斯斯坦、土库曼斯坦的国内生产总值降幅超过三分之一；塔吉克斯坦由于内战，降幅达二分之一；受影响最小的乌兹别克斯坦也下降了 18% 以上。这严重损害了政府维持与发展教育事业的能力。虽然哈萨克斯坦、乌兹别克斯坦极力维持甚至增加公共财政中的教育支出比重，但总体支出仍在下降，直到 1997 年后才开始缓慢恢复。吉尔吉斯斯坦的公共教育支出从 1991 年占 GDP 的 6.0% 下降到 2002 年占 GDP 的 4.5%。塔吉克斯坦的支出也从 1992 年的 11% 一路跌至 2001 年的 2.4%。① 与此形成鲜明对照的是，在此时期，各

---

① Michael Mertaugh, "Education in Central Asia, With Particular Reference to the Kyrgyz Republic", in Alan J. DeYoung and Stephen P. Heyneman eds., *The Challenge of Education in Central Asia*, Information Age Publishing, 2004, p. 4.

国国防支出一直处于增长态势。1998 年, 塔吉克斯坦在国防、军事与公共行政方面的开支相当于教育支出的 50 倍。[①]

中亚五国教育支出情况见表 2 - 1、表 2 - 2。

表 2 - 1　　　教育在中亚五国公共支出中的占比 (1991—2001)　　　单位:%

国家	1991	1998	1999	2001
哈萨克斯坦	22.5	11.2	—	—
吉尔吉斯斯坦	16	23	—	—
塔吉克斯坦	19	—	—	17
土库曼斯坦	16.1(1995)	—	24.5	—
乌兹别克斯坦	23	—	26	—

表 2 - 2　　　中亚五国公共教育支出在 GDP 中的比例 (1991—2001)　　　单位:%

发达国家	关联度	发展中国家	关联度	
	1991	1996	2000	2001
哈萨克斯坦	5.7(1990)	3.5	—	—
吉尔吉斯斯坦	6	5.2	3.5	3.9
塔吉克斯坦	11.1	2.1	2.1	2.4
土库曼斯坦	—	2.1	5.5	
乌兹别克斯坦	10.3	7.4	8.4	—

表 2 - 1 和表 2 - 2 来源: 笔者根据下述资料整理所得。Bolormaa Shagdar, "Human Capital in Central Asia: Trends and Challenges in Education", *Central Asia Survey*, Vol. 25, No. 4, 2006; Mary Betley, "Public Expenditure in the CIS - 7 Countries", in Clinton Shiells and Sarosh Sattar eds., "The Low - Income Countries of the Commonwealth of Independent States", The International Monetary Fund and The World Bank, 2004.

[①]　K. Umarov, M. Olimov and A. Repkine, *Explaining Growth in Tajikistan*, Global Research Project, Transition Economics Research Network, 2002.

严重的经费不足使中亚各国的教育系统陷入困境。首当其冲的是教职员工薪酬较低，大量教师转行和流失。在情况最为严重的塔吉克斯坦，教师每月收入仅 10 美元。大量学校被迫关闭，仍在运行的学校则因校舍、教学设施和基础设备年久失修，已难以满足日常教学的基本需求。土库曼斯坦由于学校关闭而导致教学场所十分缺乏，有三分之一的学校不得不让学生分上午、下午和晚上三个时间段轮流使用教室。各国还面临着校服、教学用品甚至教科书的严重不足。1995 年，土库曼斯坦在条件尚不成熟的情况下仓促引入拉丁字母进行语言改革，但新版教科书供不应求，到 1999 年仅 33% 的学生拥有以新字母书写的教科书。在塔吉克斯坦，拥有全套教科书的学生不到 30%。一些科目的教科书供应仅能覆盖 10% 的学生。①

（三）教育内容调整

苏联时期的教育服务于国家治理需要与企业用工需求，带有较强的意识形态和国家调控色彩。在中学及职业教育阶段，课程内容偏向理工与技术类学科，对于社会科学的学习和研究十分缺乏。仅有少量学校开设宗教、社会学、经济学、政治学、新闻学和商业管理等课程，教师采取的是批判性教学方法，教学材料和内容要接受严格筛选。中亚各国独立后，除了要全面调整管理体制、筹集经费，还要如其他转型国家一样，遵循现代教育理论，设立全新的学科体系，编写全新的教科书，施行全新的教学方法，以满足新社会的需要。②

----

① Bolormaa Shagdar，"Human Capital in Central Asia：Trends and Challenges in Education"，*Central Asia Survey*，Vol. 25，No. 4，2006，p. 520.

② Bolormaa Shagdar，"Human Capital in Central Asia：Trends and Challenges in Education"，*Central Asia Survey*，Vol. 25，No. 4，2006，p. 531.

语言转换也是中亚各国教育转型的重要任务。苏联时期，加盟国家施行双语政策，即俄罗斯语与当地民族语言共存、地位平等。但从官方文件对这两种语言的定位可以看出，这种政策的本质是俄语为主，民族语言为辅。1961 年苏共二十二大提出，民族语言的作用是保护、传承和发展当地及本民族文化，其使用范围有一定限制。俄语则主要用于记载和诠释马列经典，是政治、经济、文学、军事、工业、科技、教育、传媒等公共领域的唯一语言。俄语的地位显然在其他民族语言之上。① 中亚各国独立后，均把使用主体民族语言视为建立国家认同的重要标志，各国兴起"语言民族化"运动，将主体民族语言定为国语，同时降低俄语地位，压制俄语在教育和公共领域的使用。② 当然这一过程并不顺利，此处不予详述。

（四）教育质量下滑

首先是教师大量流失，导致教育质量全面下滑。教师的流失既有薪酬过低的原因，还源于大量俄罗斯族教师离开中亚返回俄罗斯。在哈萨克斯坦，他们的离开使得大学的许多课程无人讲授，不少科研项目也被迫停止。③ 其次是学生大量流失。不同阶段的学生流失，原因各不相同。学前阶段的影响因素包括人口出生率整体下降，大量女性失业在家可以养育幼儿，还有大量国企关闭了此前为员工提供的免费学前教育设施等。④ 中学入学率下降，主要是由于大量家庭因经济恶化而陷入贫困，无法负担学费从而迫使

① 韩苗苗、武和平：《中亚各国语言政策的走向及影响》，《中国社会科学报》2018 年 3 月 22 日第 6 版。

② 张宏莉：《中亚五国语言政策及其发展走向分析》，《新疆社会科学》2015 年第 2 期。

③ 艾莱提·托洪巴依：《中亚五国人口研究》，科学出版社 2014 年版，第 45—46 页。

④ Kathryn H. Anderson, Stephen P. Heyneman, "Education and Social Policy in Central Asia: The Next Stage of the Transition", *Social Policy & Administration*, Vol. 39, No. 4, 2005, p. 364.

孩子退学。职业教育入学率下降,则是受经济下滑和社会转型的影响,大量行业和技能已不再符合时代需要。[1] 高等教育入学率下降既有贫困的原因,也受到大量青年前往俄罗斯及周边国家留学的影响。

图 2-1、图 2-2、图 2-3、图 2-4 分别显示了中亚五国独立后学前、中学、职业教育和大学的入学率变化情况。从 1992 年到 1997 年,所有国家的学龄前儿童入学率都大幅下降。哈萨克斯坦从 1991 年的 53% 下降到 1997 年的 12%;吉尔吉斯斯坦从 27% 下降到 10%,[2] 中学阶段,独立前哈萨克斯坦的入学率约为 33%,塔吉克斯坦、土库曼斯坦约为 40%。独立后这一数字急剧下降,1996 年达到最低,此后略有回升,直至 1999 年又经历了一次下降。到 2001 年,仅哈萨克斯坦的中学入学率恢复到了独立前水平,其他国家仍相距甚远。职业教育阶段,各国的入学率在独立后大幅度下跌,直到 2001 年哈萨克斯坦和乌兹别克斯坦才有少量回升,其他国家则持续下降,以后也未能回升到 1990 年的水平。在高等教育阶段,除了塔吉克斯坦,其他中亚四国在独立之初的入学率均发生了下跌,哈萨克斯坦和吉尔吉斯斯坦到 1995 年有显著回升,塔吉克斯坦无明显变化,而乌兹别克斯坦则到 2000 年才开始回升。土库曼斯坦一名受访者表示,接受高等教育的学生人数从 1991—1992 年的 15000 人减少到 2004 年的 3500 人,减少了 23% 以上。[3]

① Bolormaa Shagdar, "Human Capital in Central Asia: Trends and Challenges in Education", *Central Asia Survey*, Vol. 25, No. 4, 2006, p. 531.

② Kathryn H. Anderson, Stephen P. Heyneman, "Education and Social Policy in Central Asia: The Next Stage of the Transition", *Social Policy & Administration*, Vol. 39, No. 4, 2005, p. 365.

③ Bolormaa Shagdar, "Human Capital in Central Asia: Trends and Challenges in Education", *Central Asia Survey*, Vol. 25, No. 4, 2006, p. 531.

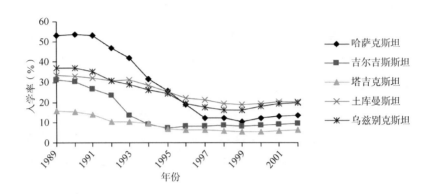

图 2 - 1　中亚五国 1989—2002 年幼儿园入学率变化情况

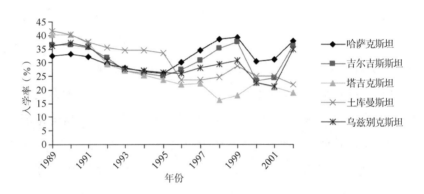

图 2 - 2　中亚五国 1989—2002 年初中入学率变化

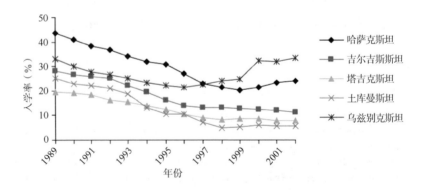

图 2 - 3　中亚五国 1989—2002 年职业高中入学率变化

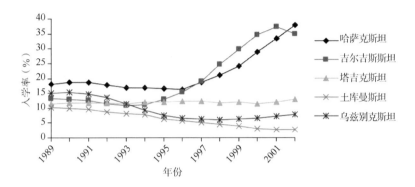

图 2 - 4　中亚五国 1989—2002 年大学入学率变化

图 2 - 1、图 2 - 2、图 2 - 3、图 2 - 4 来源：Bolormaa Shagdar, "Human Capital in Central Asia: Trends and Challenges in Education", *Central Asia Survey*, Vol. 25, No. 4, 2006, pp. 365 - 367。

此外，各大学还面临苏联时代遗留的一些其他问题，比如政府对大学各类资产的所有权规定不清晰，税务部门对大学纳税情况也存在模棱两可的态度。[①] 这些也增加了各大学的财政负担和管理难度。

三　中亚各国全面探索教育现代化

为应对这些困难和挑战，使教育体系尽快适应全新的政治体制以及市场经济需要，中亚各国采取了大量措施，有效缓解了转型期的教育困局，促进了教育体系平稳完成转型，走上正确发展道路。但有些措施遭遇了挫折，其负面影响一直延续至今。

（一）管理权的"去中心化"

中亚各国教育改革的第一个举措是管理权责"去中心化"。也就

---

① Stephen P. Heyneman, "Education in the Europe and Central Asia Region: Policies of Adjustment and Excellence", Internal Discussion Paper, No. IDP 145, Washington, D. C.: World Bank Group, http://documents. worldbank. org/curated/en/737431468913865282/Education - in - the - Europe - and - Central - Asia - Region - policies - of - adjustment - and - excellence.

是说，由于国家税收的下降以及地方层面的离心力加强，各国政府开始将教育，尤其是中小学教育的管理权下放到地方政府。中央仅在学科设置、教科书编纂、校长任命、师资队伍选拔、课程大纲设计等方面进行宏观把握，同时向地方提供一部分补助和补偿性转移支付。仅学前教育机构、特殊学校（包括孤儿寄宿学校、残障人学校和其他特殊学校）以及大部分职业学校仍由中央政府管理。这在很大程度上提高了社会转型期间的教育管理和资源分配效率，盘活了更多的教育资源，也使教育内容更加符合地方发展的需求。

（二）经费来源的多样化

"去中心化"在经费上表现为中央为教育提供的经费急剧减少，地方政府成为教育经费的主要筹措者。因此，各国地方政府支出占公共支出总额的比重从 1990 年的 66% 增加到 1999 年的 89%。到 1999 年，哈萨克斯坦小学和中学教育支出的 90% 都由地方政府提供。吉尔吉斯斯坦 1999 年和 2000 年的教育预算几乎占地方财政预算的一半。相比之下，欧美国家地方政府的教育自主权远没有这样大。在英国，地方政府在教育政策中的决策权重为 4%，德国为 17%，匈牙利为 29%。[①] 但中亚各国地方政府的财力远不能够满足教育的需要。为缓解资金紧张，各国从 1995 年开始改革，如哈萨克斯坦和吉尔吉斯斯坦将基础教育从 10 年延长到 12 年，各国还鼓励发展私立教育，提高教育领域的竞争力。此外还有两种主要的方式。[②]

---

① "Education at a Glance: OECD indicators", *Organization for Economic Cooperation and Development*, Paris: OECD, 2004, https: —/www. oecd – ilibrary. org/docserver/eag – 2004 – en. pdf? expires = 1605842975&id = id&accname = guest&checksum = C2DA4DED7F13A49C49A62-29320C5FCBA.

② Michael Mertaugh, "Education in Central Asia, With Particular Reference to the Kyrgyz Republic", in Stephen P. Heyneman and Alan J. DeYoung, eds. *The Challenge of Education in Central Asia*, 2004, p. 3.

第一是拓宽筹资渠道。这是中亚各国独立初期缓解资金短缺问题的最有效途径。在经济发展水平较高的地区，政府与学校鼓励社区与家长积极参与学校活动并为学校捐款。学校和各类教育机构还可以向校外出租或出售学校的场所或相关教育产品，以获得额外收入。职业学校则可以利用教学设备，组织相关专业的师生，参与对应企业的生产活动。此外，职业学校及高校大量招收"合同学生"也有效地缓解了资金短缺问题。

以吉尔吉斯斯坦为例，此前国家财政划拨给高校的经费是根据上一年度的开支来确定的。从 2002 年 9 月开始，吉尔吉斯斯坦政府改变这种拨款方式，开始按学生人数拨款，每位学生每年大约可获5000 索姆。这就催生出公立大学的一类特殊学生，即合同教育学生。这是苏联模式和现代市场经济的混合产物。一方面，由国家反垄断委员会根据不同地区不同产业的需求，确定本地大学不同专业的招生名额及预算，然后大学按照入学考试分数来择优录取学生，使其进入农业、工业、工程等关乎国计民生的专业学习；另一方面，那些未达录取分数的学生，则以"合同制学生"即自费生的身份进入学校，这部分学生占学生总数的75%，每年交纳的学费从 3000 索姆到 60000 索姆不等，平均为 10000 索姆。他们主要集中在管理、经济学和人文科学等市场需求量迅速增加的学科。吉尔吉斯斯坦64941 名全日制公立大学生中，仅三分之一是公费生，其余全为合同制学生。这既坚持了教育始终为国家需求服务和择优录取的原则，也使合同学生的学费得以支付学校各类建设及教师薪酬等费用。①

第二是中央和地方政府还将不同教育类型的资源进行重新分配。

---

① Michael Mertaugh, "Education in Central Asia, With Particular Reference to the Kyrgyz Republic", in Alan J. DeYoung and Stephen P. Heyneman eds. , *The Challenge of Education in Central Asia*, Information Age Publishing, 2004, p. 14.

在哈萨克斯坦，小学和中学教育经费在公共支出中的占比从 1994 年的 44.7% 增加到 1998 年的 62.3%。用于高等教育的份额也有所增加，但变化幅度较小，从 1994 年的 11.2% 增长到 1998 年的 14.4%。当然，这些增长是以其他教育类型的经费减少为代价的。学前教育经费从 11.7% 下降到 5.7%；职业教育的经费从 16.6% 下降到 9.3%；其他机构的教育经费从 11.6% 下降到 4.1%。当然，这种调整可能是政府根据不同类型教育的回报率而做出的。

种种改革措施帮助中亚各国度过了独立初期的财政困难，使教育系统得以正常运转并完成现代化转型，但也带来了一些负面影响。经济理论认为，中央向地方的过分放权，将造成地区发展的严重失衡。在中亚各国，教育的区域不平等问题十分突出，较富裕的城市与社区可以为学校提供大量捐款，而贫困地区则很难靠国家的补贴来获得高质量教育资源。大量收受私人捐款也使大学面临着比较严重的教育腐败问题，一些学校会向学生"出售"考试成绩和学位，这进一步加剧了教育不公平问题，也削弱了各国教育的整体声誉。[1]

（三）教育内容的市场化

独立后，中亚各国必须根据现代化教育理论、市场经济和社会需求，对已过时的教育方法和教育内容进行全面的改革。比如在高等教育阶段引入现代化的考试制度，既能评估教育的质量，也能确保教育的公平。比如鼓励发展私立教育，1998 年前后哈萨克斯坦仅阿拉木图州便开办了 5 所私立学校，其中 4 所由公办学校改建。[2] 不同阶段的教育重点也有不同侧重。中小学阶段，教育重心从简单掌握知识转为培

---

① Michael Mertaugh, "Education in Central Asia, With Particular Reference to the Kyrgyz Republic", in Alan J. DeYoung and Stephen P. Heyneman eds., *The Challenge of Education in Central Asia*, Information Age Publishing, 2004, pp. 6 – 7.

② 王振权、刘闽、薛山红：《跨越与挑战：中亚五国教育发展及改革走向》，《外国教育研究》2006 年第 12 期。

养学生解决问题的能力，同时开始广泛运用计算机和网络技术。职业教育阶段则改变了此前专注培养小众、就业门路狭窄的特定工种人才，转而培养学生更广泛更通用的技能。高等教育阶段则努力平衡社会科学、自然科学和工程技术科学，并加强培养学生的沟通能力、外语水平和团队合作能力，鼓励发展终身学习计划，以满足当地、全国和全球对人才的需求。[①]

（四）教育语言的"去俄化"

除教育内容，各国的教育语言也面临大规模调整。一是放弃或降低俄语作为官方语言的地位，提升本民族语言即国语的地位，使其在政治、经济、社会、教育等各领域成为通行官方语言。2006 年6 月1 日，哈萨克斯坦发布总统令，要求权力机构在 2010 年前分阶段落实公文、统计、财政和技术文件用哈语书写的工作，计划在缔结国际合约、起草法律文件、进行官方活动时使用哈语，同时扩大哈语在教育领域的使用。二是对以基里尔文字为书写方式的本民族语言进行全面的拉丁化。乌兹别克斯坦在中小学快速推行拉丁字母拼写的乌语，短时间内编写出大量的民族语教科书并要求全国中小学大范围使用。

但这种语言改革在各国教育领域的推进并非一帆风顺。由于政府出台新语言政策时带有极强的政治目的，缺乏相应的前期准备、必要的专业人员和制度配备；加之中亚各主体民族语言自身并不具备完备的规范词汇和标准术语系统，在一些新兴领域如科技、学术、艺术等领域，表达能力十分欠缺，这些均造成了语言改革实施过程中的混乱

---

① Michael Mertaugh, "Education in Central Asia, With Particular Reference to the Kyrgyz Republic", in Alan J. DeYoung and Stephen P. Heyneman eds. , *The Challenge of Education in Central Asia*, Information Age Publishing, 2004, p. 3.

和结果不尽人意。① 乌兹别克斯坦将乌语改用拉丁字母后，大量儿童无法阅读此前用基里尔字母书写的科学、文学和艺术书籍，中小学教育水平和学生素质因此再次下滑。高等教育的情况也不容乐观，用民族语编写的大学教材的质量远低于俄语教材，学习以拉丁字母书写的乌语的学生中学毕业后，不仅俄语水平差，也无法读懂以基里尔字母书写的乌语文献资料。② 正是乌兹别克斯坦字母拉丁化激进改革的失败，为哈萨克斯坦、吉尔吉斯斯坦、塔吉克斯坦敲响了警钟，三国吸取教训，放慢了改革步伐，但相关努力一直在推进，拉丁化的改革仍是大势所趋。

独立后的十年是中亚各国教育质量衰退与力求恢复的十年，教育体系震荡与重建的十年，也是探索教育的本国特色和与国际教育发展趋势同步的十年。③ 在 2000 年后，各国完成了初步的社会转型，教育也进入了平稳发展期。各国进一步深化义务教育的标准，哈萨克斯坦与吉尔吉斯斯坦均向欧盟组织成员国标准靠拢，将义务教育从 10 年延长至 12 年。随着经济形势的好转，各国还加大对教育的投资，此前因经费不足而造成的教师流失、教育质量下降、教学设备老旧等问题也有所改善。

反映一国教育水平的高等教育也在中亚各国强劲复苏。各国高校均已建立了公立与私立相结合、教学与科研一体化、学科门类较为完善的高等教育体系。高等教育毛入学率是衡量一个国家高等教育发达程度的重要指标。中亚四国的毛入学率差异较大，从 2012—2016 年来看，哈萨克斯坦和吉尔吉斯斯坦的高等教育毛入学率在 45% 上下波

---

① 韩苗苗、武和平：《中亚各国语言政策的走向及影响》，《中国社会科学报》2018 年 3 月 22 日第 6 版。

② 张宏莉：《中亚国家语言政策及其发展走向分析》，《新疆社会科学》2015 年第 2 期。

③ 王振权、刘闽、薛山红：《跨越与挑战：中亚五国教育发展及改革走向》，《外国教育研究》2006 年第 12 期。

动，哈萨克斯坦呈现下降趋势，可能是高校数量减少所致。塔吉克斯坦高等教育毛入学率增幅较大，从 6% 增长到 28.84%。乌兹别克斯坦的毛入学率不到 10%，但呈缓慢上升趋势。① 此外，国家财政对高等教育的投入也显著增加。2013 年，哈萨克斯坦、吉尔吉斯斯坦和乌兹别克斯坦的财政性高等教育投入占各自 GDP 的 0.44%、0.87% 和 0.46%。② 不过，同属中等收入国家的马来西亚、墨西哥、罗马尼亚、南非同期的财政性高等教育投入分别占 GDP 的 1.67%、1.05%、0.72% 和 0.75%。经统计，在全球 118 个发展中国家中，各国财政性高等教育经费占 GDP 的平均比例为 0.99%。可见，中亚各国的财政性高等教育投入仍低于发展中国家的平均水平。2011—2015 年，乌兹别克斯坦政府投入技术研究与开发的经费占 GDP 的 0.2%；哈萨克斯坦为 0.15%—0.17%；吉尔吉斯斯坦为 0.13%；塔吉克斯坦占比最低，为 0.11% 左右。③ 从高等教育研发经费占总研发经费的比重来看，哈萨克斯坦和塔吉克斯坦在 11%—16% 之间波动，也短暂出现超过 30% 的情况。乌兹别克斯坦的比例较为稳定，2014 年和 2015 年均为 18%。④ 也

---

① "Education: Gross Enrolment Ratio by Level of Education", UNESCO, http://data. uis. unesco. org/#. 转引自李慧、苏卡特、阿米娜《中国与中亚国家"教育丝绸之路"合作路径探析——基于中亚四国高等教育的发展》，《东北大学学报》（社会科学版）2018 年第 4 期。

② "Education: Government Expenditure on Tertiary Education as a Percentage of GDP", UNESCO, http: data. uis. unesco. org/. 转引自李慧、苏卡特、阿米娜《中国与中亚国家"教育丝绸之路"合作路径探析——基于中亚四国高等教育的发展》，《东北大学学报》（社会科学版）2018 年第 4 期。

③ "Science, Technology and Innovation: Gross Domestic Expenditure on R&D GERD as a Percentage of GDP, GERD Per Capital and Gerd PER Researcher", UNESCO, http://data. uis. unesco. org/. 转引自李慧、苏卡特、阿米娜《中国与中亚国家"教育丝绸之路"合作路径探析——基于中亚四国高等教育的发展》，《东北大学学报》（社会科学版）2018 年第 4 期。

④ "Science, Technology and Innovation: Gross Domestic Expenditure on R&D GERD as a Percentage of GDP, GERD Per Capital and Gerd PER Researcher", UNESCO, http://data. uis. unesco. org/. 转引自李慧、苏卡特、阿米娜《中国与中亚国家"教育丝绸之路"合作路径探析——基于中亚四国高等教育的发展》，《东北大学学报》（社会科学版）2018 年第 4 期。

就是说，哈萨克斯坦、乌兹别克斯坦更注重科技研发，吉尔吉斯斯坦、塔吉克斯坦的投入相对不足。①

总体而言，中亚各国的教育目前仍存在诸多问题，如中央与地方教育部门各行其是、缺乏协调，融资渠道多样化造成的教育腐败问题难以根除，仓促的语言改革也遗留了一些问题，但整体改革和转型已基本完成，各项指标也已恢复正常。2017 年，吉尔吉斯斯坦教育经费占国内生产总值的 7%，近年来，乌兹别克斯坦用于教育的投入占国内生产总值的 9% 以上。中亚五国国民基本教育素质普遍较高，识字率高达 99% 以上，远超埃及和黎巴嫩这两个阿拉伯世界教育水平最高的国家。②

第二节　中亚国际教育合作概况

以主权国家的身份初入国际社会的中亚各国在教育上拥有十分开放的心态。尤其是独立初期，在"向西转"的社会改革导向的影响下，中亚各国与欧美国家展开了密切的国际教育合作。其中，哈萨克斯坦与吉尔吉斯斯坦的国际教育合作走得最快最远，引进欧洲"坦普斯计划"、参加波隆尼亚进程、创立美国大学等重要举措均在独立初期便开始实施。乌兹别克斯坦、塔吉克斯坦、土库曼斯坦三国的进度则稍显缓慢。

---

① "Science, Technology and Innovation: Gross Domestic Expenditure on R&D GERD as a Percentage of GDP, GERD Per Capital and Gerd PER Researcher", UNESCO, http://data. uis. unesco. org/. 转引自李慧、苏卡特、阿米娜《中国与中亚国家"教育丝绸之路"合作路径探析——基于中亚四国高等教育的发展》，《东北大学学报》（社会科学版）2018 年第4 期。

② 肖甦、时月芹：《"一带一路"视域下中国与中亚五国教育交流合作 30 年审思》，《比较教育研究》2022 年第 12 期。

一　中亚国家对国际教育合作的态度

(一) 哈萨克斯坦

哈萨克斯坦是中亚国土面积最大且经济发展水平最高的国家，在国际教育合作方面也是一马当先。它积极与全球 24 个国家的 80 多所大学建立了合作关系，签署了 130 多份教育合作协议，与多个海外高校开展了双学位、互派留学生等项目。此外，它还实施了国家教育发展计划 (State Program of Education Development)，旨在提高留学生比例。根据联合国教科文组织的统计，人口仅 1800 万的哈萨克斯坦是全球输出留学生最多的前 15 个国家之一，[1] 留学生数从 1998 年的 2 万人增至 2017 年的近 10 万人，每年赴俄罗斯和中国留学的学生分别超过 65000 人和 11000 人。[2] 它也接收了来自阿富汗、中国、印度、吉尔吉斯斯坦、乌兹别克斯坦等国约 1.4 万名国际学生。

1993 年 11 月，哈萨克斯坦时任总统纳扎尔巴耶夫启动"博拉沙克"国际奖学金项目 (Bolashak Scholarship)。作为国家推动国际教育合作的旗舰项目，它资助哈萨克斯坦学生前往国外一流大学接受全日制学历教育，组织哈萨克斯坦研究人员前往国外一流大学的研究中心和实验室进行培训与实习。项目实施初期，对前往国外学习的专业并无限制，但很多奖学金获得者选择前往国外学习人文与社会科学，而非哈萨克斯坦国内急缺的科技和理工人才。1997 年，该项目制定了一份优先专业清单，即优先资助国家管理、教育学、工业创新发展、农

---

① Laura W. Perna, Kata Orosz, Zakir Jumakulov, et al., "Understanding the Programmatic and Contextual Forces That Influence Participation in a Government – Sponsored International Student – Mobility Program", *Higher Education*, Vol. 69, 2015, pp. 173 – 188.

② Aktolkyn Rustemova, Serik Meirmanov, Akito Okada, Zhanar Ashinova and Kamshat Rustem, "The Academic Mobility of Students from Kazakhstan to Japan: Problems and Prospects", *Social Sciences*, Vol. 9, No. 8, 2020, p. 143.

业学、航天学、建筑学、卫生保健、社会安全、食品工业、旅游、纺织学、石油天然气产地治理和冶金学等专业的申请者。奖学金的资助力度也较大，每年每人可获得 1000 万到 2400 万坚戈（按 2019 年 1 月 1 日汇率算约为 26500—63500 美元）。在 1994—2018 年，共 12989 名学生获得资助，前往 35 个国家或地区的 170 所大学学习，其中前往英国和爱尔兰的共 5671 人，前往美国和加拿大的共 5094 人。① 在海外完成学业后，获资助者必须回哈工作 5 年。项目资助的总人数不算太多，但层次高，资助力度大，对哈教育国际化及人才培养产生了重大推动作用。2010 年，哈国制定《2011—2020 年国家教育发展计划》，提到 2020 年每五名学生将有一名前往国外学习。2012 年，哈国又通过《2012—2020 年哈萨克斯坦学术流动战略》，再次强调 20% 在读学生出国学习的目标。②

除鼓励学生出国，哈萨克斯坦也十分注重推动国内教育的国际化改革。2010 年，哈萨克斯坦签署了欧盟为实现欧洲各国学位和学历等值互换的《博洛尼亚宣言》，成为首个加入博洛尼亚进程的中亚国家。这成为哈国发展国际教育合作的里程碑。根据该进程，哈国放弃了苏联时期本科 5 年、研究生 3 年、博士生 5 年的高等教育学制，改用本科 4 年、研究生 2 年、博士生 4—5 年的欧洲学制，在学分方面也采用欧洲学分转换和累积系统（European Credit Transfer and Accumulation System，ECTS）。这种学制与学分的接轨为哈国学生前往欧洲留学提

① Tengrinews, "How Much Does Kazakhstan Spend on Bolashakers and Are They Really Valuable Workers", https：//tengrinews. kz/article/skolko – kazahstan – tratit bolashakerovdeystvitelno – oni – 1110/, cited from Aktolkyn Rustemova etc., "The Academic Mobility of Students from Kazakhstan to Japan：Problems and Prospects", *Social Sciences*, Vol. 9, No. 8, 2020, p. 149.

② Tengrinews, "How Much Does Kazakhstan Spend on Bolashakers and Are They Really Valuable Workers", https：//tengrinews. kz/article/skolko – kazahstan – tratit bolashakerovdeystvitelno – oni – 1110/, cited from Aktolkyn Rustemova etc., "The Academic Mobility of Students from Kazakhstan to Japan：Problems and Prospects", *Social Sciences*, Vol. 9, No. 8, 2020, p. 146.

供了很大便利。此外，哈国也是首批签署《欧洲地区承认高等教育资格公约》（*Convention on the Recognition of Qualifications Concerning Higher Education in the European Region*，也称《里斯本公约》）的国家之一。这是联合国教科文组织牵头、欧盟颁布的旨在实现缔约国之间教育学历与文凭互认的重要文件，哈国的加入，使其国内学生出国留学、学者出国交流、在境内创办国际性大学等教育合作活动更为繁荣。2010 年，哈国创建纳扎尔巴耶夫大学，该校以"实现世界顶尖教育实践"为宗旨，以为本国发展培养优质人才为目标，拥有自成体系的财政拨款、优质的师资配置及极高的管理自主权。85% 的教职工为外国专家，采用全英语授课，合作伙伴均为剑桥大学、杜克大学等欧美顶尖大学。因此它一成立，便成为哈国高等教育国际化进程的领头羊。

（二）吉尔吉斯斯坦

作为中亚的"民主岛"，吉尔吉斯斯坦独立后全面拥抱西方，成为独联体第一个加入世界贸易组织的国家。在教育改革方面，它将重点放在建立现代民主的教育体制上，推行个性化教育、多元化教育和市场化教育，先后与 80 多个国家建立了教育合作关系，签署了大量合作协议，也加入了"博洛尼亚进程"，并与欧盟的各项教育标准实现接轨。此外，它还努力获取哈萨克斯坦等邻国质量认证机构的国际认证——这些机构是欧洲高等教育质量认证体系（European Quality Assurance Register for Higher Education）的重要组成部分，以便本国学生前往中亚其他国家留学。[①] 吉国学生的出国留学热情因此高涨，随后前往独联体国家学习的大学生和研究生共 500 多人，其中赴俄的共 244 人，赴塔的共 50 人，赴乌的共 115 人，赴哈的共 115 人，赴中国

---

① 姜雪：《UNESCO 助力中亚和亚太地区高等教育国际化》，《世界教育信息》2019 年第 14 期。

新疆的研究生、本科生和非学历生共 3700 多人。[①]

与中亚其他国家相比，吉尔吉斯斯坦的国际教育合作存在一个突出特征，即与外国合作创建了十余个办学机构。如美国中亚大学、吉尔吉斯—土耳其玛纳斯大学、吉尔吉斯—俄罗斯斯拉夫大学、吉尔吉斯—乌兹别克高级工学院和奥什吉尔吉斯—乌兹别克大学等，成为中亚国际教育的一道独特风景。其中规模最大的是吉尔吉斯—俄罗斯斯拉夫大学，它是俄罗斯斯拉夫大学的吉尔吉斯斯坦分校，共有教师 560 人，学生 4000 人，在中亚教育界影响很大。吸引最多关注的是美国中亚大学，第三章第三节将予以详述。

（三）乌兹别克斯坦

乌兹别克斯坦对国际教育合作的态度十分积极，但受国力所限，成果不及哈、吉突出。它与 45 个国家的大学建立了合作关系，并出台政策，承认 QS 世界大学排行榜、《泰晤士高等教育》世界大学排行榜、世界大学学术排名（ARWU）中前 1000 名大学的文凭。乌政府每年会选派一部分学生赴国外进行公费留学，包括向俄罗斯派 50 人，向中国派 40 人，向日本派 20 人，向马来西亚派 10 人，向斯洛伐克派 2 人，向捷克派 5 人，向韩国派 10 人，向埃及派 10 人。[②]此外，哈、吉、塔三国加入世界贸易组织后，按承诺开放国内教育市场，国外教育机构的人员、资金、制度与服务涌入中亚的速度进一步加快。

当前，中亚各国的国际教育合作已度过了一味扩大规模的发展初期而进入平稳发展期，其主要目标是提高办学质量，优化合作结构。

---

① 范祖奎、易红：《吉尔吉斯斯坦高等教育现状调查研究》，《新疆社会科学》2011 年第 4 期。

② 冯燕：《独立后中亚高等教育与国际合作研究》，硕士学位论文，新疆师范大学，2013 年。

2019 年 5 月 22—24 日，联合国教科文组织亚太地区优质高等教育政策和实践国际化区域领导论坛在哈萨克斯坦阿拉木图举行。论坛讨论了中亚各国参加《里斯本公约》、亚太地区的《东京公约》（*Tokyo Convention*）以及即将出台的《全球资格认定条约》（*Global Convention on the Recognition of Qualifications*）的问题，提出将在中亚建立一个地区教育国际化网络，统筹这一地区的教育国际化资源。也就是说，联合国和欧美国家将利用自身的教育资源与技术手段，帮助中亚各国对本国教育体系进行改革。[①] 这意味着未来中亚的国际教育合作会向精细化、专业化发展。

（四）塔吉克斯坦

塔吉克斯坦政府独立后，也积极进行教育改革，加快教育国际化进程。它的重点在于与欧洲高等教育接轨，比如采用了三级学位体系，于 2007 年实施欧洲学分转换和累积系统，还参与坦普斯计划和伊拉斯谟计划，旨在使国内的高等教育机构与国际学术界建立联系，促进课程的现代化、信息化等。2004—2012 年，塔普斯计划为塔吉克斯坦共 22 所高校的 35 个项目提供了 827 万欧元。此外，塔国政府也设立专门的"Durakhshandagon"奖学金项目，为有意愿出国留学且通过专门考试的学生提供资助。[②]

二　俄罗斯与中亚的教育交流合作

中亚各国独立后，俄罗斯凭借历史联系和语言优势，迅速在中亚各国的政治、经济、社会、文化等各个领域建立起影响，也成为各国

---

① "Internationalization of Higher Education Policies and Practices in Central Asia and Asia‐Pacific", UNESCO, 14 June 2019, https：//www.unesco.org/en/articles/internationalization‐higher‐education‐policies‐and‐practices‐central‐asia‐and‐asia‐pacific.

② 刘进、王艺蒙：《"一带一路"沿线国家的高等教育现状与发展趋势研究（三十九）——以塔吉克斯坦为例》，《世界教育信息》2020 年第 9 期。

开展国际教育合作的主要对象。它与各国签署了多份教育合作协议。
1994 年的《俄罗斯联邦与哈萨克斯坦共和国教育与科学合作协定》明
确了俄哈在文化、科学、教育、体育以及社会组织领域的合作原则。
《俄哈 21 世纪世代友好和联盟宣言》表明了两国成立联合中学、大
学，以及在阿斯塔纳开办莫斯科大学分支机构等合作意向。1995 年签
署的《塔俄关于在文化、科技、教育、卫生保健、新闻、体育和旅游
领域合作的政府间协议》规定，每年塔国将派学生前往俄罗斯的大学
就读。1996 年 3 月，俄罗斯与中亚各国签署《加深经济和人文领域一
体化条约》，旨在建立起覆盖俄罗斯与中亚五国的共同信息、教育和
人文空间。1998 年 11 月，俄、哈、白、乌、塔、吉等统一关税联盟
成员国共同签署相互承认教育文凭、毕业证书和职称文件的协议。这
些协议为俄罗斯与中亚各国展开教育合作提供了战略支持。当前，俄
罗斯是中亚学生最青睐的留学地。2019 年，俄罗斯的外国学生共有
27.4 万人，其中哈籍学生超 6.5 万，占总数的 24%。换句话说，哈萨
克斯坦每 7 名高中毕业生中就有一名赴俄留学。[1] 俄政府还将《俄联
邦支持独联体教育一体化纲要（2004—2005 年)》和《俄联邦"俄
语"目标纲要（2002—2005 年）（2006—2010 年）（2011—2015 年)》
等规划纳入联邦预算。

　　俄罗斯与中亚教育交流合作的另一种形式是在中亚建立大学分校。
当前，俄罗斯与哈萨克斯坦的合作成果最为丰硕。俄罗斯莫斯科国立
大学和哈萨克斯坦科学院签署了建立联合科研机构"天山天文台"
条约。莫斯科国立大学各个系均有来自哈萨克斯坦、吉尔吉斯斯坦等
中亚国家的学生。该校还于 2001 年 9 月 1 日在阿斯塔纳建立分校，所
有教育活动费用由哈方承担，学生均有机会前往位于莫斯科的本部进

---

　　① Aktolkyn Rustemova et al. , "The Academic Mobility of Students from Kazakhstan to Japan: Problems and Prospects", *Social Sciences*, Vol. 9, No. 8, 2020.

行交流。除支持本国高校建立中亚分校外，俄罗斯还在中亚各国建立了一个或多个斯拉夫大学，这些大学以俄罗斯、合作方国家名和斯拉夫大学三个元素命名，由两个国家共同管理，教学计划也融合了两国高等教育的特点，学生可获得两国政府承认的毕业证书和学位证书。这些遍布中亚、波罗的海的斯拉夫大学已成为当地最为知名的高校和文化科研中心。① 中亚还有一类学校，它们并不是由俄罗斯参与创办的，但名字包含"俄罗斯"（русский）一词，如哈萨克斯坦—俄罗斯医科大学（Казахстанско – Российскиймедицинский университет）。使用"俄罗斯"表示该校教学语言为俄语，且与俄罗斯有密切的合作关系。②

　　总之，俄罗斯是中亚各国教育，尤其是高等教育合作的主要伙伴。它既是中亚学生的热门留学地，也是与各国科技合作的主导者，它倡导的"独联体教育一体化""欧亚经济联盟教育体系一体化"对中亚各国教育体系产生了重大影响。表 2 – 3 所列为俄罗斯在中亚国家开设的跨境高等机构。但是，随着中亚各国"去俄罗斯化"进程的加快，俄语在中亚教育体系中的影响力有衰减的趋势。哈教育部中等教育委员会表示，2022—2023 学年在哈国 172000 名中学毕业生中，有120439 名毕业于哈萨克语中学，占毕业生总数的 70% 多。而 10 年前的这一数字为 49%。而在 2023 年 7 月结束的乌兹别克斯坦高等院校报考工作中，共64.5 万余学生报名参加入学考试，仅有 10% 的考生选择俄语作为授课语言。③ 未来，中亚各国的"去俄化"进程与俄乌冲突的影响相叠加后，可能会进一步加速。

_____

　　①　杨恕：《中亚高等教育概况》，《中亚研究》2017 年第 1 期。
　　②　杨恕：《中亚高等教育概况》，《中亚研究》2017 年第 1 期。
　　③　Язык нашего будущего：Как меняется ситуация с казахским в школах и вузах страны，时间：21 июля 2023，网址：https：//tengrinews. kz/kazakhstan_ news/yazyik – nashego – budus-chego – menyaetsya – situatsiya – kazahskim – 505163/？ ysclid = lpqn4hulri705926686.

表 2 - 3 　　　俄罗斯在中亚国家开设的跨境高等教育机构（部分）

国家	高等教育机构名
哈萨克斯坦	1. 莫斯科国立大学阿斯塔纳分校 2. 俄罗斯普列汉诺夫经济大学厄斯克门分校 3. 俄罗斯劳动与社会关系学院阿拉木图分校 4. 圣彼得堡工会人文大学阿拉木图分校 5. 车里雅宾斯克国立大学科斯塔奈分校 6. 莫斯科国立航空学院拜科努尔分校 7. 国际独立生态政治大学拜科努尔分校
乌兹别克斯坦	1. 莫斯科国立大学塔什干分校 2. 俄罗斯普列汉诺夫经济大学塔什干分校 3. 俄罗斯国立石油天然气大学塔什干分校
土库曼斯坦	俄罗斯古布金国立石油天然气大学阿什哈巴德分校(已关闭)
吉尔吉斯斯坦	1. 俄罗斯普列汉诺夫经济大学比什凯克分校 2. 俄罗斯国立社会大学奥什分校 3. 吉尔吉斯—俄罗斯(斯拉夫)大学 4. 吉尔吉斯—俄罗斯教育学院 5. 国际斯拉夫学院比什凯克分校 6. 奥斯科企业和法律学院比什凯克分校 7. 莫斯科企业和法律学院卡拉科尔分校 8. 莫斯科企业和法律学院奥什分校 9. 喀山国立研究工艺大学坎特分校
塔吉克斯坦	1. 莫斯科国立大学杜尚别分校 2. 莫斯科国立动力学院杜尚别分校 3. 俄罗斯国家科技大学杜尚别分校 4. 塔吉克—俄罗斯(斯拉夫)大学 5. 俄罗斯现代教育学院中亚(苦盏)分校

资料来源：秦海波、王瑞璇、李莉莉等：《俄罗斯对中亚国家的教育外交研究》，《新疆大学学报》（哲学·人文社会科学版）2020 年第 5 期。

三　欧盟与中亚的教育合作

教育合作和安全合作、能源合作是欧盟与中亚合作的三大支柱。教育援助一直是欧盟对外援助的优先领域之一，教育合作则被欧盟视为在全球促进民主改革、影响非西方国家发展进程的最有力工具。
1989 年，欧盟便启动"大学跨欧洲学习项目"（Trans – European Mobility Scheme for University Studies，TEMPUS，下称"坦普斯计划"），旨在与周边国家建立教育合作关系，促进这些国家的高等教育现代化。中亚各国独立后，立刻被欧盟纳入坦普斯计划。2007 年出台的《欧盟与中亚：新伙伴关系战略》提出，中亚各国大部分人口年龄在 25 岁以下，这意味着该地区蕴藏着巨大的发展潜力，投资中亚教育便是投资未来，欧盟将加强在教育领域与中亚的对话与合作。2007—2010 年，欧盟共向中亚教育领域投入 2500 万欧元，教育成为欧盟对中亚援助的主力。

欧盟与中亚的教育合作主要有两种方式。

第一种方式是推动中亚各国融入欧盟的各类教育质量认证标准。最典型的就是 1999 年 29 个欧盟国家签署的《博洛尼亚宣言》，它旨在建立一个覆盖欧洲及周边国家的高等教育区，在此区域内各国将不同的高等教育学制进行统一，本科不少于 3 年，硕士 2 年，博士 3 年；各国的本科及研究生文凭可以进行相互类比和置换，学分可以进行累积和转换，高校师生和研究人员可以在区域内自由流动等。① 中亚各国对加入"博洛尼亚进程"十分积极，哈、吉陆续加入。2008 年 6 月中亚五国教育部部长在杜尚别举行会晤，讨论了按"博洛尼亚进程"标准建立中亚高等教育区的问题并签署了备忘录。其他未加入进程的国家则在一些具体领域采取了相关措施，如建立三级学位制度、实行学分制、接受欧盟相关的教育质量审查、修改本国教育体制和高考规则，等等。②

---

① "The Bologna Declaration of 19 June 1999"，http：//www. magna – charta. org/resources/files/BOLOGNA_ DECLARATION. pdf.

② 杨恕：《中亚高等教育概况》，《中亚研究》2017 年第 1 期。

第二种方式是通过坦普斯计划为中亚各国提供教育援助。坦普斯计划包含多个内容，主要是资助中亚优秀大学生和研究生前往欧盟国家高校进行 3—12 个月的短期学习；资助中亚教师前往欧盟国家高校进行 1 周到 1 学年的进修，前往欧盟国家大型企业进行 1—6 个月的实习；资助在中亚国内高校开设有关欧洲和欧盟的课程；等等。哈国在 1994 年、乌国在 1994 年、吉国在 1995 年、土国在 1997 年、塔国在 2004 年陆续加入该项目，欧盟则根据各国教育发展特色及不同需求，为各国提供相应的合作项目及资源。比如哈萨克斯坦和乌兹别克斯坦是坦普斯计划的重点援助对象。在发展水平较高、教育基础较好的哈萨克斯坦便注重提高高等教育的国际化与信息化，在相对落后的塔吉克斯坦便着重提高学术质量、培训师资和升级教学设备。[①] 1994—2006 年，该计划在乌国共实施 186 个项目，总金额 1743.5 万欧元；在哈国实施 77 个项目，总金额 1081.6 万欧元。此外，欧盟教育、视听与文化执行处还发起了"伊拉斯谟对外合作窗口"项目，专门为非欧盟的发展中国家学生提供奖学金、为教学与科研人员提供资助，使其前往欧盟成员国交流。这一项目也将中亚各国包含在内，为促进中亚与欧盟的大规模教育人员交流与合作发挥了重要作用。

四 土耳其与中亚的教育合作

土耳其与中亚在宗教和文化方面存在密切联系，其世俗伊斯兰发展模式也对信仰伊斯兰教的中亚各国构成强大吸引。因此，文化与教育合作成为土耳其与中亚各国发展友好关系的独特优势。1992 年，土耳其向中亚五国提供每国 2000 个赴土留学的奖学金名额。1995—1996 年，中亚各国在土耳其的留学生数量占土耳其外国留学

---

① 刘继业：《欧盟对中亚高等教育项目的援助》，《国际资料信息》2010 年第 3 期。

生的 22.4%，土耳其一度成为中亚学生的留学首选地。随着中亚与其他国家教育合作规模的扩大，赴土留学的热度有所降低，中亚学生在土耳其留学生中的占比在 2001—2002 学年降到 21.9%，2011—2012 年继续降至 19.7%。但总体而言，希望前往土耳其留学的中亚学生数量仍然十分可观。①

土耳其在中亚开设的各类学校也极具特色。

土耳其官方在中亚各国开设了各种合办学校及海外分校。1992 年 10 月，哈土两国政府签署协议，将原哈萨克斯坦国立突厥斯坦大学改为哈萨克—土耳其亚萨维国际大学（Yasa Wei Kazakh Turkish International University），由两国共同出资和管理。目前该校共有 9200 多名学生，其中 1380 名来自其他突厥语国家。这是土耳其在中亚合办高校中投入最多、规模最大的大学，也成为土耳其对外文化输出的样板工程。② 还有 1994 年在土库曼斯坦创建的土库曼—土耳其国际大学（2016 年 7 月关闭），1996 年在哈萨克斯坦开办的苏莱曼·德·雷尔大学和 1997 年创建的吉尔吉斯—土耳其玛纳斯大学。玛纳斯大学对吉尔吉斯斯坦本科生免收学费，每月发放 1000 索姆生活费，成绩特别突出的学生可获额外奖励，因此在吉国的声誉很好。

除官方办学，以推动"居伦运动"为宗旨的土耳其民间组织也积极进入中亚办学。"居伦运动"既是一种伊斯兰主义复兴运动，又主张宗教与世俗、传统与科学的融合与平衡，一度深受处于社会转型期的中亚社会的欢迎。这些组织在中亚各国开设了数量众多的"居伦学校"，以中学为主，教学质量和国际化程度普遍较高，培养了大批政坛与商界精英，大大加深了土耳其与中亚各国的文化

---

① 王明昌：《土耳其与中亚国家关系的现状及前景》，《国际研究参考》2018 年第 5 期。

② 杨恕：《中亚高等教育概况》，《中亚研究》2017 年第 1 期。

联系，扩大了土耳其在中亚尤其是在中亚精英阶层中的影响力。近年来，由于土耳其政府转变此前支持态度，开始对"居伦运动"进行限制，中亚居伦学校也遭受了一些挫折，但现有影响力仍不可小觑。

土耳其在中亚各国的办学情况见表2-4。

表2-4 土耳其在中亚各国的办学情况

国家	土耳其在中亚办学的数量(所)		中亚赴土耳其留学的学生数量(人)		
	中学	大学	1996 年	2002 年	2012 年
哈萨克斯坦	28	2	1033	858	810
吉尔吉斯斯坦	21		610	821	746
塔吉克斯坦	8		39	290	277
土库曼斯坦	2	1	1529	1280	4110
乌兹别克斯坦	0		363	159	210
共计	59	3	3574	3408	6153

资料来源：王明昌：《土耳其与中亚国家关系的现状及前景》，《国际研究参考》2018 年第 5 期。

五 阿迦汗中亚大学

中亚还有一所比较特殊的国际学校，即阿迦汗中亚大学。卡里姆·阿迦汗四世（Prince Karim Aga Khan Ⅳ）是巴基斯坦籍伊斯兰教伊斯玛仪派尼扎尔支派的精神领袖，他建立了阿迦汗发展集团（Aga Khan Development Network），致力于改善发展中国家尤其是中亚山区民众的生活条件与教育环境。2000 年，哈、吉、塔三国政府与阿迦汗发展集团签署协议，在三国交界地区建立阿迦汗中亚大学，并在哈萨克斯坦的杰克利（Tekeli）、吉尔吉斯斯坦的纳伦（Naryn）以及塔吉克斯坦的霍罗格（Khorog）设立三个校区。阿迦汗四世认为，尽管当前中亚与外国一流高校创建了大量教育合作项目，优秀学生前往外国学习也已成为趋势，但出国留学的奖学金数量有限，还受家庭观念、宗教因素等多重限制，终非中亚各国培养人才的长久之计。因此在本地开设具有世界一流水平的研究型大学，对培养中亚优秀人才尤其是领袖具有重大意义。该校实行西式教学模式，课程由加拿大最大公立高等教育学院圣力嘉学院设计，以英语、俄语和本民族语言教学，当前已招收了9万名学生。它既不是纯粹的官办学校，也不像居伦学校一样有宗教背景，代表一种全新的办学模式。近几年该校学生就业情况良好，招生人数持续增加，虽然发展仍面临诸多挑战，但确系中亚教育合作的一道独特风景。

域外大国的积极参与和中亚各国的开放态度，共同推动了中亚国际教育合作在过去三十年的迅猛发展，形成了多类型、多领域、多层次的合作格局。这些合作为中亚各国独立后的教育改革提供了有力支持，使改革得以克服制度混乱、经费不足、方向不明等困难，显著提高了各国教育发展水平和人才培养质量，也为国家开放、社会稳定与经济发展做出了重大贡献。域外国家在中亚五国开办学校数量见表2-5。俄罗斯、欧盟、土耳其等合作国则通过教育这一渠道在中亚形成了强大的"软实力"，促进了与中亚国家关系的全面发展。它们与中亚的教育合作模式各有特色，合作基础也各不相同，俄罗斯凭借语言与文化优势，欧盟掌握优质教育标准的制定权，土耳其则利用宗教联系。而美国与中亚地区不存在历史文化联系，也没有广受认可的地区教育标准体系，而是依托本国强大的教育体系及推进国际教育合作的丰富经验，走出了一条独具特色的与中亚教育合作之路。

表 2 - 5　　　　　　域外国家在中亚五国办学数量　　　　单位：所

国家	俄罗斯	土耳其	巴基斯坦	英国	美国	德国	意大利	埃及	韩国	新加坡	合计
哈萨克斯坦	2	1	1	1		1		1			7
吉尔吉斯斯坦	4	1	1		1						7
塔吉克斯坦	4		1								5
土库曼斯坦	1	1									2
乌兹别克斯坦	3				1		1		1	1	7
总计	14	3	3	2	1	1	1	1	1	1	28

　　资料来源：杨恕：《中亚高等教育概况》，《中亚研究》2017 年第 1 期。这些大学的性质略有差别。第一类是中亚与外国合办的高校，如美国中亚大学、俄罗斯的所有斯拉夫大学、土耳其玛纳斯大学等；第二类是外国大学在中亚的分校，如莫斯科大学杜尚别分校等；第三类是中亚国家开设、外国仅参与了部分专业（院、系）的建设的高校，如都灵工学院、新加坡大学、哈萨克斯坦—不列颠技术大学商学院等。

第三节　美国国际教育合作概况

　　美国是世界教育强国，也是国际教育合作的积极倡导者和实践者。由于认识到国际教育合作对维护世界稳定、促进双边友善及实现美国国家利益的作用，美国自 19 世纪起就积极推动这类合作，从最初美国传教士在殖民地及其他发展中国家与地区创建教会学校；到第二次世界大战后"富布莱特项目"推动美国与多个国家开展大规模教育交流；再到 21 世纪，美国成为全世界国际教育合作的主导者，教育合作的规模、范围和影响力不断扩大。在此过程中，多部重要教育法案起到了理顺职权、凝聚人心、提供法律基础及筹集资金的关键作用，推动了国际教育合作的稳步快速发展。与其他发达国家相比，美国的国际教育合作还存在诸多特征，如将教育合作与国家战略紧密捆绑，民间力量积极参与等。

一 美国对国际教育合作的认知嬗变

国家战略与行为是由国家观念推动的，而美国对国际教育合作的认知经历了一个不断升级的过程。在 20 世纪前的殖民主义时期，美国新教徒前往世界各地尤其是殖民地国家办学，使美式教育理念和制度的传播无远弗届。然而，此时美国政府与社会并未形成有关国际教育合作的完整理念，这些办学只是传教士基于文化优越感和宗教使命感而开展的民间行为。直到 1905 年，美国著名教育家、伊利诺伊大学校长埃德姆德·詹姆斯（Edmund J. James）致信美国时任总统罗斯福，详细阐述了教育交流对于国家间关系的作用。他提出，"能成功为当前中国年轻人提供教育的国家，将收获最大的道德、人才及商业影响力上的回报"。[①] 这封信直接促成了美国向清政府提供的"庚子赔款"，也象征着美国政府开始了借教育合作发展国家间关系的初步探索。

第二次世界大战后，不同学科的研究者均就战争的起源及止战理论展开研究，其中国际关系领域兴起的文化关系理论学说认为，战争源自人的观念，即关键的领袖人物及社会大众对战争必要性的认识，而非真实的战争需求，决定了一国是否与另一国开战。言下之意是，如果国家间可以互相了解，建立对彼此的善意，便能有效预防冲突。这种理论显著提升了美国对国际教育合作的重视。他们开始深信，美国的安全不取决于坚船利炮和美元，而取决于与其他国家人民对话并获得对方支持的能力，国际教育合作是提高美国这一能力的最佳方式。[②]

---

① "Letter from Edmund J. James to Theodore Roosevelt"（1905 – 09 – 04），Theodore Roosevelt Center at Dickinson State University，https：//www. theodorerooseveltcenter. org/Research/Digital – Library/Record？ libID = o51166.

② Pells，R. ，*Not like Us*，New York：Basic Books，1997，p. 33.

冷战开始后，美国在与西方阵营国家巩固友好关系，与摇摆和居中国家促进友好，与社会主义阵营国家争夺意识形态阵地时，逐渐认识到教育与文化合作这一工具的潜在价值。曾担任美国教育与文化交流处首任主任的菲利普·库姆斯将教育称为国家外交政策的第四个维度。他认为，第二次世界大战后教育对于美国实现外交政策目标发挥了重大作用，包括以与美国社会的价值观与利益相容的方式结束冷战等。如果美国进一步改变将教育与文化活动视为军事与政治活动之附庸的观念，它们将发挥更大的作用。[1] 汤姆森（Thomson C. A.）和拉夫斯（Laves W. H. C.）提出美国政府在冷战中越来越重视文化交流尤其是国际教育交流的三个原因。一是随着电话、电报等远程通信及交通技术的进步，不同国家的学生、教师和学者之间"缓慢而深入的交流"越来越容易。二是民主思潮的兴起使各国政府愈渐重视民众对政府的观感。向各国民众提供前往美国留学的机会，是美国在全球民众中树立良好形象的好办法。三是知己知彼，百战百胜。要在冷战中打压社会主义阵营国家、拉拢中立国家，美国必须充分了解对方。大规模招收国际学生是美国进行区域国别研究和了解对手的捷径。[2] 乔治·舒斯特（George Shuster）还根据文化关系理论，认为教育合作必须以高等教育合作为主，因为只有大学才能承担起促进文化和教育产品国际流通的责任。[3] 1961 年出台的《教育与交流法案》是美国政府就国际教育与文化交流对国家战略所具价值做出的最早和最全面的阐述。该法案称，希望通过展示美国与其他国家人民进行教育与文化交

---

[1] Philip h. Coombs, *The Fourth Dimension in Foreign Policy*, New York: Harper & Row, 1964, p. 108.

[2] Thomson, C. A, Laves, W. H. C., *Cultural Relations and U. S. Foreign Policy*, Bloomington: Indiana University Press, 1963, p. 32.

[3] George Shuster, "The Nature and Development of United States Cultural Relations", in Robert Blum, ed., *Cultural Affairs and Foreign Relations*, Englewood Cliffs: Prentice Hall, 1963, p. 38.

流的兴趣、发展与成就，以及这些成就对全球人民获得和平幸福生活的贡献，从而加强美国与其他国家的联系，促进教育和文化发展的国际合作，进而帮助美国与其他国家建立友好、谅解与和平的关系。前哈佛大学校长科南特的话则更加直白："冷战是意识形态的战斗，美国要赢得这场战斗，就必须在意识形态上统一起来。国际教育早已成为美国向他国输出美式意识形态和社会价值的重要手段和载体。"①

冷战结束后，美国对于通过教育合作"拉拢人心"的需求明显降低，此时的教育合作更多是出于美国扩大全球贸易市场的考量。即美国通过教育合作帮助欠发达国家培养大量教育程度良好和掌握熟练技能的劳动力，使后者成为美国的贸易伙伴和出口市场。②

"9·11"事件之后，美国对国际教育合作重要性的认知再次提高，且在促进国家间友好、扩大出口市场的基础上加入了促进外交战略目标、维护国家安全的考量。2006年3月，美国国务院教育文化局文化交流办公室副助理国务卿阿莉娜·罗曼奥斯克在美国全国私立学校联合会上发表讲话《公共外交与教育伙伴》，强调全球教育是美国公共外交的关键部分。她提出，扩展青年尤其是中学生的国际交流项目，对促进两国友好关系意义重大，教育文化局将扩大交流规模，将外国学生引进美国，把美国学生送到国外。③ 同年，时任美国国务卿康多莉扎·赖斯指出："我们每所大学中的每位外国学生都代表着一

---

① 陈学飞：《高等教育国际化：跨世纪的大趋势》，福建教育出版社2002年版，第39页。

② "USAID Education Policy", USAID, November 2018, https://www.usaid.gov/education/policy.

③ Alina L. Romanowski, "Public Diplomacy and Educational Partnerships: Remarks to the National Association of Independent School", NAIS Annual Conference, Massachusetts, March 3, 2006. 转引自黄仁国《伊拉克战争后美国的教育国际交流新趋势》，《湖南科技大学学报》（社会科学版）2009年第3期。

个增强美国民主、加强国外自由事业的机会。"① 美国教育部部长贝特西·德沃斯（Betsy DeVos）称："与世界各地人民和政府进行沟通和相互理解的能力，是美国外交的重要组成部分。教育和交流这类软外交有助于我们建立可维护全球稳定和国家繁荣的外交联系。"② 在安全方面，美国著名智库公共事务委员会研究员比尔·里查德（Bill Richard）直言，搞教育是最划算的打击恐怖主义的方式。他说："伊拉克战争让我们树敌甚多。只要运用伊拉克战争花费中的一小部分，我们便可以交友无数。打击恐怖主义的一个关键举措便是支持伊斯兰世界的公共教育，这是减小那些煽动极端主义思想的宗教学校作用的最好途径。"③ 美国国务院在 2010 年《外交战略计划》列出了美国外交战略的六大目标，其中四大目标均与教育直接相关，即"民主与正义管理""人文交流""促进经济增长与繁荣"和"促进国际理解"。美国历年的国家安全战略均反复强调教育对国家安全的重要性。2015 年的战略认为，美国应资助各国学生赴美留学，逐步塑造他们的美式民主价值观，同时挑选有潜力的学生，进一步提供经济发展和政治管理等领域的专业训练，帮助他们未来回国后参与国内政治。这是提高美国外交效率、促进美国国家安全的良策。④ 2018—2022 财年的战略也提出，美国国家安全战略的第四大支柱是提高美国影响力，这要求美国具备帮助

---

① "Secretary Condoleezza Rice's Remarks at the U. S. University Presidents Summit on International Education Dinner", U. S. Department of State, January 5, 2006, https: //2001 – 2009. state. gov/secretary/rm/2006/58750. htm.

② "Objective 3: Engage in Active Education Diplomacy to Advance U. S. International Priorities", U. S. Department of Education, https: //sites. ed. gov/international/objective – 3 – engage – in – active – education – diplomacy – to – advance – u – s – international – priorities/.

③ Bill Richardson, "A New Realism: A Realistic and Principled Foreign Policy", *Foreign Affairs*, Vol. 87, No. 1, 2008, pp. 142 – 154.

④ "National Security Strategy of the United States of America", *White House*, December 2015, https: //obamawhitehouse. archives. gov/sites/default/files/docs/2015_ national_ security_ strategy_ 2. pdf, p. 21.

其他国家实现可持续发展的能力，而这种能力很大部分来自教育合作。

在美国，推动国际教育交流合作已超越教育层面，上升为一种外交政策工具。它关乎赢得经济竞争、推进外交政策、维护国家安全以及维系美国的全球领导地位，是美国参与"全球竞争的基石"。

二　美国国际教育合作的发展历程

（一）从19世纪到第二次世界大战前

美国的国际教育合作最初是由传教士开展的。19世纪早期，美国成立了大量的基督教传教组织，在全球范围内开展传教活动。传教士们发现，将宗教与教育相结合，可以使海外传教工作事半功倍。因此他们广建教会小学和中学，之后又成立大学。以中国为例，美国于1842—1877年在中国开办202所教会学校，共培养学生3117名。19世纪末至20世纪初，美国在华创建了13所教会大学。① 这些学校既能为当地人提供英语和基础科学的教育，还能传播宗教教义，更可以树立当地人对美国和美国文化的信任，可谓一举多得。当然，这一阶段美国的国际教育与其说是合作，不如说是单向的师资流动和理念输出。虽然它与欧洲展开了一些零星的合作与交流，比如交换图书资料等，但这些活动多为民间组织及个人所为，不成体系，规模也较小。

进入20世纪后，美国的大量社会组织和私人基金会加入了促进海外教育交流合作的队伍中。包括企业领袖、教育名家以及上流社会人士在内的美国社会精英意识到，美国的国际地位正在飞速提升，美国必须提高对全球事务的关注度，而向外输出美国的优质教育与理念对提高美国国际地位具有战略意义。大批基金会和社会组织随

---

① Alice Greg, *China and Educational Autonomy: The Changing Role of the Protestant and Educational Missionary in China 1807 – 1937*, New York: Syracuse University Press, 1946.

即成立，并将文化与教育交流视为主要工作。有些组织由精英移民群体创建，专门支持美国与祖国的教育交流，如 1902 年成立的罗德基金会旨在资助美国与德国、英国的学生与学者进行交流，1910 年成立的美国—斯堪的纳维亚基金则致力于推动美国与丹麦、荷兰、冰岛、挪威和瑞典的教育与文化交流。1920 年成立的比利时美国教育基金（BAEF）专门支持美国与比利时的教育交流。有些组织则属于综合性基金会，工作领域更广，影响力也更大。如 1910 年由美国塔夫兹大学创建的世界和平基金会（World Peace Foundation）专门资助有关和平与安全的活动，其中涉及大量教育交流项目。1913 年成立的洛克菲勒基金会虽然关注健康、文化、环境等多个领域，但对国际教育领域的资助力度也很大。它既资助美国高校和科研机构的国际交流项目，也资助其他国家发起的与美国交流的项目，甚至还资助其他国家国内的教育项目。早期它将支持重点放在医学教育上，在中国建立了中华医学基金会、北京协和医学院等医学教育部门；在拉丁美洲、欧洲和亚洲建立了 25 个疟疾研究中心；1919 年还专门成立医学教育分部，资助世界各国的医学院及科研机构。此后基金会开始向其他教育领域拓展。1923 年开始资助美国一流大学的国际交流项目，如哥伦比亚大学师范学院和国际学院，目的是在全球培养知美、亲美的高水平学者。①

此时的美国政府也积极推动官方的国际教育合作交流。1908 年，时任美国总统罗斯福推动成立庚子赔款奖学金，即美国从清政府根据《辛丑条约》对美国交付的赔款中拿出超额部分设立奖学金，资助中国的优秀学子赴美留学。这是美国政府最早资助国际教育合作的实践，将外国赔偿和其他债务转化为国际教育合作基金也成为美国的常规操

---

① 关于洛克菲勒基金会的信息，均来自其官网：Rockefeller Foundation，https：//www. rockefellerfoundation. org/about – us/our – history/.

作，后来的"富布莱特项目"便是其中典型。

(二) 从第二次世界大战到冷战

第二次世界大战后，美国国际教育合作以宗教组织与民间机构为主，以政府为辅，规模较小，目的分散的情况迅速转变。在"反共"这一举国共识下，经济支援、教育交流和文化渗透成为美国冷战外交"武器库"中的主要工具[①]，政府成为教育合作与交流的主力军。

1953 年，艾森豪威尔政府建立美国新闻署（U. S. Information Agency），旨在通过公共外交尤其是新闻和宣传，树立美国在全世界的良好形象，对抗苏联共产主义的宣传攻势。新闻署下辖四个部门，一个专门通过电台、广播向世界各国进行美式意识形态宣传；另外两个分别从事新闻及影视传播；还有一个则专门开展文化与教育交流，富布莱特项目便归其管辖。1954 年，美国国家安全委员会下属"行动协调委员会"与国务院、国防部、卫生教育与福利部以及援外事务管理局，全面整合各部门现有海外教育合作项目并将之扩大。[②] 此举旨在向世界各国传播美式教育的资源与理念，树立美国的良好国际形象，从而抗衡社会主义阵营的文化影响力、在冷战中占据优势地位。[③] 随后美国国会出台多项法案，为国际教育合作提供法律依据与拨款权限。如 1958 年的《国防教育法》在第六章明确规定，要采取三项措施推

---

① 张杨：《冷战共识——论美国政府与基金会对亚洲的教育援助项目（1953—1961）》，《武汉大学学报》（人文科学版）2013 年第 3 期。

② "Memorandum for the Operation Coordinating Board", The National Archives II, RG59, Executive Secretariat, Box 34, American Overseas Education, November 22, 1954. 转引自张杨《冷战共识——论美国政府与基金会对亚洲的教育援助项目（1953—1961）》，《武汉大学学报》（人文科学版）2013 年第 3 期。

③ "Excerpts from NSC Policy Regarding Education", The National Archives II, RG59, Executive Secretariat, Box 34, American Oversea Education, December 13, 1955. 转引自张杨《冷战共识——论美国政府与基金会对亚洲的教育援助项目（1953—1961）》，《武汉大学学报》（人文科学版）2013 年第 3 期。

动美国高等教育的国际合作，促进外国对美国的了解。1961 年是美国国际教育合作的"大年"，国会通过的《共同教育与文化交流法》成为美国对外文化与教育交流的纲领性文件。同年，时任美国总统肯尼迪签署了《对外援助法案》，成立了美国国际开发署（USAID）。这是美国第一个受国务卿直接领导，以对外援助为宗旨的联邦机构。开发署整合了联邦其他政府部门、美国各高校、民间组织和私人基金会的众多资源，同时与联合国教科文组织密切合作，标志着美国的对外援助尤其是教育援助开始蓬勃发展。也在同年，肯尼迪政府颁布《和平队法案》，拨款 4000 万美元建立志愿机构和平队（Peace Corp），组织具有专业技能的志愿者前往全球尤其是发展中国家，帮助当地修建学校、教授英语、传授农业技术知识、提供医疗服务等。可以说，和平队肩负了美国教育合作、对外援助与意识形态宣传等多重使命，开启了一种极具美国特色的国际教育合作模式。继任的约翰逊总统继承了肯尼迪将教育纳入国际援助及冷战战略的理念。1966 年，约翰逊总统签署《国际教育法》，号召扩大各个层面的国际教育交流，帮助发展中国家建立和发展教育体制，增强校际合作，加快各国教育信息的交流，提高美国海外学术机构的质量。虽然法案未得到国会拨款而未能实施，但它大幅提升了国际教育合作在美国国家战略中的地位，对后来的决策者影响深远。

美国民间基金会在这段时期也蓬勃发展，对美国官方的教育合作形成有力助推和互补。在冷战背景下，民间力量在实施教育合作时比政府更有优势。它们财力雄厚，形式灵活，且以公益组织与个人的身份活动，可以有效减轻外界对它们开展意识形态渗透的猜疑。以福特基金会和亚洲基金会为例。福特基金会的重点活动区域为亚洲，活动目标则锁定为各国领袖和知识精英。管理者认为，亚洲尤其是新独立国家的政府官员及知识精英，比其他国家的精英拥有更大的社会影响力，因此福特基金会与美国国务院共同制定了一个"领导者类型"的教育交流项目，专门资助亚洲各国政府的中高层官员及有潜力的低层官员、具有海内外影响力的文化领袖和劳工领袖，前往美国交流。随后，美国国务院、美国新闻署甚至中央情报局均开设了专门针对亚洲知识精英的教育合作与交流项目。[1]

（三）从苏联解体到"9·11"事件

苏联解体带来国际格局的骤变，也使美国一路高歌的国际教育合作跌入低谷。失去与苏联对抗的目标后，对外援助在美国外交战略中的价值大大降低，对外援助机构要么被撤销，要么被合并，援助规模大幅缩减。1993年，美国国际开发署裁减了50名高级专家，关闭了全球21个代表处，取消了对50个国家的援助项目。[2] 1993—1997年又陆续关闭24个办事处，将全职工作人员从11150人减少到7609人。[3] 其中教育合作与援助的变化值得注意。美国一方面减少了在美洲、非洲、欧洲和亚洲大部分地区的援助，另一方面加强了对中亚、东欧等新生国家的援助力度。1990年，美国国会参议员戴维·博伦（David Boren）和克莱本·佩尔（Claiborne Pell）共同发起《教育交流促进法案》（*Educational Exchange Enhancement Act*，EEEA），资助美国大学及以上学历学生前往此前与美国交流较少的中亚和东欧国家学习，同时资助这些国家的学生赴美留学。博伦认为，该法案有助于这些国家的独立和社会转型，也是美国在这一地区获取以教育与文化感召力而非军事优势为核心的领导力的重要一步。但该法案未能争取到足够

---

① 张杨：《冷战共识——论美国政府与基金会对亚洲的教育援助项目（1953—1961）》，《武汉大学学报》（人文科学版）2013年第3期。

② 关春巧：《布什政府的美国对外援助政策改革探析》，《国际政治研究》2005年第4期。

③ Roger Bate, "The Trouble with USAID", *The American Interest*, Vol. 1, No. 4, 2006, p. 115.

的联邦资金支持。① 此外，美国当时已有的教育合作项目也加大了对东欧、中亚地区的关注。

（四）"9·11"事件迄今

"9·11"事件彻底颠覆了美国对国际局势的认知，国际教育合作再次进入全新发展阶段。由于限制发放签证等原因，全球赴美留学生在2001年后的几年里数量有所下降，但情况很快得到扭转。美国此时发现，冷战结束并不意味着美国国家安全面临的威胁完全消除，而在应对新威胁时，美国的国内教育与国际教育体系均显得力不从心。国内学界未能发现伊斯兰极端主义思潮的扩散与恐怖主义势力的壮大，更未能预测到它们对美国构成的严重威胁而提醒当局防范。学校没有教会学生认清国际形势，了解其他文明，以至于事件发生后仍懵懂无知。推行多年的国际教育合作也未能在全球树立起美国文化、价值观与意识形态的主导地位，消除某些地区的宗教极端化趋势和文明对立执念。在深刻反思这些情况后，美国全面调整国际教育合作战略，力图使其能匹配和服务于美国当前的国家战略优先任务。

第一，将教育合作与国家安全战略明确挂钩。早在"9·11"事件前，美国就已经开始将教育纳入国家安全领域。1999年，克林顿政府国防部部长科恩牵头成立了"美国21世纪国家安全委员会"，建议总统和国会出台《国家安全科学与技术教育法》。他认为，美国必须摒弃依靠国防和外交的传统安全观，将科技和教育视作国家安全的重要影响因素。② 克林顿政府2000年发布的《美国国家安全战略报告》更是赋予教育以重任，强调要通过教育加强国际联系与

---

① Theodore M. Vestal, *International Education: Its History and Promise for Today*, Westport: Praeger Publishers, 1994, p. 150.
② 王盈：《全球化时代美国教育政策的战略调整》，《世界教育信息》2007年第2期。

合作，促进民主与人权保护等。但还未来得及采取措施，便发生了
"9·11"事件，这也客观上加速了以小布什政府为首的美国新保守
主义者用国际教育合作维护国家安全的进度。2002年，美国废除原
定实施到2005年的《美国教育部2001—2005年教育战略规划》，而
代之以《美国教育部2002—2007年教育战略规划》。这种废旧立新
在美国立法史上十分罕见，显示出"9·11"事件后美国对优先事务
进行特事特办的决心。新规划史无前例地强调了教育与美国在全球
的政治、经济、军事竞争及反恐战略中的国家利益的关系。教育部
部长罗德·佩奇在介绍新规划时，重复强调"9·11"事件对美国教
育的影响。他说："我们国家正处于历史上一个特殊时刻……我们的
领导人将目光投向了最为重要的事务，即我们的孩子。'9·11'事
件使教育比以往任何时候都更为重要。"他援引了1980年由全国教
育卓越委员会（National Commission on Excellence in Education,
NCEE）发表的指责美国教育正在衰弱的报告《国家在危险中：教育
改革势在必行》（A Nation at Risk：Imperative of Education Reform），
认为这一报告使人们认识到教育系统对经济的重要意义，"9·11"
事件则使人们认识到教育对国家安全及民主制度的重要性。"我们承
诺不让一个儿童落后。而作为回报，国家则要求我们的年轻人运用
自己的技能和知识来保卫我们的公民，为我们的经济做贡献，重建
我们的社会并增强我们的民主制度。"[1] 随后，美国国会、教育部、
国务院、国防部等部门均通过立法或财政拨款的方式，开展了诸多兼
具国际教育合作与国家安全战略意义的项目。如国防部加大对"国家
安全教育项目"（NSEP）的资助力度，其中包括"大卫·鲍林奖学
金"（David L. Boren Scholarship），它在1994—2011年共资助2828名

---

[1] "U. S. Department of Education Strategic Plan, 2002 - 2007", *U. S. Department of Education*, https：//www. govinfo. gov/content/pkg/ERIC - ED466025/pdf/ERIC - ED466025. pdf.

本科生、1646 名研究前往所谓的"关键地区"（Critical areas）学习，包括非洲、亚洲、中东欧、欧亚、拉丁美洲、中东等。① 西欧、加拿大、澳大利亚和新西兰被排除在外。②

第二，鼓励学生出国留学。美国民众一直自豪于本国优秀的教育体系，学生尤其是大学生学习外国文化、了解世界局势和出国留学的意愿不强。"9·11"事件后，美国政府和教育机构均认为，必须改变这种自我孤立的行为和自满情绪。2000 年 7 月，美国国会通过《国际学术机会法案》（*International Academic Opportunity Act of 2000*），旨在为美国本科生提供资助，鼓励他们前往非传统留学国家和地区进行学习。美国国务院据此设立"本杰明·吉尔曼国际奖学金"，资助美国高校学生前往与美国战略利益相关性最高的国家和地区学习。"暑期浸入学习项目"则鼓励学生前往海外进行暑期交流。以资助外国师生赴美交流为重点的"富布莱特"项目也增加了 150 个资助美国学生赴海外学习的名额。2003 年，美国国际教育者协会在《确保美国未来全球时代的全球教育》研究报告中写道："恐怖分子突然袭击了我们，因为我们对周围外部世界闭上了眼睛，关上了耳朵，听不到也不理解敌人在说什么。我们必须扭转这种局面，为年轻人理解和处理当今世

---

① 从区域国别研究的角度来看，欧亚（Eurasia）地区并非指地理学上包括整个欧洲与亚洲的欧亚大陆，而是 19 世纪 20 年代俄国"欧亚主义"思潮提出的欧亚大陆腹地中的独立民族文化圈，范围即为当时的俄罗斯帝国。苏联解体后，欧亚地区通常指俄罗斯、中亚各共和国和外高加索各共和国，有时也包括土耳其和蒙古国。"一带一路"倡议提出后，中国学界又超越了这一传统概念，认为欧亚地区包括中东欧国家、俄罗斯、外高加索国家和中亚各国等广阔地区。中东（Middle East）通常指地中海东南部到波斯湾沿岸之间地区，主要由除了阿富汗在外的西亚地区和北非的埃及构成。因此，欧亚、中东这两个概念与亚洲、非洲均有重叠之处，但"大卫·鲍林资金"的官方网站及大量美国官方文本中均采用此种表述，本书尊重原文，不做修改，特此说明。

② "Boren Awards for International Study", IEE, https：//www.iie.org/programs/boren - awards - for - international - study.

界问题做好充分的准备。"① 2004 年 1 月 22 日，美国国会成立了由
17 位成员组成的跨党派委员会——林肯海外留学委员会（Commis-
sion on the Abraham Lincoln Study Abroad Fellowship Program），专门为
美国学生海外留学服务。2005 年 11 月，委员会发布了报告《全球
竞争与国家需要——百万美国人出国留学》（*Global Competence & Na-*
tional Needs：*One Million Americans Studying Abroad*），从全球化与经济
竞争力、国家安全、美国的领导地位、留学的教育价值以及积极参
与国际社会等方面阐述了美国学生出国留学的重要性。报告认为，
到 2016—2017 学年，美国每年留学海外的学生人数应增长至 100
万。它还提出多条增进学生留学积极性、提高出国留学便利性、扩
大项目影响力的建议，包括国会向项目的拨款应以每年 5000 万美元
为基点逐年增加，到 2011—2012 学年达到 1.25 亿美元，而项目拨
款的 88% 应直接用于学生身上；应鼓励学生选择那些与美国教育合
作较少的国家和院校，而不是西欧等发达国家。② 该报告引发了美国
政府与媒体的广泛关注和回应。2005 年，联邦政府投入 5700 万美元
用于资助学生赴重点国家学习，2006 年追加经费，其中 3500 万美元
用于支持公立大学学生出国。2007 年，美国众议院通过 H. R. 1469
号《参议员保罗·西蒙出国留学基金法案》，规定联邦政府为特设的
"参议员保罗·西蒙出国留学基金"每年提供 8000 万美元，旨在于
10 年之内，将美国每年出国留学的学生人数从当前的 20 万人提升至

---

① "Securing America's Future：Global Education in a Global Age"，*Association of Interna-*
tional Educators，2003，https：// www. nafsa. org/sites/default/files/ektron/uploadedFiles/
NAFSA_ Home/Resource_ Library_ Assets/Public_ Policy/securing_ america_ s_ future. pdf，
p. 3.

② "Global Competence & National Needs：One Million Americans Studying Abroad"，*The*
Commission on the Abraham Lincoln Study Abroad Fellowship Program，November 2005，https：//
www. aplu. org/library/global – competence – and – national – needs – one – million – americans –
studying – abroad/file.

100 万人，重点支持美国本科生到亚洲、非洲、拉丁美洲等非传统地区进行学习。①

第三，亚洲成为美国国际教育合作的新重点。其实从 19 世纪起，亚洲一直是美国国际教育合作的重点领域，尤其是冷战期间，东南亚和菲律宾是美国进行反共教育合作和意识形态宣传的最前沿。但"9·11"事件后，美国全球战略重点全面东移，与东亚、东南亚、以阿富汗为中心的中亚和西亚这一地区的教育合作交流跃升到更高层次。赴亚洲留学的美国学生大幅增加。其中，中国与印度成为美国学生最青睐的留学地，中亚成为美国教育援助的新重点区域。

第四，重视培养外语人才。"9·11"事件后，美国外交及情报机构急需大量通晓外国文化和语言，尤其是中亚、西亚与南亚地区文化和语言的人才，但发现国内人才储备严重缺乏。向这些地区广泛派出留学生是不现实的，因此服务于反恐战争和加强国土安全的"关键语言"教学与地区研究迎来重大发展机遇。美国教育部成立国际和外语教育办公室（IFLE），专门负责为美国师生及研究人员提供世界语言和区域国别研究的培训。美国高校纷纷开设波斯语、阿拉伯语、乌尔都语、汉语、普什图语等专业，创建中亚、中东等区域与国别研究中心。② 国防部还新设"语言旗舰"项目（The Language Flagship），旨在支持美国和外国著名大学开展"关键语言"的高水平培训项目，为美国国家安全事业培养充足人才。

表 2-6 所列为美国学生海外留学目的地的分布情况。

---

① "SENATOR PAUL SIMON STUDY ABROAD FOUNDATION ACT", U. S. Government Publishing Office, March 4, 2008, https：//www. govinfo. gov/content/pkg/CRPT - 110srpt272/html/CRPT - 110srpt272. htm.

② "Succeeding Globally Through International Education and Engagement", U. S. Department of Education International Strategy 2012 - 2016, November 2012, https：//www2. ed. gov/about/inits/ed/internationaled/international - strategy - 2012 - 16. pdf, p. 5.

表 2 - 6 美国学生海外留学目的地的分布占比情况 单位:%

地区	学年										
	1998—1999	1999—2000	2000—2001	2001—2002	2002—2003	2003—2004	2004—2005	2005—2006	2006—2007	2007—2008	2008—2009
亚洲	6	6.2	6	6.8	5.6	6.9	8	9.3	10.3	11.1	11.4
非洲	2.8	2.8	2.9	2.9	2.8	3.0	3.5	3.8	4.2	4.5	5.3
拉丁美洲	15	14	14.5	14.5	15.3	15.2	14.4	15.2	15	15.3	15.4
大洋洲	4.9	5	6	6.8	7.3	7.4	6.7	6.3	5.7	5.3	5.5
中东	2.8	2.9	1.1	0.8	0.37	0.5	1	1.2	1.1	1.3	1.4
北美洲	0.7	0.9	0.7	0.8	0.8	0.6	0.5	0.5	0.6	0.4	0.5
欧洲	62.7	62.4	63.1	62.6	62.9	60.9	60.3	58.3	57.4	56.3	54.5

资料来源:李联明:《后"9·11"时代美国高等教育国际化新发展研究》,博士学位论文,南京大学,2012 年,第 105 页。

在不同时期,美国的国际教育交流合作有不同的侧重,但有一条主线贯穿始终,即为国家战略利益服务。无论美国国家战略利益是发展双边友好关系、挤压社会主义阵营的舆论空间,还是培育海外消费市场,抑或打击恐怖主义势力,政府都将立法和财政手段作为指挥棒,使国际教育合作忠诚地服务于这些利益和目标。这些目标的达成又提高了教育合作的声誉,使它能获取充分的资源支持,继续扩大规模与深化内涵。

三 美国国际教育合作的主要立法

之所以专辟一节介绍美国国际教育合作立法,除了美国政治体制有立法先行的传统外,还因为立法是美国联邦政府行使教育权尤其是国际教育管理权的主要方式。在 18、19 世纪，美国的教育主要由宗教机构管理。办学校是教会扩大影响力与传播宗教价值观的重要手段，教会学校代表着美国当时的最高教育水平。进入 20 世纪后，各州成为教育的主导力量，美国宪法明确规定州政府拥有教育的完全自主权，联邦政府无权介入。而第二次世界大战后，美国全球地位的上升、霸主"使命感"的增强和冷战竞争的加剧，均对教育体系的发展提出了更高要求，各州对教育的分散管理模式成为掣肘，联邦政府加强对教育的统一领导权势在必行。1942 年，美国劳工部和白宫全国资源规划委员会估算，第二次世界大战结束后，美国将有 1500 万名军人处于失业状态。为减小这种情况对社会及民心造成的冲击，国会于 1944 年 5 月出台《军人权利法案》（*Veteran Readjustment Act*），这成为美国教育体系中联邦与各州关系的转折。该法案规定，联邦政府将为参与第二次世界大战军人提供退伍后的医疗、住所、创业尤其是教育支持。战争结束后，法案资助了 230 万老兵进入中学及大学就读，资助 340 万老兵参加就业培训。因此，在 1940—1950 年，美国高校授予学位的数量实现翻番，拥有学士及更高级学位的美国人口占比从 1945 年的 4.6% 上升到 25%。① 法案不仅帮助大量因战争中断学业的军人重返校园、回归生活正轨，也为战后的美国培养了大量专业人才，同时带动了美国高等教育迅速发展。1957 年 10 月苏联成功发射"斯普特尼克"号人造卫星（Sputnik），更为美国联邦政府强化对教育的管控提供了充分理由。出于被苏联航天科技超越的担忧及国内数学家严重短缺引起的热议，美国国会迅速行动，于 1958 年出台《国防教育法》，开始全面参与美国教育的管理。就这样，层出不穷的立法推动着美国国内教育与国

---

① "Servicemen's Readjustment Act" (1944), *Our Documents*, https: //www. ourdocuments. gov/doc. php? flash = false&doc = 76.

际教育合作进入蓬勃发展期，也使联邦政府逐步获得了教育管理权。冷战期间，美国出台的涉及高等教育的法案有《高等教育设施法》(1963年)、《高等教育法案》(1965年)、《国防教育法修正案》(1968年)；涉及成人及职业教育的法案有《经济机会法》(1964年)、《生计教育法》(1974年)、《成人教育法》(1978年)；涉及教育公平和特殊人群教育的法案有《智障儿童教育法案》(1975年)。老布什政府和克林顿政府出台的《2000年目标：美国教育法》和《学校与就业机会法》等，进一步增强了联邦与州进行教育领域权力互动时的话语权和合法性，使美国教育系统在国家指挥棒下不断壮大。下文将介绍几部对美国国际教育合作具有里程碑意义的法案，即1948年的《富布莱特法案》、1958年的《国防教育法》、1961年的《相互教育与文化交流法案》(富布莱特—海耶斯法案)、1966年的《国际教育法》、1994年的《2000年目标：美国教育法》和2017年的"READ"法案。

(一) 1948年《富布莱特法案》

第二次世界大战结束后，美国开始清点遗留于欧洲的战时物资，计划将这些物资低价出售给所在国政府。美国阿肯色州参议员威廉·富布莱特提出，出售物资后的经费与其收归国库，不如发起一个国际教育交流项目。他的理由是，第二次世界大战后，美国政府内部孤立主义和民族主义倾向有所抬头，但第二次世界大战的惨痛教训已证实，只有集体安全和经济相互依存，才能打破侵略和战争的无尽循环。如果人们认识并了解其他国家的人民，便有望培养出同情心、对杀戮的厌恶以及对和平的向往。因此，通过教育合作与交流提高美国与其他国家互相理解的必要性空前增强。他提出，理想中的国际教育交流项目应有三个目标：一是促进各国学生与学者更好地了解世界，学会分辨何为国家宣传口径，何为真实情况，从而建立批判性思维；二是推动美国文化与科技成就惠及其他国家，也吸收其他国家的文化、科学与艺术成果来丰富美国人的生活；三是促进交流者与国家拥有同理、宽容和开放思维，学会和平相处。[①] 在他的不懈努力下，美国国会于 1948 年通过《富布莱特法案》，创建"富布莱特"项目。

与美国此前的国际教育合作项目相比，"富布莱特"项目拥有诸多独特之处。首先，它是第一个真正拥有全球视角的项目。此前大部分项目都针对单一国家或单一地区，资助的人数也十分有限。而《富布莱特法案》一开始便将 22 个国家纳入交流范围，资金也十分充足。其次，该项目的管理制度也独具特色。它受美国国务院教育与文化事务局的直接领导，由美国国际教育研究所负责项目的具体实施，又成立了由十位无党派人士组成的"外国奖学金委员会"对项目进行监督和评估，确保其专注于教育和人才培养而不被政治左右。[②] 根据外国奖学金委员会 1966 年出具的报告，项目第一年资助了 22 个国家的 2000 余人，1960 年人数翻了三倍。在 1963 年对项目进行首次评估时，委员会认为项目圆满完成了设定目标，减少了各国对美国的负面认知，建立了美国与其他国家知识精英的沟通纽带。委员会的评估，巩固了国际教育合作作为美国外交政策重要工具的理念，并为随后项目的扩大和其他相关项目的创建提供了数据支持。

当前"富布莱特"项目已发展为一个体系极为庞大、内容极为丰富的教育交流合作王国。它由学生项目、学者项目、教师项目、专家项目四大类组成。第一类是学生项目，主要包括六项：一是学

---

① Walter Johnson and Francis J. Colligan, *The Fulbright program: A history*, Chicago: The University of Chicago Press, 1965, p. viii.

② Board of Foreign Scholarships, *International Education Exchange: The Opening Decades*, 1946 – 1966, Washington, DC: U. S. Government Printing Office, 1966, https://eric. ed. gov/? id = ED019026.

位项目，即资助外国本科生前往美国攻读硕士和博士学位；二是美国学生项目，即资助美国高中生、大学生与研究生出国学习、研究或进行英语教学，为期一年；三是外国学生项目，即资助外国研究生、青年学者和艺术家赴美进行学习与研究，为期 1—3 年；四是外国语言助教项目，资助各国英语老师前往美国进修与培训，为期 1—2 年；五是 MTV - U 奖学金，资助美国音乐专业学生出国学习与交流，为期 1 年；六是克林顿奖学金项目，资助美国学生前往外国政府部门及公共服务机构进行短期实习。第二大类是学者项目，主要包括五项：一是杰出讲席奖，它是学者项目中最高级别的奖项，资助各国一流学者赴美进行研究和讲座，为期 3—12 个月；二是美国学者项目，资助美国学者前往外国研究和讲座，为期最多 1 年；三是专家项目，资助美国学者及专业人士为外国高校或研究机构提供课程、教职工发展、机构发展的专业咨询，为期 2—6 周；四是访问学者项目和讲席学者项目，资助外国学者前往美国高校举办讲座或博士后研究，为期最多 1 年；五是应用研究地区网络项目，资助美国、巴西、加拿大和西半球其他国家的青年学者组建一个多学科的研究网络，召开学术会议和其他学术合作。第三类为教师项目，主要包括两项：一是教师交流项目，资助美国与伙伴国家的小学、中学教师进行一换一的交流；二是教学杰出和成就项目，资助外国国际中学的教师赴美参加职业发展培训，为期 6 周。第四类是专业人士项目，包括两项：一是胡伯特·汉弗莱奖学金项目（Hubert Humphrey Fellowship Program），资助处于社会转型期的发展中国家的青年专业人士赴美进行非学位学习，为期 1 年；二是美国学者项目，资助美国学者和专业人士出国举办讲座和研究，为期最多 1 年。此外，还有一些国家专项项目，比如"富布莱特—舒曼"项目，专门资助美国与欧洲各国的研究生、博士生研究美欧关系；"富布莱特—

伊拉克访问学者"项目则专门资助伊拉克学生前往美国交流。还有一些未冠"富布莱特"之名的项目，也被国务院归在"富布莱特"项目下进行管理，比如汉弗莱奖学金项目、社会大学倡议项目（Community College Initiative）、全球本科生项目（Undergraduate Program，UGRAD）、美国机构研究学生项目、美国机构研究学生领袖项目等。

"富布莱特"项目的实施方式分为两种。一是美国与外国政府建立"富布莱特"政府间教育交流项目，由两国政府共同资助实施。当前共有49个国家与美国建立了这一合作关系，中国是1947年第一个与美国签署合作协议的国家，1985年《中美教育协定》正式将该项目纳入双边教育交流范畴。但特朗普政府于2020年7月叫停了在华项目。[①] 二是未建立起政府间合作关系的，则由美国驻所在国使领馆负责在当地的人员遴选和录取工作。项目当前每年向全球提供大约8000个资助名额，包括1600个美国学生、4000个外国学生、1200个美国学者和900个访问学者，再加一些英语助教及其他专家。截至2018年"富布莱特"项目70周年之际，它共资助了180个国家中的37万知识精英，其中60人获诺贝尔奖，39人担任国家或政府首脑，88人获普利策奖，16人获总统自由奖章，10人当选美国议员。[②]

"富布莱特"项目是全球范围内最著名、最成功、影响力最大的国际教育合作项目，被视为对美国国家长远利益投资的典范。它既资助著名学者，也资助学术新秀；既资助纯学术研究，也资助政府机构的实习；既资助美国学生赴外学习，也资助外国学生赴美交流。它在

---

① 作者查询美国驻华大使馆及中国国家留学基金委的网站后发现，部分项目已于2022年恢复。
② 上述数据均来自美国国务院教育与文化事务局网站，https：//eca. state. gov/fulbright。

全世界培养了一批"致力于加强与美国之间的了解及合作的领导人和舆论创造者"①。2003 年 5 月，时任美国国务卿鲍威尔在出席美国"国际教育周"开幕式时，盛赞"富布莱特"项目在全世界，尤其在前共产主义国家和发展中国家的影响。他说，在促进美国利益和推行美国原则的许多方面，富布莱特学者普遍获得了成功，如富布莱特项目的参加者阿明多迈厄领导了东帝汶争取自由和民主的斗争，"我想不出，对我们国家来说，还有什么比那些在美国接受教育的未来世界领袖们（对美国）的友谊更重要的资产了"②。

（二）1958 年《国防教育法案》

这一法案是美国在苏联发射卫星后的针对性回应，主要包括两方面内容。第一，为美国教育系统，尤其是各州高等教育机构提供巨额的联邦财政援助，主要是通过"国防学生贷款项目"（National Defense Student Loan program）为优秀学生提供奖学金及贷款，资助各州更新教学、实验与图书设施。第二，为国家培养国防领域的专业人员，为外语、区域研究和国际事务等基础研究提供资金，为科学、数学和机械类等国防应用专业的教师及学生提供额外支持。③ 法案明确提出，将在未来 7 年拨款 10 亿美元，以确保有高质、足量、满足美国国防需求的专业技术人员。众议院在建议通过该法案的报告中指出："毫不夸张地说，美国在未来几年许多领域内的进步——实际上也是我们这一自由国家的生存问题，在很大程度上都取决于我们现在为年轻人所

① Leonard Sussman, *The Culture of Freedom: The Small World of Fulbright Scholars*, Lanham: Rowman & Littlefield Publishers, 1992.

② Colin Powell, "Statement on International Education Week 2001", *Global Education*, 2001, https://2001 - 2009. state. gov/secretary/former/powell/remarks/2001/4462. htm.

③ "National Defense Education Act of 1958", (P. L. 85 - 864; 72 Stat. 1580), *History of Federal Education Policy*, https://federaleducationpolicy. wordpress. com/2011/06/03/national - defense - education - act - of - 1958 - 2.

提供的教育。"①

该法案是美国教育系统全面升级的里程碑。首先，它是美国联邦政府第一个综合性教育立法，确立了联邦政府领导全国教育、为教育提供资金的合法性。联邦政府从此可以统筹和协调全国教育系统，扶持那些被各州忽视或无力管理但对国家发展、社会公平有重要价值的领域。教育正式成为国家战略的一部分。其次，巨额联邦资金的流入，使全美教育体系尤其是高等教育蓬勃发展，公立和私立大学规模不断扩大，教学质量及人员培养能力不断增强。1960 年，全美高校共有360 万学生，1970 年达 750 万。尽管该法案主要针对科学、数学和外语教育，但并未将其他专业排除在外，因此受益者足以囊括美国所有在校学生甚至是接受职业教育与再教育的成人。法案颁布至 1969 年的实施期间，靠贷款上完大学的国防学生达 150 万人，其中有 1.5 万人取得博士学位。美国高等学校的学生数也出现了 1944 年《军人权力法案》颁布之后的又一个成倍增长的高峰期。1975 年，美国在校研究生达到 126 万人，比 1950 年增加了 4 倍。② 1979 年 10 月，卡特政府又将隶属于美国卫生、教育与福利部的联邦教育办公室升格为联邦教育部，全面管理美国教育系统。当然，这并不意味着剥夺各州管理本州教育系统的权力，而是在教育系统里深深植入国家战略导向和联邦统筹特色，具体的教育政策及经费仍由州政府负责。正如法案所称："各州和当地社区应该且必须发展公立教育并对其负有主要职责。然而，国家利益要求联邦政府对那些事关国防的教育方案给予援助。"③ 再者，

---

① "National Defense Education Act of 1958", (P. L. 85 – 864; 72 Stat. 1580), *History of Federal Education Policy*, https: //federaleducationpolicy. wordpress. com/2011/06/03/national – defense – education – act – of – 1958 – 2.

② 高英彤、陈昕:《〈国防教育法〉对美国高等教育发展的影响与启示》,《河北师范大学学报》(教育科学版) 2006 年第 3 期。

③ "National Defense Education Act of 1958", (P. L. 85 – 864; 72 Stat. 1580), *History of Federal Education Policy*, https: //federaleducationpolicy. wordpress. com/2011/06/03/national – defense – education – act – of – 1958 – 2.

这是美国历史上第一次以法律的形式把国际教育与国家安全联系起来。"富布莱特"项目强调提高美国与其他国家人民的互相了解，消除人们的战争冲动，以实现美国治下的全球和平。《国防教育法》则旨在增进美国对其他国家语言、文化和制度的了解，确保美国在和平时期能制定出更有实效的外交政策，一旦爆发战争则能知己知彼百战百胜。可见，后者对国际教育合作促进美国国家安全的作用认识更深刻，制定的相关政策也更直接。军事教育合作日后也成为美国教育合作和对外援助的重要组成部分。

（三）1961 年《相互教育与文化交流法案》（富布莱特—海耶斯法案）

在《富布莱特法案》和《国防教育法案》两大法案的推动下，教育合作与交流已成为美国外交政策的重要工具，但有人发现其中依旧存在不足。应美国教育交流咨询委员会的要求，美国教育专家托马斯·拉夫斯（Thomas Laves）于 1961 年撰写《国际教育和文化事务的举国努力》（*Toward a National Effort in International Educational and Cultural Affairs*）报告，认为美国当前的国际教育合作与交流是由多种因素驱动、受不同资金支持的多个项目的大拼盘。各个项目由不同的机构管理，在策划、管理和实施等方面缺乏充分协调。此外，教育与文化活动在美国外交关系中的优先级仍然较低。[①] 发展教育和文化合作需要长期投入且回报较慢，而美国政府提供的财政支持无法使项目达到应有规模，与私营企业之间的合作虽有所提升，但仍不足以使当前的举国努力获得最大效益。此外，美国政府与其他国家政府及国际组织的联系不够，未能充分宣传这些活动对于各国及全球和平

[①] Walter Herman Carl Laves, "Toward a National Effort in International Educational and Cultural Affairs", *Washington D. C.*: *Department of State publication*, 1961, https://www. state. gov/wp－content/uploads/2020/04/26th－annual－report－ACEE. pdf.

的好处。报告提交后，美国国会外交关系委员会举行了听证会，出席的多位国际教育专家均支持报告的观点。宾夕法尼亚大学校长盖洛德·哈内尔（Gaylord P. Harnell）认为，在当前引领国际教育交流的不同法案中，各项规定并没有全部着眼于美国外交政策的目标，彼此间还存在重复。教育从业人员对这些法案的认同度不高。詹姆斯·戴维斯（James Davis）也提出，当前立法存在"分散、僵化和缺乏连续性的问题"。①

随后，富布莱特议员和韦恩·海斯议员共同提出了《相互教育与文化交流法案》，它成为美国政府资助国际教育与文化合作的"基本宪章"。它不仅将以前所有法律进行整合使彼此间相互协调和补充，还新增了诸多条款以加强与扩大当前教育合作。首先，法案要求美国国务院下设教育和文化事务局，负责管理、协调和监督所有教育合作项目。其次，它为交流项目创建了一种无年限拨款方式，即已拨款的资金可以按需要灵活支出，而不必遵循严格的财年使用限制。它还专门设立一笔联邦资金，为国际学生提供适应性课程、语言培训和其他服务，以提高这些学生回国后将在美国所学投入实践的能力。再次，它还指出这些项目造成了发展中国家"人才流失"的问题，并提出解决方案。参与由美国政府资助的国际教育合作与交流项目的外国公民，在项目结束后两年内不得向美国提出永久居留权和入籍申请。最后，法案还创建了美国国际教育与文化事务咨询委员会，它的首要任务便是对此前教育项目的有效性展开评估。在评估报告《希望的灯塔》中，委员会充分肯定了这些项目作为美国外交政策重要工具的价值，"没有其他国际行动可以获得如此高的公众认可度和社会参与度，获

---

① "Mutual Educational and Cultural Exchange Act: Hearings Before the United States Senate Committee on Foreign Relations", Eighty – Seventh Congress, First Session, on Mar. 29, Apr. 27, 1961, U. S. Government Printing Office, 1961, pp. 12, 50.

得如此巨大的成功。在大多数国际活动的开展极为复杂，结果又不明朗之际，教育交流的成功是一座希望的灯塔"①。

（四）1966 年《国际教育法》

20 世纪 60 年代是美国教育飞速发展的十年，仅约翰逊总统执政 6 年内便通过了 47 个与教育相关的法案。②《国际教育法》也成为美国和世界首部以"国际教育"命名的法案。面对国际教育规模的急剧扩张，此前的国际教育政策已无法满足下一阶段的需要，这一法案正是美国对国际教育合作的全面回顾、整合和拓展。

法案正文分三个部分：一是明确了美国国际教育交流的重点是本科生的国际教育以及研究生的国际研究，还要求在中小学教授国际研究相关课程。二是对《国防教育法》等其他条款进行修订。三是由卫生教育与福利部负责研究并建立对发展中国家开展教育援助的制度。研究应包括每年从发展中国家赴美学习的人数及学成后留在美国的人数；学生不愿返回祖国的主要原因；鼓励他们返回祖国的有效举措。③法案还鼓励和支持大学之外的其他公立与私立机构积极投身于国际教育合作，推动合作的深化与拓展。

由于涉及的拨款数额巨大（1967—1969 年共 1.4 亿美元）等多种原因，法案在实施过程中遭遇了诸多挫折，几乎失败，但其部分内容和理念仍被后续其他的教育法案所继承。这说明该法案是顺应国际教育发展需要和潮流的。它奠定和巩固了国际教育在美国教育体制中的重要地位，推动了美国国际教育管理体制逐步完善，且开辟了国际教育资金的多样化渠道。

---

① "A Beacon of Hope：The Exchange – of – Persons Program"，*U. S. Advisory Commission on International Educational and Cultural Affairs*，Washington D. C.：U. S. Government Printing Office，1963，p. 61.

② 鲁珺：《探析美国〈国际教育法〉》，硕士学位论文，苏州大学，2008 年。

③ 鲁珺：《探析美国〈国际教育法〉》，硕士学位论文，苏州大学，2008 年。

（五）1994 年《2000 年目标：美国教育法》

克林顿政府出台的这一法案主要是针对国内教育发展的，但第六章为联邦政府提供授权、继续资助国际教育交流计划。该法案认为，通过国际教育，传播美国价值观，面向发展中国家培养未来领导人才和亲美人士，是美国国际教育的另一项重要任务。为推行美国的全球化战略，美国应制定相应的国际教育战略，加速接收来自全球各地的优秀学生。这也回应了美国前总统老布什的观点："一贯而协调的国际教育战略将帮助我们满足以下的双重挑战，既为我们的公民做好投入全球化的准备，又能持续吸引和教育来自国外的未来领袖"，进而使美国"成为亚洲、中东、非洲和拉丁美洲未来领袖的主要培训基地"。①

（六）2017 年 READ 法案

21 世纪后美国关于国际教育的法案并不多，其中比较具有代表性的是 2017 年美国国会通过的《加强教育在发展中的责任》（*Reinforcing Education Accountability in Development Act*，下称 READ 法案）。该法案是对 1961 年《外国援助法》中有关教育援助条款的修订。其内在逻辑是，美国一直致力于为伙伴国家提供诸多援助以促进其经济的可持续增长及社会的全面发展，而优化其教育系统，尤其是基础教育质量被证明是最行之有效的。法案呼吁美国制定出全面综合的促进全球基础教育的战略，并与伙伴国家及多边机构、私营部门、非政府组织进行合作，推动全球基础教育发展，使发展中国家逐步摆脱对外部援助的依赖，生成内在经济发展动力。

法案提出的具体举措包括以下四点。一是协助发展中国家提高民

---

① George Bush, "Address to the Nation on the National Education Strategy", *The American Presidency Projects*, April 18, 1991, https：//www. presidency. ucsb. edu/documents/address - the - nation - the - national - education - strategy.

众识字率，为民众提供其他基本就业技能的培训；二是加强教育体系的容量，为民众，尤其是女性创建安全的学习环境；三是巩固教育作为经济增长之基础的地位；四是监测和评估伙伴国家基础教育促进项目的效率及质量。① 参与全球基础教育发展的机构很多，包括国际开发署、国务院、财政部、劳工部、教育部、农业部、国防部、千年挑战公司（Millennium Challenge Corporation）、国家安全顾问与和平队等。为使各部门间实现信息的沟通与透明，使彼此政策及行动相互协调而不冲突，法案还在美国国际开发署内创建了美国国际基础教育援助高级协调员一职，负责协调美国促进国际基础教育的所有政策及行动。法案规定，这些机构在延续本部门的基础教育发展既有行动时，还应考虑美国外交政策及经济利益需要，优先考虑以下国家/地区：一是对普及基础教育的需求最大的国家，尤其是边缘化和弱势群体，比如女孩、妇女、受战乱或灾害影响的人口较多的国家；二是相关援助确能对当地儿童、青年和教育系统产生重大及可衡量积极影响的国家；三是通过教育减少青少年参与暴力极端主义的效果最明显的国家。②

上文是笔者筛选出的对美国国际教育合作具有重大意义的六个法案，对于一些影响力较低或相关性较小的法案则未提及。比如针对美国学生出国留学的热情不足、对其他国家了解不足等问题，2000年7月，美国国会通过了由议员本杰明·吉尔曼提出的《国际学术机会法案》。这一法案不是针对某一类国际教育合作活动的纲领性指导，而是一个小型专项法案，目标明确且单一，即建立一个资助美国本科生出国留学一年的奖学金，以扩大学生视野，使之具备应对全球经济与

---

① "S. 623 - READ Act", 115th Congress (2017 - 2018), March 14, 2017, https: // www. congress. gov/bill/115th - congress/senate - bill/623.

② "U. S. Government Strategy on International Basic Education in FY 2019 - 2023", USAID, https: //files. eric. ed. gov/fulltext/ED601027. pdf.

政治发展的各种技能。国会每年为项目拨款 150 万美元，每位受资助者可获 5000 美元资助。还有一类法案虽然不是国际教育合作的专项法案，但有大量内容与之相关。如 1961 年美国《对外援助法》，包含了大量关于教育援助的条款，规定了对外援助预算的特定部分必须用于基础和高等教育领域。还有 2005 年美国参议院通过的《2006 财年健康、服务和教育机会法案修正案》，它也涉及了多个关于促进高等教育国际合作的条款，比如政府应加强与高等院校的合作，将开拓国外生源市场纳入政府的工作范围，分担院校的海外招生压力；效仿英、加、澳等国在国际教育上的营销策略，通过网络等途径为美国高等院校进行宣传，塑造美国欢迎外国学生的开放形象，改变国际学生人数减少的局面；加强对"学生和交流访问者信息系统"（SEVIS）的管理等。

美国国际教育合作立法的突出特征是应变能力极强。在发生国际或地区重大事件、对美国国家利益造成直接影响时，议员及社会各界便通过提出议案，推动美国通过调整国际教育合作战略，对这些事件进行有力回应。而在这些法案的支持下，美国政府与社会得以统一认识，统筹资源，共同推动国际教育合作向着维护美国国家利益的方向发展。

四 美国开展国际教育合作的特征

每个国家对国际教育合作的定位不同，发展国际教育合作的路径也有所区别。通过对美国国际教育合作历程的分析，可以发现其最突出的特征有以下三个。

（一）旨在维护美国国家利益和输出民主价值观

亨廷顿虽然反对将文化输出和制度输出当成美国的外交目标，

但也承认，是独特的美国文化造就了美国的强大。① 前文在论述美国对国际教育交流的认知时已提出，美国推进国际教育合作与交流，有着极为明确的国家战略意图。每次国际格局发生重大变化时，美国均会就国际教育合作出台新的法案，采取重大举措。比如第二次世界大战后的《富布莱特法案》，虽然它宣扬促进和平及国家间相互了解，但管理者是国务院，资助对象是各国的知识精英，对提升美国的全球形象、输出美式价值观、维护美国国家安全均发挥了重大作用。此后其他项目更是毫不掩饰地表达教育为政治和安全服务的理念。

美国学者早已发现国际教育合作对美国国家利益与价值观传播具有不可代替的作用。卡罗尔·阿金森发现，参与教育交流的学生往往对留学国家和人民持积极的看法。回国后，他们通常会运用留学所学知识，改善自己国家的状况。他认为，"民主理念扩散的最有效方式便是国际教育交流"②。约瑟夫·奈也认为，国际教育合作在全世界培养起大量美国式自由和民主的支持者，"大量研究显示，参与交流的学生在返回家乡时，对他们留学的国家和与之互动的人抱有十分积极的看法，如果在民主国家接受教育，这些学生更有可能推动本国的民主进程……这种小投资，可以换得大回报"。他引用一位负责美国公共外交的助理国务卿的话称，当前或卸任的世界各国领导人中有大约200位曾参加过美国的学术或文化外交活动。而抗击恐怖主义联盟中近一半的领导人是交流学者。"这是政府的最好的一笔买卖。"③

---

① ［美］亨廷顿：《我们是谁：美国国家特性面临的挑战》，程克雄译，新华出版社2005年版，第203页。

② Carol Atkinson, "Does Soft Power Matter? A Comparative Analysis of Student Exchange Programs 1980－2006", *Foreign Policy Analysis*, Vol. 6, No. 1, 2010.

③ "Joseph S. Nye Testifies to Congress About Soft Power and Educational Exchanges", *NAFSA*, January 25, 2017, https://www.nafsa.org/blog/joseph－s－nye－testifies－congress－about－soft－power－and－educational－exchanges.

对发展中国家的教育援助是所有国际教育合作中最能反映美国对外政策导向的项目。正如加纳·迈德尔所言，"没有任何援助是中立的"。发达国家对发展中国家的援助必然附带政治条件，尤其是在教育领域，常常会带有一些隐性或显性的政治倾向。[①] 美国也不例外。由于援助对象一般是发展中国家的中下层民众，因此"加强援助、缓解这些国家的渴望与苦难，确认自由世界与这些国家民众的希望与愿景相同，成为推进（自由）事业的最好机会"[②]。

尽管不同阶段国际教育合作的重点有所差别，但有一条主线是相通的，即美国希望通过这些合作，输出美国自由民主价值观，树立其他国家对美国的认同和向往，从而使美国在全球拥有更多盟友、更少敌人，享有更广泛的经济利益及更稳固的安全屏障。雄厚的教育资源是美国发展国际教育合作的基础，而这些教育合作又是培养受援国的亲美意识、输出美式意识形态和发展模式的重要载体，是美国文化战略的马前卒。[③] 对美国而言，谁掌握了全球教育领导权，谁便掌握了全球政治话语权。在与中亚的教育合作中，输出民主价值观的执念更是展现得淋漓尽致。

（二）央地多部门密切合作

教育不只是教育部的职责，美国国际教育交流与合作全面体现出联邦与各州合作、跨部门协调的"打组合拳"能力。虽然联邦政府是推动国际教育交流与合作的主力，但各州在管理州内教育体系时拥有

---

① 靳希斌、安雪慧、闫国华等：《国际教育援助研究——理论概述与实践分析》，福建教育出版社 2008 年版，第 77 页。

② *Memorandum for the Board Assistants*, December 10, 1954, The National Archives II, RG59, Executive Secretariat, Box34, American, Overseas Education 195. 转引自张杨《冷战共识——论美国政府与基金会对亚洲的教育援助项目（1953—1961）》，《武汉大学学报》（人文科学版）2013 年第 3 期。

③ 孙大廷、孙伟忠：《美国高等教育国际化政策的文化输出取向——以"富布赖特计划"为例》，《黑龙江高教研究》2009 年第 5 期。

高度自主权。尤其经济水平较高的州，中小学教育的国际化程度很高，对外交流频繁，州立大学更是无一例外地深度参与了国际教育交流合作。比如纽约大学在全球开设了多个分校，经费中有一大部分便来自纽约州政府。

美国联邦政府的不同机构在国际教育合作上的全面协调与合作更是意义重大。除教育部外，美国国际开发署、国务院、财政部、劳工部、农业部、国防部和千年挑战公司、国家安全顾问与和平队等多个部门均是美国国际教育合作的积极参与者。最初，各部门都在独立执行自己的教育合作政策与项目，彼此之间缺少沟通。这样的后果是，不同项目之间时有重叠甚至竞争，美国联邦政府既无法得知教育合作的全貌，也难以进行全面管理。因此，加强不同部门间的沟通、促进资源共享与行动协调、避免项目重叠和资源浪费，成为 20 世纪 90 年代美国国际教育合作参与者共同关心的话题。1998 年成立的"美国政策资助下国际交流与培训跨部门工作小组"（The Inter – agency Working Group on U. S. Government – Sponsored International Exchanges and Training，IAWG）有效地解决了这一问题。该部门专门对多个政府部门开展的国际教育合作项目进行评估、协调与统筹，并向美国总统提供咨询。通过种种努力，参与美国国际教育合作的部门得以紧密围绕美国国家利益进行相互配合，又能运用自身的专业优势在不同领域重点发力。比如，以教育援助为核心的基础教育国际合作方面，美国政府根据各部门的职能赋予不同功能，使其得以最大限度发挥比较优势，在以下方面开展活动：帮助伙伴国家为学龄前及入学儿童提供充分的营养和健康支持；帮助伙伴国家新建和翻新原有教学设施，为学童，尤其是冲突及战乱地区的学童提供安全的学习场所；协助伙伴国家组织童工离开劳动场所，回到学校，为防止童工再次辍学，还为其提供生活补助甚至是父母的职业训练；协助伙伴国家改革本国的教育政策、课程设置，升级电脑数据系统，培训合格的教师，提供充足的书籍与学习资料；为失学儿童、失学青年及成人提供返回学校的机会；为成人提供符合当地经济发展需求的教育及技能培训等。美国劳工部在非洲的项目使近 200 万名在恶劣环境中劳动的童工得以返回学校。自 2011 年以来，美国国际开发署为全球近 7000 万儿童提供了早期阅读指导。千年挑战公司为伙伴国家建造或修复了 791 所学校和教育设施，并培训了 216201 名学习者。和平队志愿者则每年为全球将近 26 万名学生教授英语、数学、科学和文字。[①]

可见，美国国务院、国防部、国土安全局、教育部、劳动部、国际开发署等相关机构围绕国际教育和美国对外政策目标，既形成"一个美国政府"的合力，又充分发挥专业优势，在不同环节从不同角度发挥作用。它们开展的教育合作活动既关注师资培训，也注重教育场所及设施的建设，更重要的是，还关心受教育者的入学困难、生活困难以及长期发展。这种多方力量合作、多种渠道发力的工作方式，大大提高了美国国际教育合作的有效性与影响力。

（三）民间力量积极参与

美国国会享有立法权，而国会议员是本选区选民的直接代理人。因此第二次世界大战后美国国会关于教育的大量立法，反映的是美国社会及民众对教育的高度关注和深度参与意愿。各式各样的民间教育组织就相关问题进行调查研究，在媒体发出呼吁，向议员提出建议，在国会展开游说，直到在社会各界及立法机构内形成强大的舆论共识，从而制定出相应的政策法规。最为人熟知的包括 1957 年成立的"全国教育协会"和"教育政策委员会"，它们对美国联邦及各州的教育部

---

① "U. S. Government Strategy on International Basic Education in FY 2019 – 2023", USAID, https：//files. eric. ed. gov/fulltext/ED601027. pdf, p. 16.

门拥有强大的影响力。其他有关教育的咨询委员会、协会和研究机构也相当多。1957年苏联发射卫星后，各类民间机构纷纷向当地及联邦政府提交促进教育的报告，仅1957—1958年，美国第85届国会议员就在选民和这些机构的敦促下提交了约1500份涉及教育问题的法案，直接促成了《国防教育法》的诞生。① 1964年的《经济机会法》和1974年的《生计教育法》也是失业工人与贫苦民众不断表达诉求、相关教育组织深入调研协助推动后的结果。1983年4月，由时任美国外交部部长特雷尔·霍华德·贝尔（Terrel Howard Bell）创建的美国卓越教育委员会发布报告《国家在危机中：教育改革势在必行》（*A Nation at Risk：The Imperative for Education Reform*）更是奏响了美国教育面向21世纪的改革序曲。② 报告认为，美国教育质量已出现严重缺陷和剧烈滑坡，这将使美国在全球竞争格局中陷入全面的衰落。报告引发了美国社会的全面震动。1991年，老布什政府出台《美国2000：教育战略》，旨在全面改革美国中小学教育模式，从根本上提高全体美国人的知识和技能水平，捍卫美国在21世纪的超级大国地位。1994年克林顿总统再次签署《2000年目标：美国教育法》，将前两个规划与战略提升至联邦法律层面，20世纪美国最后一次教育大改革由此轰轰烈烈地展开。它推动美国实施和完善了开放的留学生政策，促进了美国留学教育的发展，吸引了全球最优秀的学生赴美学习交流，使美国成为全球人才的净输入国。

除社会组织外，在美国社会中扮演重要角色的私人基金会也将教育视为主要活动领域。全球性综合基金会，包括洛克菲勒基金会、福特基金会、卡内基基金会、比尔·梅琳达盖茨基金会等，均大力资助

---

① 陈玉祥：《浅谈"二战"以来美国的教育法规和高等教育变革》，《中国农业教育》2001年第5期。

② 廖春红：《〈国家处于危机中〉对美国教育的影响》，《牡丹江师范学院学报》（哲学社会科学版）2006年第2期。

美国国际教育交流。一些地方性综合基金也积极参与其中，比如安妮·凯西基金会（the Annie E. Casey Foundation）、查尔斯·斯图尔特·莫特基金会（Charles Stewart Mott Foundation）、凯瑟琳·麦克阿瑟基金会（John D. & Catherine T. MacArthur Foundation）、卢米娜教育基金会（Lumina Foundation for Education）、罗伯特森基金会（Robertson Foundation）、沃伦斯基金会（the Wallace Foundation）、沃顿家族基金会（the Walton Family Foundation），也积极支持本州高等教育的国际合作。那些专门的教育类基金会，包括罗德基金会（Rhodes Foundation）、伍德罗·威尔逊全国联谊基金会（Woodrow Wilson National Fellowship Foundation）、美国安生文教交流基金会（Ameson Education & Cultural Exchange Foundation）等更是充当着联邦与州政府国际教育合作项目的积极出资者。那些由美国精英移民群体创建的基金会，如美国—斯堪的纳维亚基金会、比利时美国教育基金（BAEF）、美国印度教育基金会（USIEF），则以促进美国与祖国的教育交流为己任。种类繁多的私人基金会，既资助美国大学和科研机构的国际交流项目，也资助其他国家教育部门发起的与美国交流的项目，还资助其他国家的国内办学。

总之，美国发展国际教育的路径是明确的，即在国际国内重大事件的刺激下，国会将发展国际教育合作的任务上升到法律和国家利益的层面，形成权威、稳定的教育立法。在立法的引领下，政府迅速出台配套文件和行动举措，使相关合作得以在全球迅速铺开。以联邦立法保障、政府高层搭台、高校着力推进、非政府组织积极支持的模式，[①] 使美国的国际教育合作在第二次世界大战后迅速发展，到 20 世纪末已成为合作对象最广泛、合作项目最丰富、全球影响力最显著的

---

① 马毅飞：《中美国际教育政策研究——基于比较视角的理论与实例分析》，博士学位论文，华东师范大学，2014 年，第 147 页。

国际教育合作倡导国。在新冠疫情前的2018—2019学年，在美的国际学生人数再次创下历史新高，将近110万人，同比增加0.05%，占美国高等教育总人口的5.5%，总数占全球第一。国际学生为美国经济贡献了447亿美元，同期增长5.5%。同时，美国学生出国留学的人数达34.7万人，同比增长1.6%。由于新冠疫情影响，2020—2021学年和2021—2022学年，在美国际学生人数减少至91.41万人和94.85万人，但2022—2023年间又回升至105.7万人。[①] 截至2021年2月，美国高校共在海外创办分校86所，稳居全球之首。[②]

第四节 美国的中亚战略概况

一 美国与中亚关系的发展历程

美国与中亚的关系经历了从无到有、从优先性较低到全面重视的过程，其发展有几个明显的时间节点，呈现出鲜明的阶段性特征。

第一阶段是中亚各国独立后到1995年左右。虽然美国早在1991—1992年就与新生的中亚各国建立了外交关系，但它对中亚的认识仍是模糊的。它既不了解作为主权国家的中亚各国，也不明确美国在中亚存在何种战略利益，因此这一阶段并未形成完整的美国中亚战略，只有一些零星政策，着眼于一些短期且迫切的目标，包括推动中亚地区的无核化，确保中亚挣脱俄罗斯的"轨道"而不成为俄罗斯的势力范围。在波罗的海、高加索等加盟共和国宣布独立但事态尚未明朗的1991年8月，美国在《美国国家战略》中专设一节，讨论"苏维埃的未来"，其中提到要推动苏联国家实现政治自由

---

① 作者根据历年《门户开放》报告整理而见，详见 https：//opendoorsdata. org/。
② "Cross－Border Education Research Team"，*C－BERT International Campus Listing*，ht-tp：//cbert. org/intl－campus/．

与经济增长，但未提到具体的举措。① 而在大局已定的 1992 年 10 月，美国通过《自由支持法案》（*Freedom for Russia and Emerging Eurasian Democracies and Open Markets Support Act*），提出了支持新独立的苏联加盟共和国追求自由与开放市场的具体措施，包括为中亚各国提供疫苗、药品、食品等民用物资以及民航飞机、运输机等军转民用物资的援助，创建美国商务中心（ABC）专门帮助美国企业在俄罗斯和新独立国家等新兴市场进行投资与贸易。但由于对中亚和美国在中亚利益的认知皆不明确，加之俄罗斯此时与西方交好的意愿较为强烈，美国仍将外交与援助重点放在俄罗斯。中亚和其他新独立国家在美国的外交战略中暂时处于从属位置，美国相关政策的主动性较弱，行动力度也小。

第二阶段是 1996—2001 年。在苏联解体初期，俄罗斯虽以苏联继承者自居，但迫切想与西方建立亲密关系，甚至尝试融入西方政治与安全共同体。② 随着双方在一系列重大问题上的观念与利益分歧浮出水面，俄罗斯对西方的热情转淡，双方流露出对抗的苗头。俄也逐渐认识到"近邻地区"对俄罗斯安全与战略的重要性，一改此前对加盟共和国"甩包袱"的态度，开始强调与中亚的紧密关系，这导致美俄在中亚逐渐形成竞争态势。再加上阿富汗塔利班政权上台，北约逐渐向东扩展，将波兰等东欧国家纳入"和平伙伴计划"内，美国开始将中亚视作连接欧亚、事关美国全球战略布局及能源安全的重要地区。1996 年，克林顿政府在第二任期伊始便大幅调整中亚政策，以更加积极主动的态度介入中亚事务。主要措施包括 1997 年 3 月时任美国总统国家安全顾问桑迪·伯杰在发布《美国外交政策议程》报告时强调，

① "National Security Strategy of the United States", the White House, August. 1, 1991, https: //nssarchive. us/national – security – strategy – 1991/.

② 曾向红：《遏制、整合与塑造：美国中亚政策二十年》，兰州大学出版社 2014 年版，第 16 页。

土耳其和中亚将在美国未来的外交政策中享有更高的优先地位。①
同年7月，专门负责苏联国家事务的时任美国副国务卿塔尔博在美国
约翰斯·霍普金斯大学发布《美国在高加索及中亚地区政策》报告，
强调高加索与中亚地区作为连通黑海与帕米尔高原、欧洲与亚洲的贸
易与运输通道，作为与中国、土耳其、伊朗及阿富汗、巴基斯坦、印
度毗邻的战略关键地区的价值，并宣布美国将为这一地区提供四个维
度的支持，即推进民主、创建自由市场经济体、支持它们与本地区其
他国家的和平与合作，以及融入国际社会等。② 1999 年 3 月，美国在
1961 年《对外援助法案》的基础上制定了《丝绸之路战略法案》，提
出将向南高加索和中亚国家提供人道主义、经济、移民、难民、发展、
边境管制和民主建设等多种援助，以达到以下五个目标：第一，促进
这些国家的主权、政府的独立和人民的人权；第二，协助解决地区冲
突，消除跨境贸易障碍；第三，促进经济合作和市场经济的导向；第
四，协助各国发展东西走向上的通信、运输、教育、卫生、能源和贸
易所必需的基础设施，旨在在这些国家与民主市场导向的欧洲大西洋
共同体国家之间建立牢固的贸易关系；第五，支持美国在该地区的商
业利益和投资。③ 这一阶段也是美国政府与石油公司大力介入里海地
区能源，通过能源贸易参与修建里海能源管道并希望控制"第二个中
东"的时期。除塔吉克斯坦外的其他中亚各国均加入了北约合作伙伴
关系计划，美国与中亚各国领导人进行了多次互访，并就打击伊斯兰
激进主义、应对塔利班威胁等事件展开了讨论。

---

① "Foreign Policy Agenda", *C - SPAN*, https：//www. c - span. org/video/? 79988 - 1/
foreign - policy - agenda#.

② Strobe Talbott, "A Farewell to Flashman：American Policy in the Caucasus and Central A-
sia", U. S. Department of State, July 21, 1997, https：//1997 - 2001. state. gov/regions/nis/
970721talbott. html.

③ "S. 579 - Silk Road Strategy Act of 1999", 106th Congress （1999 - 2000）, March 10,
1999, https：//www. congress. gov/bill/106th - congress/senate - bill/579.

第三个阶段是"9·11"事件爆发后至 2014 年。"9·11"事件彻底改变了美国的全球战略格局，中亚成为美国反恐前沿阵地及全球外交战略的重点区域。在 2002 年 9 月公布的《国家安全战略》中，美国时任国务卿鲍威尔称："我们将对中亚报以持续的兴趣与关注，这是此前从未想过的。"美国时任副国务卿也称："中亚稳定关乎美国的国家利益。美国将以安全为主，全面加强与中亚的合作，包括迅速向中亚各国派驻军队、租借军事基地与设备，展开密切的战术与情报合作，为阿富汗战争服务，延续此前的经济合作，继续提供大量援助等。"① 除各类经济与军事援助外，对中亚各国的民主援助也大量落地，如资助非政府组织、媒体、律师，推动各国建立"公民社会"，提高民众参政意识等，教育合作也随之增多。

第四阶段是 2005—2008 年。在推翻了塔利班政权后，美国与中亚的关系又发生了微妙的变化。美国对中亚的援助在 2004—2005 年显著减少，而"颜色革命"从波罗的海、高加索地区蔓延至中亚地区后，也引发了中亚各国对美国在背后推波助澜的强烈不满。双方关系急转直下，乌兹别克斯坦迫使美国撤出汉纳巴德空军基地。为挽回在中亚的影响力，美国再次调整中亚政策。2005 年 10 月美国国务院进行重建，将此前的中亚局与南亚局合并成南亚与中亚事务局；2006 年，美国国务院在美国著名中亚学者弗雷德里克·斯塔尔（Frederick Star）教授提出的"大中亚计划"基础上，制定"大中亚战略"，旨在以阿富汗为中心，以中亚和南亚为两翼，形成一个由美国主导的中亚与南亚一体化网络，大量能源管道、输电线路及公路铁路建设项目相继上马。同时，美国也放弃了通过施压、强迫及援助政治条件等强制手段推动中亚社会民主化的做法，转而注重以教

① Elizabeth Wishnick, *Growing U. S. Security Interests in Central Asia*, US Army War College Press, 2002, https: //press. armywarcollege. edu/monographs/811.

育合作、文化交流等低调且社会反响较好的行动继续推进在中亚实现民主化和市场化的目标。

第五阶段是 2009—2017 年。经过将近一年的讨论与规划，奥巴马政府于 2009 年 12 月公布向阿富汗增兵方案，同时宣布美国的新中亚政策。与小布什政府相比，奥巴马的中亚政策已经较为清晰且全面。2009 年 12 月，美国负责中亚与南亚事务的时任副助理国务卿乔治·科罗尔（George A. Krol）在国会参加关于美国中亚政策的听证会时称，中亚地区处于美国关键的安全、经济与政治利益的支点上，美国在中亚的五大优先目标包括：一是增加中亚国家与美国在阿富汗反恐战争上的合作；二是使中亚能源的运输路线更加多元；三是帮助中亚各国提高治理能力和尊重人权；四是发展市场经济；五是为各国提供援助，避免中亚地区出现国家失败（Failed state）。① 虽然这些目标涉及政治、安全、经济等多个方面，但从本质上说，核心仍是解决阿富汗问题和促进中亚与南亚的一体化。其代表性举措便是说服中亚各国在 2009 年加入为北约驻阿盟军运送战争与后勤物资的 "北方运输网络"（Northern Distribution Network）以及 2011 年提出 "新丝绸之路战略"。后者是 "大中亚计划" 的新版本，依旧旨在整合中亚与南亚，将阿富汗融入周边地区并实现一体化发展，使其在美国撤离后仍能保持和平与发展。

奥巴马在第二个任期内宣布从阿富汗撤军，使美国在阿富汗与中亚地区的战略利益再次发生重大改变。美国在稳步推行此前在中亚的多项举措以外，淡化了 "大中亚计划" 和 "新丝绸之路战略" 遏制中国和俄罗斯的意图，也承认了中国在促进中亚、南亚地区发展及阿富

---

① "Hearing before the Subcommittee on Near Eastern and South and Central Asian Affairs of the Committee on Foreign Relations", United States Senate, 170th Congress, December 15, 2009, https：//www. govinfo. gov/content/pkg/CHRG－111shrg56492/html/CHRG－111shrg56492. htm.

汗重建方面的价值。随着上海合作组织的发展，美国也开始加强与中亚国家的多边合作机制建设。2015 年 11 月，美国与中亚五国创建"C5 + 1"外长合作机制，围绕区域发展、经济合作与安全反恐等议题展开年度对话。这一机制运转良好，现已成为美国参与中亚事务的主要渠道。

第六阶段是 2017—2021 年的特朗普执政时期。特朗普政府 2019 年出台的《美国中亚战略（2019—2025）》继承了奥巴马政府的大量观念与做法。它继续强调美国在中亚地区的三大战略目标，即遏制俄罗斯、中国与伊朗，将中亚国家整合并纳入西方自由主义秩序框架，塑造中亚国家的发展方向和地缘政治取向，同时也提出要在民主、经济（能源）、安全三大议题上保持均衡发展。当然，它也有一些调整，比如似乎放弃了把中亚战略置于阿富汗战略框架下的做法，也不再强调中亚与南亚的一体化，而将中亚视作一个独立地缘板块，甚至有把阿富汗并入中亚板块的倾向。它提出："无论美国在阿富汗的参与程度如何，中亚都是对美国国家安全利益至关重要的地缘战略地区。"最引人注目的改变是，它抛弃了奥巴马第二任期时与中俄在中亚和平相处的务实态度，罕见地将中国、俄罗斯和伊朗称作"邪恶势力"（Malign actors），扬言要把三国排除于中亚地区。[①] 不过，在特朗普执政后期，虽然"C5 + 1"会晤机制仍在运转，但中亚在其全球战略利益布局中明显边缘化，相关援助也呈收缩态势。

第七阶段便是 2021 年至今的拜登执政时期。美国从阿富汗完全脱身后，并未如外界所料逐渐减少在中亚的投入从而完全退出，而是迅速回归，不断派高层官员出访，基于"C5 + 1"机制提出多项安全与经济合作议程，抛出"价值观外交"的橄榄枝，并就对俄制裁问题向

---

① 相关分析参考了曾向红《美国新中亚战略评析》，《国际问题研究》2020 年第 2 期。

各国进行战略再保证。其目的在于重新了解中亚各国在俄乌问题上的立场以及对外战略目标，从而重新审视和调整美国的中亚战略，以维护和加强美国在中亚的影响力，防止俄罗斯的影响力在这一区域的增长。

可以看出，美国的中亚战略经历了 30 年的"螺旋式演进"。[①] 战略界定从模糊到清晰，战略构想从含糊到准确，战略目标从专注某一领域到平衡多个领域，实施路径也愈加多元。虽然中亚对美国的战略价值随阿富汗问题的发展而有所变化，但美国始终力图维持在中亚的存在感，并追求相应的战略目标。

二　美国在中亚的三大战略目标

虽然美国在中亚的政策存在着明显的阶段性特征和变化，但与中亚相关的法律或政策文件、高级官员表态和学者分析均认为，安全、经济与民主构成了 1991 年以来美国中亚政策的三大目标。

1991 年《自由支持法案》的第 11 章授权美国为苏联新独立国家提出各类支持，包括提供紧急人道主义援助，建立民主自由的社会，培育自由市场经济体系，建立食品分配与生产机制，以及保障健康与人道等。可见此时民主、经济这两大目标已在美国的中亚政策中初见雏形；安全没有被单独列出，但在法案中以确保中亚地区无核化、控制武器扩散、为打击国际恐怖主义提供支持等行为中均有所体现。[②] 到 1999 年，《丝绸之路战略法案》对美国在中亚与高加索的战略目标有了更清晰的界定。第一，确保本地区稳定民主国家之发展，包括地区冲突的解决；第二，发展美国及其盟友与本地区国家的关系；第三，

---

① 杨鸿玺：《美国中亚战略 20 年——螺旋式演进》，社会科学文献出版社 2012 年版，第 280 页。

② "S. 2532 – FREEDOM Support Act"，102nd Congress（1991 – 1992），April 07，1992，https：//www. congress. gov/bill/102nd – congress/senate – bill/2532/text.

确保本地区的经济及自然资源按照市场需要分配而不受到地区霸权国家主宰。具体来讲，包括推动与加强中亚及高加索地区国家的独立、主权、民主政府，促使各国尊重人权；鼓励宽容、多元主义和相互了解，反对激进主义与反犹主义；帮助各国解决边界冲突，消除发展跨国贸易的障碍；帮助各国推动市场经济的规则及实践；帮助各国发展通信设施、交通运输、教育、卫生和贸易，使各国与稳定、民主、市场导向的欧洲—大西洋共同体内的国家建立更稳定的商业与双边关系；维护与促进美国在该地区的商业及投资利益。① 2006 年，美国对 1999 年法案进行修订，再次明确美国在中亚和南高加索地区国家的安全、经济发展、能源和人权利益，还详细阐述了利益的具体内容和维护这些利益的手段等。特朗普政府的《美国中亚战略》也概括了美国在中亚地区的政策目标，即支持和加强中亚各国及地区的主权和独立、减少地区的恐怖主义威胁、扩大并维持对阿富汗的支持、鼓励中亚与阿富汗互联互通、推进法治改革和尊重人权、促进美国在中亚的投资和发展。可以看出，这六个目标分属于安全、经济与民主三个领域。

美国多位高级官员及学界专家在多个场合均重申过这三大目标。美国副助理国务卿乔治·克洛尔（George Krd）2009 年 12 月提出，美国在推进中亚稳定、繁荣、安全、人权和经济改革等方面拥有重要利益。② 美国陆军指挥与参谋学院教授米歇尔·米哈尔卡（Michael Mihalka）认为，美国的中亚战略受到三种因素的驱动：石油与天然气、暴力激进伊斯兰主义的前景，以及意识形态及现实政治的发展。③

① "S. 579 – Silk Road Strategy Act of 1999", 106th Congress (1999 – 2000), March 10, 1999, https://www.congress.gov/bill/106th – congress/senate – bill/579.

② "Testimony Before the Senate Committee on Foreign Relations, Subcommittee on Near Eastern and South and Central Asia Affairs", December 15, 2009, https://www.foreign.senate.gov/imo/media/doc/KrolTestimony091215a1.pdf.

③ Michael Mihalka, "Not Much of a Game: Security Dynamics in Central Asia", *China and Eurasia Forum Quarterly*, Vol. 5, No. 2, 2007, p. 21.

美国传统基金会（The Heritage Foundation）中亚与里海问题研究专家阿瑞尔·科恩（Ariel Cohen）简明扼要地指出，美国在中亚的利益可以用三个词来进行概括，那就是安全、能源与民主。[①] 还有学者对政策目标和战略目标进行辨析，认为安全、经济与民主属于前者，而战略目标则有更长远的指向，包括遏制俄罗斯、中国和伊朗；致力于将中亚国家整合到西方自由主义秩序之中；塑造中亚国家的发展方向和地缘政治取向。[②]

可以看出，美国中亚政策的三大目标在不同阶段有不同的次序，但目标本身是稳定的。比如在第一阶段，美国较为关注中亚无核化以及各国边界纷争等传统安全问题；第二阶段则随着里海石油的探明而开始重视与中亚各国的能源合作；"9·11"事件之后的第三阶段，安全再次成为美国中亚战略的首要任务，推进中亚民主化进程则紧随其后。"颜色革命"之后，奥巴马政府与特朗普政府的全球战略和外交风格截然不同，但中亚政策的目标仍保持着高度延续性，即优先追求安全目标，同时推动与中亚各国围绕能源的经济合作和围绕民主价值观输出的人文交流。事实上，美国在中亚谋求的不是某种单一利益，而是一种复合性利益，既有地缘政治利益，也有能源经济利益，更有反恐安全利益和文化利益。[③] 它们不是泾渭分明的，而是你中有我，我中有你，彼此互相促进，互相成就。

三　教育在美国中亚战略中的角色

教育虽然未被美国列为中亚政策的明确目标，但它在美国追求安

---

① Ariel Cohen，"U. S. Interests and Central Asia Energy Security"，The Heritage Fundation，November 15，2006，https：//www. heritage. org/europe/report/us – interests – and – central – asia – energy – security.

② 曾向红：《遏制、整合与塑造：美国中亚政策二十年》，兰州大学出版社 2014 年版，第 87 页。

③ 王桂芳：《中亚战略格局和中国安全》，军事科学出版社 2004 年版，第 74 页。

全、经济与民主目标的过程中无处不在，在某种程度上说，它可以同时促进这三种目标的达成。

一项关于索马里青年与社会暴力活动相关性的研究发现，教育若与其他社会参与、就业、青年发展活动相结合，便能有效减少青年参与暴力活动的概率。每多受一年教育，青少年男孩参与暴力活动的概率便减小20%。尤其在深受社会动荡和冲突影响的国家及地区，教育援助能为年轻人提供在冲突与动荡中生存发展的技能和心理支持，在短期的外部人道主义援助结束后，仍可为当地的发展提供内在的、长期的支持。① 世界银行对120个国家进行了长达30年的追踪研究，发现在拥有大量年轻男性人口的国家，人民受教育程度越高，国家爆发暴力冲突的可能性便越低。② 中亚各国独立后经济下行，又因意识形态真空而造成伊斯兰思潮复兴，大量年轻人面临着失业、原有信仰丧失和宗教意识增长等问题，成为社会稳定的隐患。美国通过教育合作，尤其是对中亚基础教育的援助，有效提高了中亚各国青少年的入学率和就业率，促进了民众思想意识的理性与开放，维持了中亚社会的稳定发展。反恐战争爆发后，伊斯兰宗教极端主义与暴力恐怖主义在中亚各国乘势而起。发展教育则可以与宗教极端思想争夺意识形态阵地，减少中亚青年受极端思潮影响投入恐怖主义阵营的可能性，捍卫美国反恐的成果。

美国著名教育学家史蒂芬·海恩曼（Stephen P. Heyneman）还论证了教育对于转型国家的作用。他认为，转型国家投资教育可以提高

---

① "If Youth Are Given the Chance: Effects of Education and Civic Engagement on Somali Youth Support of Political Violence", *Mercy Corps*, May 2018, https://www.mercycorps.org/research/if-youth-are-given-chance-effects-education-and-civic-engagement-somali-youth-support.

② Bilal Barakat, Henrik Urdal, "Breaking the Waves? Does Education Mediate the Relationship Between Youth Bulges and Political Violence?", *World Bank*, Policy Research working paper, No. WPS 5114. 2009, https://openknowledge.worldbank.org/handle/10986/4304.

个人边际生产率，培养起具有专业技能和良好适应性的劳动力市场，从而带来丰厚的经济回报。美国一直尝试挖掘中亚各国作为新兴市场的投资与贸易潜力，但中亚经济发展受制于多种因素，人力资源的匮乏便是其中之一。为中亚各国提供优质教育资源、培育适合市场经济与现代需求的优秀人才，可以激活中亚各国的经济发展潜力，使美国在这一地区获得巨大的商业利益。

教育对美国推动中亚各国实现民主转型的贡献更是直接而显著。美国著名教育学家约翰·杜威（John Dewey）在《民主主义与教育》一书中从社会转型的角度探讨了现代社会实施国际教育的必要性。他认为，个人接受教育后会减少对社会的冷漠和无知，提高个人责任感。[①] 其他教育学家在研究转型国家与教育的关系时，切入点包括学校如何扩大民众视野、提高民众的包容度和促进参政热情，教育与国家民主稳定之间的关系，以及教育与民众参政水平的关系等。这些研究无一例外地证明，教育的质量越高，接受教育的时间越长，民众参与政治的热情和水平便越高，对美式民主价值观的了解和认可度也越高。还有专家预测，21 世纪各个大国均会通过国际教育援助加大对中东欧转型经济体的支持，这是影响这些经济体的转型之路、引导其向西方靠拢的最有效办法。[②] 美国前外交官包润石（Richard Boucher）还断言："受到良好教育的人口对于中亚国家的自由与繁荣来说至为关键"，"支持教育

---

① John Dewey, *Democracy and Education*, The Pennsylvania State University (A Penn State Electronic Classics Series Publication), 2001, https://nsee.memberclicks.net/assets/docs/KnowledgeCenter/BuildingExpEduc/BooksReports/10.%20democracy%20and%20education%20by%20dewey.pdf, p.10.

② Lipset, Seymour Martin, "Some Social Requisites of Democracy: Economic Development and Political Legitimacy", *The American Political Science Review*, Vol.53, No.1, 1959, pp.69 – 105; Gabriel Abraham Almond, Sidney Verba, *The Civic Culture: Political Attitudes and Democracy in Five Nations*, Princeton University Press, 1963; Aklilu Habte, "The Future of International Aid to Education: A Personal Reflection", in Kenneth King and Lene Buchert, eds., *Changing International Aid to Education*, Paris: UNESCO, 1999, pp.46 – 55.

或许是当政府间的关系遭遇起伏的时候加强美国与中亚国家人民间关系的最好方式"。①

　　基于对这些理论的深刻认同，教育自始至终是美国与中亚关系中的重要领域，随着时间推移，它对美国实现中亚政策目标的作用越发受到关注。1992 年《支持自由法案》拉开了美国与中亚各国教育合作的序幕。它规定美国对中亚的援助应涵盖和平与安全、公正与民主的治理、投资于人民等多个领域。投资于人民是指帮助各国发展医疗与教育事业，为弱势群体提供社会服务和保护，包括"使从事初等和中等教育的学校教学、管理和融资现代化、增加弱势儿童和残疾儿童的入学机会等"。② 此外，多个国际教育合作项目向中亚各国开放，大量中亚优秀学生赴美留学。美国还在吉尔吉斯斯坦创建美国中亚大学，就地培养中亚优秀学生。"颜色革命"后，美国支持的大量非政府组织、媒体和其他社会活动机构被中亚各国关停，教育则因其中立属性未受过多影响，成为美国在中亚推动民主、"加强中亚各国与欧洲—大西洋共同体之间强劲联系"③ 的重要抓手。2005 年，美国卡内基国际和平研究所高级研究员、欧亚研究专家玛莎·奥特特（Martha Brill Olcott）在国会听证会上提出，美国对中亚的"大棒"政策没有发挥应有作用，应该启用"胡萝卜"来加大对中亚各国的影响。她所说的"胡萝卜"除了指帮助各国提高经济制度中的法律透明度、保护财产

　　① "109th Congress Second Session"，*Serial*，No. 109 – 186，p. 6. 转引自曾向红《重塑中亚地缘政治环境：2005 年以来美国中亚政策的调整》，《外交评论》2008 年第 3 期。

　　② 马斌：《美国中亚政策的重要工具：经济和军事援助》，《美国问题研究》2011 年第 1 期。

　　③ Evan Feigenbaum，"Kazakhstan and the United States in a Changed World"，*Remarks to the Institute of World Economy and Policy*，Almaty，Kazakhstan，August 23，2006，https：//2001 – 2009. state. gov/p/sca/rls/rm/2006/71060. htm，2023 – 1 – 5；Evan Feigenbaum，"Approach to Central Asia"，Remarks at the Central Asia – Caucasus Institute，Nitze School of Advanced International Studies Johns Hopkins University，Washington，D. C.，February 6，2007，https：//2001 – 2009. state. gov/p/sca/rls/rm/2007/80245. htm。

权和外国投资，其他均与教育合作有关。比如采用西方标准的课程体系，帮助各国提高法学教育及法官培训的水平；为各国提供英语培训，尤其注重农村地区；为各国中小学提供科学与技术培训，尤其注重农村地区；增加奖学金援助力度，使更多中亚学生可以前往美国接受高等教育；为那些已完成学业的中亚青年增加前往美国就业的机会；等等。她认为，中亚各国的长远发展，关键在于年轻人能否接受教育和接触媒体。缺少这一条件，中亚便无法培养出从"民主意义上胜任"的统治精英以及反对派力量。当前的中亚领导人与美国领导人在价值观上毫无共同之处。只有在苏联解体后接受教育的年轻一代进入政坛后，中亚各国才能发展出真正的"西方民主政体"。[①] 美国著名中亚学者玛莉莲·拉吕厄尔（Marlene Laruelle）也认为，对这一地区构成吸引力的"美国品牌"不是贸易和基础设施建设，而是美国文化、生活方式、政治价值观、高等教育、专业培训和科学技术。[②] 此后美国与中亚的教育合作力度不断加大，一系列教育合作的重大举措纷纷出台。通过这些表面上与政治无关的教育合作项目，美国促成了大量中亚学生、教师、学者与专业技术人员接受美式教育、接触美国社会、经历美式价值观的洗礼，力图使他们抛弃旧有观念，成为掌握专业技能、认同西方民主价值观的政治与社会精英，从而推动中亚社会走上美国期待的美式发展道路，实现美国在中亚的终极诉求。结果显示，美国很大程度上实现了这一目标，但也遭遇了严重的挫折。

---

① Martha Brill Olcott, "U. S. Policy in Central Asia: Balancing Priorities (Part II)", *Testimony Prepared for the Committee on International Relations Hearing on the Middle East and Central Asia*, April 26, 2006, https://carnegieendowment. org/2006/04/26/u. s. – policy – in – central – asia – balancing – priorities – part – ii – pub – 18277.

② Marlene Laruelle, "The U. S. Silk Road: Geopolitical Imaginary or the Repackaging of Strategic Interests?", *Eurasian Geography and Economics*, Vol. 56, No. 4, 2015, p. 365.

第三章　美国与中亚教育合作的实施路径

在美国国际教育合作的整体图景中，美国与中亚的教育合作是一个独特的存在。它是美国国际教育合作的组成部分，又因中亚作为原苏联加盟共和国，基础教育较好，且与美国关系日渐紧密而拥有自己的合作特征与路径。本章将分三节阐述美国与中亚教育合作的政策构建、实施主体及主要方式。

第一节　立法支持

第二章第三节的第 3 部分专门梳理了美国国际教育合作的相关立法。它们不是针对特定的国家和地区而制定的，而是具有普遍意义，因此为美国与中亚及世界各国的教育合作均提供了纲领与原则。此外，美国还专门制定了与中亚进行教育合作的法案及战略。它们根据中亚国家的特点及美国在中亚的利益而量身定制，旨在以更灵活、更恰当和更高效的方式推进与中亚的教育合作。

一　1991 年《教育交流促进法案》(*Educational Exchange Enhancement Act*，EEEA)

美国国会参议员大卫·博伦（David Boren）一直是美国国际教育

合作的积极倡导者和推动者。在美国时任总统老布什与苏联时任领导人戈尔巴乔夫于 1989 年 12 月举行会晤之前，博伦与另一位参议员克莱本·佩尔（Claiborne Pell）共同致信老布什，督促其在会见期间提出与苏联交换 2 万名学生的倡议。这一建议被老布什采纳，博伦因此跻身美国国际教育合作一线专家之列。1991 年苏联各加盟共和国纷纷宣告独立时，博伦与佩尔发起了《教育交流促进法案》。他们认为，以"富布莱特"项目和汉弗莱奖学金项目为代表的美国教育合作交流项目，有力促进了美国和其他国家之间思想、知识及民主观念的交流，扩大这些交流有利于推动全球民主化进程。但当前政府与私人国际教育合作交流项目的主要资助对象是前往西欧学习交流的美国学生或西欧及特定友好国家来美留学的学生。因此，美国下一步应该做的，是将资助范围扩大到苏联、东欧新生各国及目前资助未涵盖的其他国家。法案呼吁，在 1995 年 9 月 30 日前，美国新闻署教育与文化事务局为赴美学习科研及教学的外国学生及学者提供的奖学金名额应在 1990 年的基础上增加 1 万个，为赴其他国家学习、科研及教学的美国学生及学者提供的奖学金名额也应增加 1 万个，同时还应为以下三类学生提供额外资助：一是来自东欧、中亚及其他在美学习者少于一千人的国家的学生；二是具有特殊经济、社会或种族背景的学生；三是前往东欧、苏联和其他非欧洲国家进行学习、研究和教学的美国师生。为保证美国新闻署有足够经费来落实上述措施，法案要求国会为新闻署提供巨额拨款：1992 年 5000 万美元，1993 年 1 亿美元，1994 年 1.5 亿美元，1995 年 2 亿美元。①

在冷战后减少对外援助、降低价值观输出力度的社会舆论下，如

---

① "S. 517 – Educational Exchanges Enhancement Act of 1991", 102nd Congress（1991 – 1992）, February 02, 1991, https：//www. congress. gov/bill/102nd – congress/senate – bill/517/text.

此巨额的拨款自然未能在国会通过。但它提出的两个观点对美国后来的中亚政策产生了深远影响。一是苏联解体后，新生的东欧、中亚等国正在寻求未来发展方向，这是美国对其施加影响、引导其走上西方发展道路的"时间窗口"；二是教育是对这些新生国家施加影响的重要手段。

二　1992 年《自由支持法案》(*Freedom Support Act*)

这一法案正是对上述两种思想的发扬和具化。从名字便能看出，法案将推进新独立各国的民主与自由体制作为其核心目标。它对新独立各国进行了准确的界定，包括中亚五国、亚美尼亚、阿塞拜疆、白俄罗斯、格鲁吉亚、摩尔多瓦、乌克兰与俄罗斯。它认为，这些国家面临着空前的政治、经济、社会等转型难题，这为美国推动各国融入民主国家阵营、塑造冷战后国际秩序创造了历史性机遇，为这些国家的经济与政治改革提供必要的支持至关重要。如果没有抓住这一机会，美国的国家安全利益就可能受到危及，因冷战结束而大幅缩减的国防开支则可能再次上升。

该法案提出了支持新独立国家实现"自由"的多种途径。安全方面，包括推动各国开展核不扩散与裁军活动，确保民用核设施的安全，为各国种族和地区冲突寻求缓解与解决之道，打击支持国际恐怖主义的行为，敦促各国停止对古巴共产主义政权的支持等。经济方面，包括向这些国家提供双边的经济与技术援助，推动各国建立自由市场经济体系，设立美国商务中心以促进美国与各国的商业、贸易与投资水平，提高各国油气资源的开采效率，建设能源运输的通道，提高各国民众的健康和人道主义领域服务。民主方面，除了建立民主队（the Democracy Corps）外，重点全在教育上。"教育"（Education）和"具教育性的"（Educational）两个词在法案中出现了 17 次。如第 498 条关于"对各国的援助"中，第 7 项是关于"教育和具有教育性的电视节目"的。它提出要在中亚各国推进广泛的教育改革，便应协助各国对教学大纲进行改革，提供教科书和其他教学材料，同时为各国提供教育类电视节目。这些节目要全力为观众讲述民主社会和自由市场经济体所主张的各类公民技能和价值观。第 511 条建议建立一个捐赠性非营利非政府基金，即国家研究与发展基金（Research and Development Foundation），为新独立国家的科学家、工程师提供科研资助及移民帮助，建立美国及各国科学家、工程师及商业人士之间的交流与合作机制，鼓励他们展开联合研究项目，尤其是军转民项目。第 807 条"交流和培训资金以及类似计划"则建议专门针对新独立国家开展教育类交流。除了按 1961 年《对外援助法》落实对中亚的援助外，它还授权国会在 1993 年为美国与中亚的中学生教育交流项目拨款 2000 万美元，为本科生、研究生和农业技术人才的交流项目拨款 3000 万美元。"富布莱特"项目和美国新闻署管理的其他项目也分别获得新拨款 995 万美元和 1085 万美元。法案还专门设立埃德蒙·马斯基奖学金（Edmund S. Muskie Graduate Fellowship），资助新独立国家的研究生及学者赴美进行一年或两年的学位学习。①

《自由支持法案》的出台与苏联解体几乎同步进行，可见美国与新独立的中亚各国发展关系的需求十分迫切。法案从法律层面彰显了美国与中亚展开教育合作的决心，确立了在此前项目基础上开拓其他针对性项目的合作路径，为未来其他针对新独立国家的教育合作项目奠定了基础。在法案支持下，美国又创建了"未来领袖交流项目"（Freedom Support Act/Future Leader Exchange，FLEX）、"全球本科生项目"（UGRAD）、"新独立国家学院与大学伙伴项目"（NIS

① "S. 2532 – Freedom Support Act", 102nd Congress（1991 – 1992），April 07，1992，https：//www.congress.gov/bill/102nd – congress/senate – bill/2532/text.

· 133 ·

Colleges and Universities Partnership Program，后更名为"自由支持法案/教育伙伴项目)、德蒙·马斯基奖学金计划、国家研究与发展基金会等项目，以及其他私人基金会的资助项目，与中亚的教育合作日渐繁荣。

三 1999 年《丝绸之路战略法案》(*Silk Road Strategy Act of 1999*)

这一法案是在 1961 年《对外援助法》基础上修订而成，可以看作对《自由支持法案》的完善与升级。它停止使用"苏联国家"和"新独立国家"这些字眼，开始用中亚与高加索各国来指代中亚五国及亚美尼亚、阿塞拜疆、格鲁吉亚等国。此外，《自由支持法案》没有将对这些国家的援助数额与该国经济及政治改革的成效挂钩。而《丝绸之路战略法案》认为，这些国家的经济与政治改革及人权改善的进度落后于美国预期。美国应运用经济援助、教育及外交手段，"阻止一个充满敌意的地区帝国重现冷战威胁的机会"。①

不过，除了正式宣告美国将中亚视为重要战略区域、明确提出援助与各国政治经济改革成效挂钩之外，这份法案提及教育合作的内容较少。在概括对高加索及中亚各国的援助类型时，第五项提出"在攸关各国公民社会建设的各领域推进国际交流及高级专业人士培训项目"。2005 年美国国会再次对法案进行更新时，加入大量关于反恐、安全与民主的内容。在第 203 款关于"国会维护美国在中亚及南高加索国家利益的理念"下，有"推进民主、宽容和公民社会发展"、解决冲突、经济合作与国际贸易、经济改革、基础设施建设、国防及边界管控援助和措施，等等。"推进民主、宽容和公民社会发展"一项

---

① "S. 579 – Silk Road Strategy Act of 1999", 106th Congress（1999 – 2000），March 10, 1999，https：//www. congress. gov/bill/106th – congress/senate – bill/579.

共列出 8 条细目，第 1 条和第 2 条是支持各国建设民主公正选举制度；第 3 条是支持中亚独立媒体发展；第 4 条是通过用当地语言向各国推送广播，加强自由、民主、人权等西方价值观宣传；第 5 条和第 6 条与教育相关。第 5 条提出，支持本地区创建学术项目，为各国公务员提供关于现代社会治理、法治、政府透明、选举、人权和市场经济等知识与技能。第 6 条支持本地区建设智库、独立公共政策研究机构。可见，这时教育合作已超出了学生与学校范围，扩大到社会各界。2005 年也是美国加强与中亚教育合作的分水岭，美国与中亚的教育合作进入了快车道。

美国的法律体系一般包括两个部分，一是由议员提出并经国会批准的正式法案（Law/Act），代表着美国最高国家意志与战略导向；二是总统根据新形势与新情况签署的一些行政命令（Order），是落实前述意志与导向的具体路径，也是根据形势变化对前者进行的补充与更新。上文已介绍完美国涉及与中亚教育合作的正式法案，明确了美国一直将促进教育合作作为与中亚交往的重要组成部分，且在 2005 年后不断加强教育的地位与作用。关于美国与中亚教育合作的行政命令或政策，下节将会涉及。

第二节　实施主体

如前所述，美国国际教育合作打的是"组合拳"，体现的是美国政府、企业、学界及私人基金会的合力。以美国国务院、国际发展署、教育部、千年挑战公司与和平队为代表的多个美国联邦政府机构及下属组织负责推动美国与其他国家的官方教育合作；国际教育协会等由官方设立的社会组织运作着诸多规模较小、形式多样的民间合作项目，并在学术研究和社会舆论上为教育合作提供助力；众多私人基金会则凭借雄厚财力为官方及民间的教育合作项目注资。多种力量在战略上相互协调，在资源上彼此支持，在行动上互相配合，共同推动教育合作成为美国对外关系中的重要支柱，也使美国与中亚教育合作成果显著。

一 美国国际开发署

美国国际开发署的机构演变是美国国际援助理念及战略发展的缩影。第二次世界大战结束后，美国国务卿乔治·马歇尔（George C. Marshall）提出为欧洲提供战后复兴的财政和技术援助，即著名的马歇尔计划。这是美国国际援助观念的起源，正是由于它的成功，杜鲁门总统于 1949 年提出了"四点计划"。它的目标有两个。一是通过帮助发展中国家减少贫困、发展生产，为美国商品开创海外市场；二是通过帮助各国实现资本主义繁荣，减少共产主义的威胁。1952—1961 年，美国向大量发展中国家提供技术和资金援助，国际援助成为美国外交政策的重要工具。其间，美国政府设立了多个机构，比如共同安全局（Mutual Security Agency）、外国业务管理局（Foreign Operations Administration）、国际合作管理局（International Cooperation Administration）等。1961 年，肯尼迪总统签署《对外援助法》，整合多个援助机构，创建美国国际开发署，这大大提高了美国国际援助的力度与效率，20 世纪 60 年代因此被称为美国国际援助的黄金十年；20 世纪 70 年代的国际援助重点从技术和资本援助转移到"人类基础需求"上，教育、健康、食品与营养等领域在国际援助中的比率大幅提高；20 世纪 80 年代国际援助又承担起稳定各国货币和金融体系的职责；20 世纪 90 年代，美国将对外援助当作推动新独立国家走上西方发展道路的制度工具；2000 年后，国际援助工作重点又变为协助战乱国家进行战后重建。国际开发署的运行方式也在不断变化。此前它的经费完全依靠国会拨款，从 20 世纪 80 年代起越来越多的企业与私人基金会成为其合作伙伴。目前，国际开发署在全球 100 多个国家和地区开展工作，设有农业与食品安全、民主人权与良治、经济发展与贸易、教育、环境与全球气候变化、性别平等与女性赋权、全球健康、人道主义援助、水与卫生、危机与冲突工作等部门，是全球最大的援助机构。奥巴马政府曾许下宏愿，要将美国打造成全球人道主义援助的领导者。

国际开发署认为，教育是一个国家对未来的最好投资，国际教育合作直接关系着美国人民的利益。当然，这种态度也经历了一个演变过程。此前，它发布过经济、技术甚至粮食援助的专门战略，但没有专门的教育发展战略，教育援助行动也是零散而不成体系的。直到 20 世纪 90 年代，它逐渐意识到教育对新独立国家进行民主化改革、发展中国家获得"可持续发展"能力的意义，逐渐加大对外教育援助的力度。进入 21 世纪，美国对外教育援助蓬勃发展，援助范围不断扩大。尤其是奥巴马上台后，美国先出台《教育战略：2011—2015 年》（*Education Strategy：2011—2015*），规定了国际开发署开展国际教育援助的三大主要领域，即基础教育、高等教育以及受危机与冲突影响的国家和地区教育，提出挑选援助对象，强调受援国的自主性与责任，增加评估环节等八项原则；随后又出台《2011 年美国国际开发署教育战略实施的指导意见》，对前一战略实施与评估等细节进行完善。特朗普政府也制定了 2018 年《美国国际开发署教育政策》（*USAID Education Policy*）以及《美国国际开发署教育政策：项目周期实施和操作指南》（*USAID Education Policy：Program Cycle Implementation and Operational Guidance*）。国际开发署的数据显示，2011—2017 年，它的教育援助项目直接惠及了 50 多个国家的 8340 万名儿童和青年。其中为 6980 万名儿童提供了初级阅读指导，使处于危机及冲突地区的 2260

万名儿童和青年获得了入学机会，为 73 万人获得了就业技能培训。2017 年，它的教育援助预算达 10 亿美元。[①]

2018 年 11 月，最新版的《美国国际发展署教育政策》提出，美国将继续帮助伙伴国家提高为本国儿童和青年提供从小学到大学的良好学习机会的能力。四大优先任务是为儿童与青年，尤其是为最为边缘化及弱势的儿童与青年提供优质教育；使儿童与青年获得识字、计算和有助于未来学习的社交情感技能；使青年获得生活、就业及服务社会的技能；帮助各国的高等教育机构开展学术研究，提供优质教育，与社会互动，并成为社会发展的中坚力量。[②] 这一政策涵盖了从学前教育到高等教育的所有教育阶段，从和平稳定国家到危机战乱地区的所有教育环境，从正式学历教育到非正式培训的所有教育类型，还有国有及非国有的各种教育机构，是美国将在国际教育援助领域持续发力的明证。虽然国际开发署表示基础教育与高等教育均为其重点援助领域，但教育援助的性质决定了它的侧重点仍在基础教育，所以 2018 年又发布了史上第一份《美国国际基础教育战略》（*U. S. Strategy on International Basic Education*）。这份战略充分体现出美国在对外教育援助上的雄厚实力与高超水平。首先，它协调了国际发展署、国务院、教育部等多个联邦机构在基础教育援助方面的不同分工，比如教育部开展及资助了大量关于基础教育的学术研究，为制定出更科学的教育政策提供了理论支持。国际发展署侧重提高受援国民众识字率等，如在肯尼亚等非洲国家推广 "Let's Read" 项目。千年挑战公司则关注教育与社会对人力资源需求之间的联系，在萨尔瓦多投入 3000 万美元，资助 20 所职业技术高中为当地出口企业培养人才。国防部则在有美国

---

① "U. S. Government Strategy on International Basic Education in FY 2019 – 2023", USAID, https：//files. eric. ed. gov/fulltext/ED601027. pdf, p. 83.

② "USAID Education Policy", USAID, November 2018, https：//www. usaid. gov/education/policy.

驻军的国家及地区向当地学校赠送教具，援建校舍。2015 年，美国中央司令部向黎巴嫩 5 个地区提供 2 万套小学教具，资助当地叙利亚难民入学。此外，它既关注基础教育的"硬条件"，比如入学率、毕业率等，也强调提高当地人口质量及社会公平的"软条件"。比如提高学龄前儿童的阅读能力，为学校学习打下扎实基础。在极度贫困、儿童很难接受完整教育的地区，提高儿童的识字、计算等基础能力。除了学业，它还关注个人未来发展和终身成长所需要的综合素质，比如社交技能和抗压能力等。在高等教育领域，国际开发署的项目较少，主要是帮助高等教育机构加强与企业之间的联系，使教育与劳动力市场需求更好地对接；帮助发展中国家的人群特别是弱势群体接受职业技术教育或高等教育。此外，它也为受援国高校的学生与学者提供赴美交流、实习和研究资助领域。[①] 不过在中亚，国际开发署的项目主要在基础教育领域。

二 国务院

美国国务院和国际开发署是美国对外交往的两大机构，它们的预算在政府年度预算中被合为一类，即国际事务预算（International Affair Budget）。在开展国际教育合作时，两者的使命相同，但重点不同。国际开发署是对外援助机构，推动教育合作的方式是教育援助，尤其是基础教育援助。国务院是美国的外交机构，教育合作的重点在于推动高等教育及社会精英的合作与交流。它设有四个局负责公共外交及公共事务，其中负责教育与文化交流的是教育与文化事务局。

教育与文化事务局应《富布莱特—海耶斯法案》的要求于 1961 年年底成立，是第二次世界大战后美国国际教育与文化合作日渐繁荣

---

① "U. S. Government Strategy on International Basic Education in FY 2019 - 2023", USAID, https://files. eric. ed. gov/fulltext/ED601027. pdf.

的政策产物。创建时它隶属于国务院，1978 年与美国新闻署进行合并，成为美国国际交流局（USICA）的一部分。1982 年国际交流局又改为美国新闻署。1999 年，新闻署并入美国国务院，成为教育与文化事务局。该局的数据显示，它的交流项目遍布全球 110 多个国家，共资助了国内外 100 万名知识精英，包括 75 名诺贝尔奖获得者、565 名现任或前任国家及政府领袖，以及 98% 的现任或前任美国国会议员。笔者在其网站上统计得出，当前它共为非美国公民提供 43 种交流项目，为美国公民提供 37 种交流项目，最著名的当属"富布莱特"项目，还有 1948 年创建的国际访客领袖项目（International Visitor Leadership Program，IVLP）、1978 年创建的胡伯特·汉弗莱奖学金项目、1983 年创建的国会青年交流项目、1992 年创建的未来领袖交流项目（Future Leaders Exchange，FLEX）、2000 年创建的文化保护大使基金（Ambassadors Fund for Cultural Preservation）、2001 年创建的本杰明·吉尔曼国际奖学金项目（Benjamin A. Gilman International Scholarship Program）等。[1] 教育与文化事务局管辖着几乎所有美国官方教育合作与交流项目，但管理方式有所区别。有的项目由该局直接管理，有的项目由该局统筹、由美国驻外使领馆的公共事务处管理，还有的项目由该局指定国际教育研究所管理。

下面介绍除"富布莱特"项目外的其他几个重要教育合作交流项目。其中，竞争最为激烈的要数国际访客领袖项目。它不是通过申请者自主申请，而是由美国使领馆挑选所在国家各领域已有所建树或潜力巨大的精英，前往美国进行 3 周短期访问。访问期间，交流者有机会见到美国同领域专家，参观美国政府核心部门及龙头企业等。项目每年资助 5000 人，共资助了 20 万人，其中 500 人担任过或正在担任

① "Facts and Figures"，U. S. Department of State，Bureau of Educational and Cultural Affairs，https：//eca. state. gov/impact/facts – and – figures.

一国政府首脑。胡伯特·汉弗莱奖学金项目是为纪念已故参议员和副总统胡伯特·汉弗莱而设置的，被纳入"富布莱特"项目进行管理。它资助指定国家或地区拥有本科学历且有 5 年工作经验的精英赴美进行为期 10 个月的专业学习和研究，每年约有 150 个名额，共资助了 5700 人。未来领袖交流项目由美国前国会议员比尔·布拉德利（Bill Bradley）创建，只向指定的国家开放，包括亚美尼亚、阿塞拜疆、捷克共和国、爱沙尼亚、格鲁吉亚、希腊、匈牙利、拉脱维亚、立陶宛、摩尔多瓦、蒙古国、黑山、波兰、罗马尼亚、塞尔维亚、斯洛伐克、乌克兰和中亚五国等 22 个国家。它资助这些国家 15—17 岁的高中生前往美国高中学习一年。与其他项目不同的是，这些高中生必须住在美国当地家庭，参加当地社区服务，最大限度融入美国民众的生活与文化。同时，他们还需要作为民间大使，向美国民众传播祖国的国情及文化等信息。该奖学金每年共设 1000 个名额，已资助了 2.9 万名高中生。资助美国学生出国的项目最著名的是本杰明·吉尔曼国际奖学金项目。它为有志于出国留学的美国本科生提供最多 5000 美元奖学金，供其在海外进行 3 周到 1 年的学习。项目在挑选资助者时会优先考虑有志于前往非传统留学国家，即西欧之外的国家与地区的留学者，退役军人、少数民族和残疾人等弱势群体，以及学习 STEM 专业的学生。出国学习"急需语言"的学生还可额外获得 3000 美元资助，急需语言包括阿拉伯语、汉语、印尼语、日语、突厥语、波斯语、印地语、韩语、俄语、斯瓦希里语和葡萄牙语等。项目 2020 年资助了 900 多名美国大学生前往 106 个国家学习或实习，累计资助了 12.5 万人。①

---

① 关于国际访客领袖项目的详细信息，可见 https://eca.state.gov/ivlp/about－ivlp；关于胡伯特·汉弗莱奖学金项目的详细信息，可见 https://www.humphreyfellowship.org/；关于未来领袖交流计划的详细信息，可见 https://www.discoverflex.org/；关于本杰明·吉尔曼国际奖学金项目的详细信息，可见 https://www.gilmanscholarship.org/。访问日期均为 2023 年 1 月 5 日。

以教育与文化事务局为核心的国务院对美国国际教育合作和外交战略意义重大。"虽然它一直强调推动人民互相了解和国家间和平关系，但如果将教育与文化事务局活动的数据与美国全球影响力提升的数据进行对照便能看出，该局的真正使命是美国著名教育家、伊利诺伊大学校长埃德姆德·詹姆斯在 1908 年所提出的'青年的交流是美国持续提高全球影响力的关键'。"[①] 而国务院在国际教育合作事务中的重要地位，也再次说明美国推动教育合作的主要目标不在于教育，而在于政治与外交。

三 教育部

教育部与国际开发署、国务院共同构成了美国国际教育合作的三足鼎立格局。前两者都是对外机构，注重国际教育援助和教育交流。而教育部的功能是向内的，它在国际教育合作中的作用更全面，角色更多样，措施更系统。

2012 年颁布、2018 年更新的《美国教育部国际战略》全面介绍了教育部在推动国际教育上的目标及措施。它的两大战略目标是加强美国的教育和推进美国的国际议程。两大战略目标又对应着三大政策目标，即提高美国学生的全球与文化竞争力，向其他国家学习以提高美国教育水平，以及开展教育外交。

针对这三大目标，美国教育部下属的国际事务办公室采取了大量措施。针对第一个目标，教育部认为必须使美国学生具备批判性的思维、沟通、社会情感和语言技能，以便日后与美国及全球同行进行有效合作和有力竞争，因此创建了"发展全球与文化竞争力以促进公平、卓越与经济竞争力框架"。这实质上代表了美国教育国际

---

① Leyla R. Latypova, "Tracing the Success of Soft Power in the U. S. State Department's Future Leaders Exchange Program", *Inquirers Journal*, Vol. 9, No. 10, 2017.

化的一个指标，它列出了美国学生从学前到工作的整个教育阶段需要具备的四大能力和具体体现。这四大能力包括合作与沟通能力、世界及传统语言能力、多元化思维能力和社会及全球参与能力。细化到美国学生从学前到工作的每个教育阶段时，四大能力又对应着不同的具体表现形式。教育部还下设国际和外语教育办公室（IF-LE），专门为美国教师、学生、研究生和管理者提供学习语言和从事区域国别研究的服务和资助。

关于第二个目标，教育部认为必须对其他国家的教育体系开展深入研究，发现其优势及弱点，供美国进行有选择的学习借鉴。它发挥作用的方式主要有两种。一是它下设的国际教育与项目服务办公室（IEPS）和国务院教育与文化事务局共同管理着《高等教育法》第六款和"富布莱特法案"下的大量项目。前者主管第六款和"富布莱特—海耶斯"项目下的 14 个具体项目，后者负责其余 11 个"富布莱特计划"项目。① 此外，教育部还参与经济合作与发展组织（OECD）的年度报告"教育概观"（Education at A Glance），与经合组织的其他成员国分别介绍本国教育发展现状，形成丰富的比较研究案例。此外，教育部还主导美国参与了大量国际性的教育评估体系，比如教学与学习国际调查（Teaching and Learning International Survey）、国际学生评估项目（Program for International Student Assessment，PISA）、成年人胜任力国际评估项目（Program for the International Assessment of Adult Competencies，PIAAC）、国际阅读能力研究项目（Progress in International Reading Literacy Study，PIRLS）等。参与这些体系既能找到美国在全球教育中的相对位置，还可以与其他国家充分地沟通、交流与借鉴。

---

① 翁丽霞、洪明：《美国联邦政府国际教育政策探略——聚焦〈高等教育法〉第六款与"富布赖特计划"》，《教育发展研究》2011 年第 7 期。

在第三个目标上，教育部推动教育外交的手段包括，与多个国家签署双边教育合作协议；与亚太经合组织、美洲国家组织、经合组织、G20 等多边国际组织展开多边教育合作，比如 G20 教育部长会议、欧洲信息中心网络（European Network of Information Centers，ENIC），此外，它还与国务院共同举办年度国际教育周。①

四 千年挑战公司

千年挑战公司是 2004 年 1 月由美国国会创建的，专门从事全球减贫工作的外援机构。与国际开发署不同，它的组织架构和运行模式均十分新颖。美国国务卿、财政部部长、商务谈判代表、国际开发署副署长、CEO 以及另外 4 名由美国总统直接任命的私营部门代表共同组成一个 9 人的董事会，对千年挑战公司进行管理，其中国务卿任董事长，财政部部长任副董事长。在运行方式上，它主张"巧援助""新援助"，与注重资金与技术援助的传统外援方式存在较大区别。一是援助对象的选择标准不同。与此前根据贫穷程度来挑选受援国不同，董事会根据 20 条标准来挑选合适的受援国。最重要的标准之一，是受援国必须是"有志于实现良治"的国家，也就是选择或有意选择民主制度的国家。二是援助的主导者不同。此前的援助项目中，援助国和受援国是施与受的关系。而千年挑战公司强调，受援国是援助的主导者和责任方，它必须自行确定本国经济发展和减贫的优先任务，在社会上广泛征询意见，最后提出一个完整的减贫方案。千年挑战公司的任务是帮助实现这一方案。三是援助资金的使用方式不同。它要求援助国成立一个责任实体，负责管理和监督上述援助方案的实施。所有

---

① 关于教育部相关措施的内容，均引自 "Succeeding Globally Through International Education and Engagement"，U. S. Department of Education International Strategy 2012 - 2016，November 2012，https：//www2. ed. gov/about/inits/ed/internationaled/international - strategy - 2012 - 16. pdf。

资金的使用必须高度透明，且接受独立财务审计。四是重视结果和反馈。千年挑战公司认为，对外援助不是道德责任，而是美国纳税人的投资。因此，它十分注重援助项目的实施、追踪和结果评估。它还注重与企业进行合作，认为专业援助手段与商业的结合，有助于实现援助效率的最大化。当前，千年挑战公司已与 49 个国家签署了合作协议，在教育、农业、反腐、能源、健康、基础设施、饮水卫生等与民生密切相关的领域展开 79 个为期 5 年的援助项目，承付款项 200 多亿美元。

千年挑战公司的教育合作项目偏向教育援助，它也是美国 2018 年《READ 法案》选出的共同推动伙伴国家基础教育发展的 11 个美国联邦机构之一。它在签署援助协议的国家展开了大量中小学教育援助项目。在纳米比亚，它与政府签署的 3.04 亿美元合约中有 9000 万美元用于提高中小学教育质量，包括提供教科书，建设科学实验室和图书馆，为教师及管理者提供职业技能培训，修复和扩建教室，等等。在与布库南法索的 4.81 亿美元援助合约中，它将 4200 万美元用于提高女童的小学入学率和毕业率。于 2005 年对格鲁吉亚实施首次援助后，又于 2013 年签署了第二次援助合约，其中 1.4 亿美元全部用于教育，包括中小学教育与高等教育。迄今为止，它为全球 132 所小学新建了 395 间新教室，安装了饮用水设施和现代厕所，提供了校车和校餐等服务。在这些项目实施的地区，小学入学率提高了 6%，女童入学率提高了 10.3%，小学毕业率提高了 13.5%，整个地区的女童早婚率降低了 6.3%。

它也为受援国的高等教育领域提供援助。2013 年，它与格鲁吉亚政府签署了 1400 万美元的援助协定，由美国圣地亚哥州立大学与格鲁吉亚 3 所大学共同开设科学与工程方面的双学位项目。它与纳米比亚政府建立了一个专门资助大学生的奖学金和为大学毕业生提供就业培训的国家培训基金。①

五　和平队

　　应 1961 年 3 月肯尼迪第 10924 号行政命令和 1962 年 9 月通过的《和平队法案》要求，美国政府设立了独立的志愿者组织——和平队。它向全球派出年轻的、受过高等教育的美国公民，为当地民众提供为期两年的教育、健康、农业、环境和社会经济发展等各类志愿服务，促进当地发展，增进美国人民与当地人民的友谊。成立 50 余年来，和平队已派出超过 24 万名美国志愿者赴全球 141 个国家开展志愿活动，成为美国公共外交的支柱。当前，和平队每年向全球 64 个国家派出的志愿者为 7300—7400 人，平均年龄 28 岁；2019 年的总预算为 3.9 亿美元，设置了农业项目、社区经济发展项目、教育项目、环境项目、健康项目、青年发展项目、养育未来项目、女童学习项目、艾滋病救治的总统紧急方案、疟疾救治的总统倡议、小型方案援助项目和女性全球发展及繁荣项目共 12 个项目。

　　和平队的宗旨是助力各国的发展，而教育是发展的基本动力来源，因此也是和平队的主要工作领域。志愿者的 84% 和经费的 42% 均用于教育项目，凡是和平队入驻的国家，教育项目必在其援助之列。教育项目的志愿者致力于提高受援国个人、组织、社会的受教育水平和长期发展能力，而非提供短期资金援助。它设定了三个目标，即提高当地教师的教学能力、增强学生的学习成果、深入参与社区发展事务。志愿者们依据受援国政府的发展重点领域，为较为偏远的城市及农村地区提供三种类型的教育服务。第一种是英语教学，即持"英语外语教学"（Teaching English as a Foreign Language，TEFL）认证的志愿者

---

　　① "千年挑战公司"的所有援助项目清单参见 https：//www.mcc.gov/where - we - work，教育援助项目清单参见 https：//www.mcc.gov/sectors/sector/education。

在受援国的初中、高中和大学内与本校英语教师联合教学，既为学生提供更高质量的英语教材和课堂教学，也促进本校教师的授课水平。第二种是扫盲，即志愿者在小学为学生提供母语和/或英语的识字与阅读训练。第三种是发展 STEM，即志愿者在中学教授物理、化学、生物、数学等科学课程，以美式项目制学习方式引导学生学习，为日后进入大学做准备。①

和平队在中亚各国的教育项目始于 1992 年，在除塔吉克斯坦的其他四国都活跃过。但 2010 年后，项目在中亚各国陆续关停。本章第三节将对此详述。

六　其他政府部门

除专门从事国际教育合作的机构，美国其他联邦政府部门也根据自身业务优势，为美国国际教育交流合作发挥独特作用。

为维护美国和美军的海外安全和利益、缓解当地民众对美军行动的抵触，美国国防部在有美军或美军基地的国家开展了大量人道主义援助项目，共有五个重点领域：灾害预防和救助、卫生、教育、基础设施和人道主义排雷行动。在教育援助领域，国防部在 2015—2018 年在全球投入 1850 万美元，开展了 236 个项目，包括建造、扩建或维护当地中小学校舍及其他教学设施，提供课本、书籍及其他基础设施等。国防部还将这些项目的实施状态、位置、受益人和成本等详细信息录入其海外人道主义援助共享信息系统（OHASIS），以便进行长期跟踪与定期评估。

美国劳工部认为，一些国家大量学龄儿童沦为童工的主要原因是

① 关于和平队的资料，均引自和平队的网站 https：//www. peacecorps. gov/和 *U. S. Government Strategy on International Basic Education Fiscal Years 2019 – 2023*，USAID，https：//files. eric. ed. gov/fulltext/ED601027. pdf。

缺少接受基础教育的机会，而帮助适龄儿童入学，既有助于受援国的长远发展，还能"使美国工人和企业不必与使用童工的国家或公司进行不公平竞争"。因此劳工部作为《美国国际基础教育战略》的执行者之一，自 1995 年起在全球 97 个国家开展了 320 多个旨在减少童工与强迫劳动的教育援助项目。当前劳工部用于此类项目的年度经费为 5000 万—6000 万美元。截至 2018 年 6 月 30 日，劳工部正在实施的教育项目有 50 余个，分布于 54 个国家，涉及经费约 2.8 亿美元。其项目的实施形式主要是提高受援国政府及民众对教育重要性的认识，鼓励政府采取打击使用童工的政策，为儿童提供免费午餐、校车和校服服务，等等。在劳工部的资助下，八个专业教育研究组织对劳工部位于 14 个国家的教育项目实施了效果评估，证明项目显著降低了当地的儿童辍学率和童工数量。

除了为联邦教育合作项目提供专项拨款，美国财政部对美国国际教育合作还有一个非常独特的贡献，即在全球各大多边开发银行担任董事，督促这些银行投身国际教育合作事业。美国发现，在推动国际教育合作时，多边开发银行较某单一国家拥有更多便利条件。它们可以整合国家、组织、私营部门和民间行为体等多类捐助者的资源，其实力远超美国一国之力。而且它们不是主权国家，更多地体现集体利益，开展多边合作，更易于获得合作对象的信任。尤其在陷入危机或冲突的地区开展项目，本地多边发展银行的沟通与协调能力远超出域外国家。它们还能利用在本地区的庞大分支体系，进行广泛的数据收集、研究和共享，为国际教育合作提供科学决策的理论支撑。基于这种理念，美国财政部当前是非洲开发银行、亚洲开发银行、欧洲复兴开发银行、美洲开发银行和世界银行的最大股东之一，在董事会拥有投票权，可以敦促银行支持美国推动的国际教育合作，还能监控、评估这些银行相关教育项目的实施，确保它们与美国政策重点保持一致。

七　社会组织和基金会

除上述美国联邦机构，美国还有大量教育组织和民间基金会参与国际教育合作的事业。如美国国际教育委员会（American Councils for International Education），成立于1974年，专门致力于通过教育交流推动美国与其他国家之间的相互了解，具体项目涉及学术、技术、文化交流、语言教育和科研等领域，还有专门资助学生出国留学的奖学金项目。当前，它已在全球90多个国家开放了多个教育合作项目，涉及9.4万人。美国国务院还委托它负责运营多个官方教育交流项目，包括未来领袖交流项目的遴选、培训和出行等事务。它在中亚也十分活跃。专门从事与中亚教育交流的美国—中亚教育基金会（U. S. – Central Asia Education Foundation，U. S. – CAEF）更是美国与中亚教育合作的重要参与者。它由中亚—美国企业基金出资1570万美元于2007年创建，专门为中亚五国提供教育交流机会以培养中亚自由开放的经济体制与对美国友好的商业环境。它的主要项目为"企业学生奖学金项目"，即全额资助中亚各国的学生前往位于吉尔吉斯斯坦比什凯克的美国中亚大学以及位于哈萨克斯坦阿拉木图的KIMEP大学攻读商业、经济、软件工程、应用数学等专业的本科学位，截至目前已资助了381人。其中对STEM领域怀有强烈兴趣的学生，还可以前往美国首府华盛顿特区的各大企业进行实习。美国国际研究交流委员会（International Council for Research Exchange，IREX）是1958年美国时任总统艾森豪威尔和苏联时任总理赫鲁晓夫共同创立的，旨在促进两国之间学生、教师和研究人员交流的组织。苏联解体后，它转而致力于推动新独立的国家进行公民社会、教育、信息与媒体等领域体制的转型，具体设有四个目标。第一，提高这些国家民众接触外界资讯的渠道。20 世纪 90 年代中期，IREX 负责运营美国新闻署的"互联网接入与培训项目"，在这些国家的图书馆和其他公民组织安装相关设备，使当地民众得以登录互联网。第二，加强这些社会组织为民众服务的能力。IREX 设立了专门的机构间伙伴关系项目，帮助俄罗斯、乌克兰和美国的非政府组织、商业组织、大学等合作开展项目。第三，支持媒体在社会生活中发挥更大作用。比如针对南联盟前总统、塞尔维亚前总统米洛舍维奇在任时期的一些行为，IREX 资助贝尔格莱德 B92 电台播放关于西方所谓"自由民主"价值观的内容。在 2003 年"走向全球"的发展战略指导下，IREX 从苏联国家开始向其他国家扩展，当前已在 120 个国家开展活动，主要项目涉及公民社会、教育、性别平等、良治、领导力、媒体、技术与青年等领域。在教育领域，IREX 发起了三类项目，针对学生的、针对教师与管理者的以及针对机构与体系的。此外，它还受美国国务院委托，负责"富布莱特"教学杰出与成就项目、社会参与项目等的日常运营。当前中亚五国均有其项目开展，它还在塔吉克斯坦设有办公室。①

多个私人基金会也在推动美国与中亚教育合作方面发挥了重要作用。比如第二次世界大战后，福特基金会委托罗恩·盖瑟（Rowan Gaither）撰写的《福特基金会的政策和规划的报告》提出，为了积极主动地对抗共产主义，美国必须"不惜付出任何代价，加强自由人民的力量"，主要方式是向共产主义国家的人民输出知识、指导和资本。② 在该报告的指导下，福特基金会展开大力改组，成为美国政府对抗苏联的坚定同盟和急先锋，基金会本身也一跃成为美国和世界

---

① 关于美国国际教育委员会的详细信息，参见 https：//www. americancouncils. org/；关于美国—中亚教育基金会的详细信息，参见 https：//uscaef. org/about/；关于美国国际研究交流委员会的详细信息，参见 https：//www. irex. org/。

② Rowan Gaither, et al. , *Report of the Study for the Ford Foundation on Policy and Program*, Detroit, Michigan：The Ford Foundation, 1949, p. 21.

最大的基金会。它为美国与中亚的教育合作出资甚多，包括美国中亚大学和众多富布莱特项目，每年都接受它上百万的捐资。而金融大鳄索罗斯名下的"开放社会基金会"（Open Society Foundation）更是专门为在东欧、中亚等地区的国家推进民主而设立。2020 年，它用于高等教育的经费为 6360 万美元，占其全球经费的 5.3%，而用于欧亚地区教育合作的经费为 290 万美元。它在哈、塔、吉三国均设有项目和办公室。[①] 第四章第一节将对其进行详细介绍。

　　由于坚信国际教育合作既能传播美国民主价值观、捍卫国家利益，又能扩大海外市场、吸纳全球人才，联邦政府机构和社会组织凭借自身资源，为美国国际教育合作注入了充足动力，推动合作不断向前发展。"美国政策资助下国际交流与培训跨部门工作小组"2019 年年度报告显示，在 2019—2020 财年，共有包括 13 个联邦机构和 33 个独立机构在内的 46 个美国机构，为 242 个国际教育交流与培训项目投入了 27.5 亿美元，惠及 38986 名美国公民和 394.8 万名外国参与者。[②] 美国与中亚的教育合作也是由这些机构推动的。凭借专门的政策、丰富的形式、严密的组织和雄厚的实力，它们使美国和中亚教育合作在短时间内从起步到繁荣，实现了跨越式发展，也呈现出显著的特色。

第三节　实施方式

　　国际教育合作的实施按不同标准可以分成不同类型，如输入和输

---

　　① 关于"开放社会基金会"在中亚教育领域的活动，参见 https：//soros. kg/srs/en/home_ en/who – we – are/programs/education – program/。

　　② 要说明的是，27. 5 亿美元内包含了由合作国政府提供的 8. 07 亿美元。详情见 Annual Report on FY 2019 Data of Interagency Working Group on U. S. Government – Sponsored International Exchanges and Training, IAWG, https：//iawg. gov/wp – content/uploads/Final – Annual – Report – FY2019 – Data. pdf, p. 3。

出，学历和非学历，学生与教师/学者等。但这些二元分类法运用于美国与中亚教育合作时均有一些不足，比如按输入和输出分类时，美国向中亚的输出占绝大部分，中亚向美国的输入太少，失去了分类的意义。按学历和非学历分类时，一些交叉和复合项目划分不明，如"富布莱特项目"既有学历项目，也有非学历项目。如以参与者身份来分类，美国中亚大学既为中亚学生提供学历教育，也为当地学者提供教职和进修机会，也难以归类。因此下文将结合影响力与项目等多种分类标准，先介绍美国与中亚教育合作中最受人瞩目、作用最为突出的美国中亚大学、富布莱特项目及和平队工作，再介绍其他双边留学生派遣项目、短期交流项目和援助项目。

一　在中亚创建大学

（一）美国中亚大学

吉尔吉斯斯坦独立之初的领导人将吉国定义为"中亚民主之岛"，对与西方的国际教育合作十分积极，吉国也因此成为与美国开展教育合作的先锋。1993 年，美吉两国政府签署教育合作协定，在位于吉国首都比什凯克的吉尔吉斯国立大学内建立吉尔吉斯—美国学院（Kyrgyz American School）。1997 年，吉尔吉斯斯坦总统阿卡耶夫宣布将其改制为独立的高等教育机构，即吉尔吉斯美国大学（American University in Kyrgyz），由国际董事会进行管理。2002 年，该大学再次改名为美国中亚大学（American University of Central Asia）。当前，学校共有教职工 180 余人，学生 1300 多人，其中来自其他 4 个中亚国家及阿富汗、中国、荷兰、德国、巴基斯坦、俄罗斯、韩国和美国等 25 个其他国家的国际学生共 336 人，已毕业学生 2500 人。民主、自由表达和学术诚实是该校的办学宗旨。

与普通高等院校相比，美国中亚大学的规模甚小。它之所以能在美国与中亚教育合作版图中占据重要地位，原因在于以下方面。

其一，它是由美方出资、美方管理、吉美双方颁发双学位的大学，这在中亚是独一无二的。此前，它属于美国在吉尔吉斯斯坦政府批准下建立的独立办学机构，但学位由吉国政府颁发。2008 年，在美国教育部的协调下，美国中亚大学与美国巴德学院签署合作协议，由后者为前者的 9 个文科专业，即美国研究、心理学、人类学、经济学、社会学、欧洲研究、国际和比较政治学、新闻与大众传播学，颁发学位。也就是说，这 9 个专业的毕业生可以获得美国巴德学院授予的学位和吉尔吉斯共和国教育部颁发的学位。巴德学院位于美国纽约州，是一所规模较小的文理学院。1990 年，学院启动国际教育项目，重点关注处于转型期的东亚、中欧、中亚等国家和地区。它先与这些国家开展学生短期交流项目，后来开始合作办学。它和俄罗斯圣彼得堡国立大学合建了斯莫尼学院（Smolny College），和巴勒斯坦耶路撒冷大学（AlQuds University）合建了文理学院，在德国创建欧洲人文学院，又成为美国中亚大学的合作方。美国在阿富汗也开设了同样性质的阿富汗美国大学（American University in Afghanistan），但因阿富汗局势不稳而发展缓慢。美国中亚大学与阿富汗大学保持密切的合作关系，比如通过网络技术向后者提供大部分课程的在线观看权限，"阿富汗奖学金项目"每年资助 29 个阿富汗学生尤其是女生前往美国中亚大学攻读学士学位等。

其二，它的战略定位十分明确，即立足中亚，影响中亚社会转型。它宣扬以批判思维、研究性学习和强烈社会责任感为中心的美国人文科学教育传统，致力于为师生提供纯美式教育，从而拓宽师生的多元文化视野，最终目标是为处于民主转型中的中亚和世界各国培养"开明、热情"的新一代领导人。从其学科设置风格，便可看出这种战略意图。它的所有专业均明显偏重人文与社会科学，15 个本科专业仅有应用地质学、应用数学与软件工程这 3 个理工科专业，其余均为人文与社会科学专业。10 个研究生专业则全部属于人文与社会科学领域，其研究重点也在新闻、传播、社会、国际关系、心理学、人权学等理论体系由西方学界创立且带有浓重西方价值导向的领域。为了进一步加强与中亚社会的互动，学校还开设了中亚研究的硕士专业，并计划在未来几年开设中亚和伊斯兰研究跨学科的本科课程。它还非常注重和吉尔吉斯斯坦及其他中亚国家的社会进行互动。2005 年 7 月，它在比什凯克建立了 3 个提供总统选举相关信息的中心，旨在"推进建设吉国自由民主制度"，后在吉国抗议下关闭。当前，它设有一个公民参与中心，支持师生及员工提高对当地、全国和国际社会的责任感和公共参与能力，关注公众议题，成为社会的积极成员和领袖。该中心组织了大量活动，比如鼓励教师设计与当地社会相关的研究项目，带领学生共同完成。"青年在行动"项目则是为 16—28 岁校内外青年提供关于如何更好地与政府合作、为当地社会解决民生问题的月度网络课程。

其三，它的教学质量和培养模式与美国及国际标准接轨，代表了中亚高等教育的较高水平。这种高水平首先体现在其招生标准上。申请者先提交个人资料进行申请，包括高中学业成绩、英语水平证书等，经过初筛后前往学校参加考试。考试通常包括英语水平测试、数学水平测试及专业考试三部分。经过层层选拔，在学业成绩、英语水平以及社会服务能力方面均表现突出的学生才能被录取。尤其是国际商贸、美国研究等专业，对英语和数学的要求更高。优良的生源为学校的教学质量奠定了良好的基础。雄厚的师资也成为美国中亚大学的一大特色。它的校长及主要领导均为美国人，90% 的教师虽为中亚籍，但全部拥有丰富的海外经历，大部分在欧美国家取得过博士学位，通晓俄语、英语甚至更多语言。学校还聘请了澳大利亚、加拿大、埃及、法国、德国、英国、希腊、意大利、日本、韩国、马来西亚、罗马尼亚和土耳其等国的全职或兼职教师。学校奉行全美式管理与教学模式，以研究式教学、项目制学习为主导，非常重视理论与实践。这既与巴德学院的教学方式和课程设计有关，也得益于180名教师与1200名学生的高师生比。学校的专业与课程设置也全部对标美国国内高校。90%的课程为全英文授课，有些专业则用俄语和法语授课。此外，该校还为学生开设俄语、吉尔吉斯语、德语、法语、意大利语、西班牙语、日语、韩语、阿拉伯语、希伯来语、土耳其语和汉语等。它专门设置了预科学院，为那些希望接受美式高等教育但语言能力尚达不到入学要求的学生提供预科教育。学校还为学生提供丰富的实习、参加国际会议、出国交流和到国外深造的机会。它还拥有中亚地区最大的英文图书馆，馆内英文图书多达6万册，以及最先进的计算机实验室，学生可以访问全世界20多个在线学术期刊数据库和在线课程。

其四，它的奖学金体系十分周密。在学费方面，它按生源地的不同，将来自吉尔吉斯斯坦、独联体国家和其他国家的学生分为三种学费等级，本地本科生每年学费为1000—2500美元，国际本科生为2500—5000美元，较吉尔吉斯斯坦其他公立大学高出数倍。但学校设置了丰富的奖学金项目，可以覆盖70%的本科生，约830人，平均每人可以得到2500美元。奖学金中90%属于助学金，向经济有困难的学生发放，另外10%则为奖学金，奖励学业出众者。

在生源、师资、教学方式及奖学金等多重保障下，美国中亚大学已成为吉尔吉斯斯坦排名第一的大学，在QS发布的新兴欧洲与中亚地区（EECA）共30个国家的大学中排第138名。已有2500名学生从该校毕业。经济和政治类学科近65%的毕业生前往欧美著名高校深造，包括耶鲁大学、剑桥大学、伦敦政治经济学院、中欧大学等。已就业的学生则多受雇于吉国政府、可口可乐、英国广播公司（BBC）、花旗银行（Citibank）、思科（Cisco）、德勤会计师事务所、谷歌、IBM、美国国际发展署、世界银行等。

美国一直对美国中亚大学的发展寄予厚望。大部分到访吉尔吉斯斯坦的美国军政官员均会前往该大学参观。比如吉国总统阿卡耶夫和时任美国总统克林顿的夫人希拉里出席了 1997 年 11 月的大学成立仪式，"金融大鳄"乔治·索罗斯出席了 2003 届学生毕业典礼，美国时任国务卿约翰·克里出席了 2015 年 10 月新校区竣工仪式。在美国有关对外教育援助的大量报告中，均会提到该大学的作用。从学校的经费来源也能看出美国对该大学的投入。学校网站上列出了学校的多个捐助者，按其先后顺序，依次为开放社会基金会、美国国际开发署、美国驻阿富汗大使馆、美国驻塔吉克斯坦大使馆、挪威国际教育合作中心（SIU）、安德鲁·梅隆基金会（Mellon Foundation）、美国中亚教育基金会、阿迦汗发展网络、世界银行集团、可口可乐、英国国际发展部（DFID）、联合国儿童基金会（UNICEF）等 31 个组织捐赠者和若干私人捐赠者。美国国际开发署自 1993 年为学校提供了累计 1000 万美元的捐款。还有一部分捐款则来自校友，捐款最多的年份，如 2012 年，校友捐款占全校经费的 14.93%。当前，美国中亚大学的运营与发展进入平稳期，没有扩张的迹象。而这种规模小却完全体现美式价值观的办学模式后来也被美国用于中亚其他地方。①

（二）韦伯斯特大学塔什干分校

位于美国密苏里州的韦伯斯特大学是美国高等教育国际化行为的领头羊，它在中国、澳大利亚、加纳、希腊、泰国、荷兰和瑞士设立

---

① 关于美国中亚大学的详细信息，参见 https：//www. auca. kg/。

了9个分校，在哈萨克斯坦和乌兹别克斯坦各设一个分校。在2017年美国与乌兹别克斯坦举行的双边商业论坛上，韦伯斯特大学与乌兹别克斯坦高等教育部达成协议，计划于2018年9月在乌兹别克斯坦首都塔什干开设分校。乌国此前拥有7所外国大学分校，是中亚拥有外国分校最多的国家。其中包括三所俄罗斯大学分校，即莫斯科国立大学乌兹别克斯坦分校，古布金俄罗斯国立石油和天然气大学塔什干分校，以及普列汉诺夫俄罗斯经济大学分校；此外还有新加坡管理发展学院、韩国仁荷大学、英国威斯敏斯特国际大学和意大利都灵理工大学。韦伯斯特大学塔什干分校是美国在乌国设立的第一所分校。外界认为，这是乌国新任总统米尔济约耶夫扩大对外开放的征兆。根据乌兹别克斯坦《2017—2021年五大优先发展领域行动战略》，乌国将引入关于培训、教学质量评估等高等教育的国际标准，逐步提高教育质量和招生名额，促进乌国高等教育发展。该战略呼吁各大学和研究机构建立高度专业化的科学实验室、高科技中心和工业园区，同时提高职业学院对学生的培训和就业指导，以满足市场经济的需求。韦伯斯特塔什干分校拥有经济、国际关系、媒体研究、商业管理4个本科专业，MBA、TESL（英语第二语言教学）和媒体传播3个研究生专业。在本科阶段，学生除了学习本专业课程，还需参加该校特色的"全球公民项目"，提高语言和跨文化交流能力。该校学生也能获得乌美两国颁发的学位。①

加拿大多伦多大学"加拿大及国际高等教育研究中心"的中亚高等教育专家艾玛·萨布扎里耶娃（Emma Sabzalieva）认为，对乌兹别克斯坦而言，开设美国大学在乌国的分校，既能以较低成本扩大高等教育规模，也能迅速提高本国高等教育的声望，还能为学生提供除传

_____

① 关于韦伯斯特大学塔什干分校的详细信息，参见 https://webster.uz/index.php，2023年1月5日。

统的俄罗斯、新兴的欧洲和亚洲教育体系外的另一种有吸引力的教育选项。① 2020 年秋天，韦伯斯特大学与哈萨克斯坦阿斯塔纳国际大学合办的 TESL 硕士项目也开始招生。

与美国中亚大学相比，韦伯斯特大学在哈国与乌国的分校十分低调。最显著的区别是它们的办学理念已不再是培养中亚的领袖或传播美国的价值观，而是为学生提供有助于个人发展及参与全球竞争的优质教育。因此，它们开展的规模更小的，或者还不是独立办学而是与当地大学合办的硕士项目，很难完全复制美国国内的高校办学方式，在整个地区的影响力、对学生的吸引力和与当地社会的互动能力均不如前者。但它们有稳定的招生计划，有成熟的培养方案，且侧重人文与社会科学以及英语教育，这些均是中亚年轻人比较热衷的。这些海外分校是美国与中亚教育合作的固定资产，为双方的教育合作提供不竭的动力。2023 年 5 月，韦伯斯特大学校长访问塔什干分校，表示决定拓展分校的办学专业，新增与健康科学相关的项目，扩大招生人数等。②

二 开展"富布莱特"项目

除了在中亚创建大学分校、完整输入美式高等教育模式，美国与中亚开展教育合作的另一个重要成果便是"富布莱特"项目。该项目本就是美国国际教育合作的旗舰项目，在美国与中亚的教育合作中作用同样突出。

---

① Wagdy Sawahel, "Branch Campus is First Step in building a U. S. Presence", *University World News*, November 24, 2017, https：//www. universityworldnews. com/post. php? story = 20171124110639996.

② "President Schuster and Delegation Visit Tashkent to Expand Webster's Academic Offerings and Footprint in Central Asia", *Webster University*, June 8, 2023, https：//news. webster. edu/ 2023/schuster – delegation – visit – tashkent. php.

　　该项目体系繁杂，子项目众多，但它在不同阶段对不同国家开设的项目有所不同。截至 2021 年 12 月，它向中亚五国开设的项目见表 3 – 1。对中亚五国公民来说，研究生可以申请学位项目和外国学者项目，学者可以申请访问学者项目（即博士后项目）与讲座学者项目，学生与教师都可以申请外语助教项目（FLTA）。对美国公民来说，学生与青年学者可以申请前往哈、吉、塔、乌进行学习与研究，学者可以申请专家项目，学生可以申请英语助教项目。土库曼斯坦当前不接收美国学生。

表 3 – 1　　　　　　"富布莱特"项目在中亚的实施情况

申请者	项目	哈萨克斯坦	吉尔吉斯斯坦	乌兹别克斯坦	塔吉克斯坦	土库曼斯坦
美国学生（小学、中学、大学）	学习研究项目	√	√	√	√	√
	英语助教项目	√			√	
	国家地理数字讲故事奖学金	√		√		√
	MTV – U 奖学金	√	√	√	√	
美国学者	学者项目	√		√	√	√
	专家项目	√			√	
	富布莱特—海耶斯项目	√	√	√	√	√
	富布莱特公共政策奖学金	√				
	英语专家项目	√	√	√	√	√
	英语语言奖学金项目	√		√		√
中亚学生	学习研究项目	√				√
	UGRAD	√				
	外语助教项目（FLTA）	√				√

续表

申请者	项目	哈萨克斯坦	吉尔吉斯斯坦	乌兹别克斯坦	塔吉克斯坦	土库曼斯坦
中亚学者	讲席学者项目	√				√
	访问学者项目	√				√
	教学杰出和成就项目	√				√
	美国机构研究学者项目	√				
	美国机构研究学生领袖项目	√				

资料来源：笔者根据 https：//us. fulbrightonline. org/网站整理。

注：美国学者包括小学、中学、大学的教职工，研究机构学者和年轻专业人士。

美国学者与学生对前往中亚进行教学、学习和研究的兴趣经历了一个缓慢上升的过程。"9·11"事件前，由于美国学生对出国留学的热情本就不高，而中亚位于美国外交战略的边缘，通过"富布莱特"项目前往中亚的美国学者和学生数量为零。"9·11"事件后，美国政府开始鼓励和资助学生前往非传统留学国家及地区学习当地语言及文化，前往中亚的学生数量开始缓慢增加。2021 年、2022 年、2023 年，申请"富布莱特""美国学生项目"下属 2 个子项目，即"学习研究项目"和"英语助教项目"，赴哈的美国学生分别为 33 人、33 人、29人，最终获得资助的有 6 人、16 人、16 人；申请赴吉的美国学生分别为 26 人、15 人、27 人，最终获得资助的有 5 人、8 人、9 人；申请赴塔的美国学生分别为 28 人、18 人、12 人，最终获得资助的有 5 人、8人、8 人；申请赴乌的美国学生分别为 37 人、37 人、26 人，最终获得资助的有 11 人、13 人、15 人。[①] 美国教师与学者则可以申请表 3 –

---

① "Fulbright U. S. Student Program"，Fulbright Program，https：//us. fulbrightonline. org/study – research – eta – statistics.

1 中的 6 个项目前往中亚各国学习、研究、授课。受资助者中有多人已是本领域的佼佼者，如 1994 年普利策奖获得者、著名记者艾瑞克·弗里德曼（Eric Freedman）于 2001 年参加项目，前往乌兹别克斯坦。也有人因这段经历而将事业推向新高。

　　近年来，美国学者与学生参加"富布莱特"项目赴中亚五国的人数见表 3 – 2、表 3 – 3。

表 3 – 2　　　　**2010 年至 2021 年 5 月参加"富布莱特"项目**

赴中亚五国的美国学者数　　　　　　　单位：人

项目类别	哈萨克斯坦	吉尔吉斯斯坦	塔吉克斯坦	乌兹别克斯坦	土库曼斯坦
美国学者项目	27	12	10	16	6

　　资料来源：笔者根据下述网站整理。https：//www. cies. org/fulbright – scholars？field_ scholar_ type_ tid%5B%5D＝1&field_ first_ name_ value＝&field_ last_ name_ value＝&field_ field_ of_ study_ term_ tid＝All&field_ country_ tid%5B%5D＝119&title＝&field_ project_ title_ value＝&title_ 1＝&field_ grant_ dates_ value%5Bvalue%5D%5Bdate%5D＝&field_ grant_ dates_ value2%5Bvalue%5D%5Bdate%5D＝。

表 3 – 3　　　　**2001 年至 2021 年 5 月参加"富布莱特"项目**

赴中亚五国的美国学生数　　　　　　　单位：人

项目类别	哈萨克斯坦	吉尔吉斯斯坦	塔吉克斯坦	乌兹别克斯坦	土库曼斯坦
英语助教项目	34	25	35	12	0
其他项目	55	46	31	16	0

　　资料来源：作者根据下述网站整理。https：//us. fulbrightonline. org/component/filter/？view＝filter。

　　中亚学者与学生前往美国的热情近年来略有下降。这一方面是由于与欧洲教育合作的稳步前进，分流了一部分中亚学生；另一方面是因为美国早些年在中亚教育合作中较为激进地推进民主价值观，引发了中亚社会的反感。大部分参加项目的中亚学者与学生在回国后成为所在行业的骨干。乌兹别克斯坦学生 Nodirjon 于 2009 年参加外国学生项目，前往纽约罗切斯特理工学院学习计算机科学。他认为，美国极为严格的学术诚信政策，以及对职业规划的重视等，对他产生了深远影响。① 乌兹别克斯坦西北部乌尔根奇州立大学教师费鲁扎（Feruza Masharipova）2003 年参加了教学杰出与成就项目，随后回到乌尔根奇州立大学并于 2005 年被提拔为该校天才学生部的主管；她还担负起组织和联络乌兹别克斯坦富布莱特校友的工作，经常邀请校友到本校举办讲座。②

近年来，中亚学者与学生参加"富布莱特"项目赴美人数见表 3 – 4、表 3 – 5。

表 3 – 4　　2010 年至 2021 年 5 月参加"富布莱特"访问学者项目赴美的中亚学者数　　　　　　　　　　　单位：人

年份	哈萨克斯坦	吉尔吉斯斯坦	塔吉克斯坦	乌兹别克斯坦	土库曼斯坦
2010—2011	7	4	4	4	
2011—2012	7	4	5	5	4
2012—2013	8	5	4	4	1
2013—2014	7	3	3	3	1
2014—2015	2	2	2	2	1
2015—2016	2		2	2	2
2016—2017	2		3	3	1

① "Discovering American Culture", United States Department of State, Bureau of Educational and Cultural Affairs, September 3, 2013, https：//eca. state. gov/fulbright/story/discovering – american – culture.

② "A Progressive Teacher for Uzbekistan", United States Department of State, Bureau of Educational and Cultural Affairs, November 29, 2012, https：//eca. state. gov/alumni – story/progressive – teacher – uzbekistan.

年份	哈萨克斯坦	吉尔吉斯斯坦	塔吉克斯坦	乌兹别克斯坦	土库曼斯坦
2017—2018	2				
2018—2019	2		3	3	1
2019—2020	2			2	2
总计	41	18	26	28	13

资料来源：笔者根据下述网站整理。https：//www.cies.org/fulbright－scholars？field＿scholar＿type＿tid%5B0%5D＝2&field＿first＿name＿value＝&field＿last＿name＿value＝&field＿field＿of＿study＿term＿tid＝All&field＿region＿tid%5B0%5D＝9&field＿country＿tid%5B0%5D＝119&title＝&field＿project＿title＿value＝&title＿1＝&field＿grant＿dates＿value%5Bvalue%5D%5Bdate%5D＝&field＿grant＿dates＿value2%5Bvalue%5D%5Bdate%5D＝。

表3－5　　　2005年至2021年5月参加"富布莱特"学生项目
赴美的中亚学生数

项目类别	哈萨克斯坦	吉尔吉斯斯坦	塔吉克斯坦	乌兹别克斯坦	土库曼斯坦
学习研究项目	39	41	32	39	36
外语助教项目	16	13	13	53	0

资料来源：笔者根据下述网站整理。https：//foreign.fulbrightonline.org/component/filter/。

三　开展其他短期交流项目

美国国务院教育与文化事务局网站上设有搜索引擎，输入所在国，便会显示其管辖下美国与该国所有的教育合作交流项目。输入哈萨克斯坦、吉尔吉斯斯坦、塔吉克斯坦、乌兹别克斯坦时，除"富布莱特"项目外，还有其他多个项目。下文将简要介绍其中最重要的几个项目。

（一）国际访客领袖项目（IVLP）

这个由美国国务院负责的项目并非纯粹的教育交流项目，而是更加广泛的综合交流项目。它对参与者的职业与英语水平均无特别要求,而是以政治、经贸、教育、社会、环境、劳工甚至残疾人权益为主题,由美国驻外使领馆从所在国挑选在与主题相关领域有一定社会影响力的人士,主打"公民大使"理念。项目一般为期3周到1个月,参与者会根据主题,参观美国政府机构及下属社会组织、企业、民间组织等,与美国同行进行会谈等。该项目每年在全球共资助5000人,已累计资助了20多万人,其中包括500位现任或卸任国家和政府首脑。

该项目的主题通常为有关当前国际关系或美国与所在国双边关系的热点话题,在中亚也是如此,它在中亚开展的主题活动均关乎中亚各国当前社会较为关注的问题,比如社会转型、民众参政和保护弱势群体权益等。土库曼斯坦残疾人权益活动家伊布拉吉姆(Ibragim Nur-janov)受邀参加了主题为"提高残疾人权利"的国际访客领袖项目。他参观了纽约布鲁克林公立学校中由17名健全学生与8名残疾学生组成的混合班级,前往旨在鼓励残疾人参加主流体育运动的国际组织"阿喀琉斯"(Achilles International)进行座谈,还与纽约市帮助残疾人办公室的工作人员展开交流。①项目网站上还有大量受资助者现身说法,讲述项目对自己的观念、事业与人生的改变。

(二)"未来领袖交流"项目(FLEX)

与前一项目对比,这一项目投资的不是当前影响力,而是潜在影响力。它是美国专门为欧洲与欧亚地区国家创立的,在中亚招收的人数比其他项目更多。自1992年创立至2017年,该项目已资助15—17岁的哈萨克斯坦学生约2000名,每年从塔吉克斯坦录取的人员大概为

---

① "Turkmenistan Participant Connects with Disabilities Organizations", *U. S. Department of State*, August 12, 2013, https://eca.state.gov/ivlp/story/turkmenistan – participant – connects – disabilities – organizations.

50 名。根据项目每年从 20 多个国家招收 1000 人可以推断，中亚各国每年至少有 30 人参与这个项目。从项目的选拔过程和行程设计上，便能看出其深层目标以及对中亚社会造成的潜在影响。

项目要求申请者为 14—18 岁、成绩优秀和英语流利的高中生，但在面试过程中却显示出其他偏好。面试第一轮是简短的英语测试，淘汰一半学生。第二轮是当场写两篇个人陈述，也会淘汰一半学生。第三轮是填写申请表，并写一封给未来美国住宿家庭的信。第四轮是团体面试。有学者发现，第一轮面试中，众多英语水平出色的学生未能通过，一些水平普通的学生却顺利通过。多名成功入选的学生认为自己在第二轮和第三轮写作中表现不佳，还出现过英语水平不好改用母语作答的情况。有学者分析，学业成绩与英语水平并不是项目选拔的重要条件，在重压下仍能完成任务、在团体面试中善于合作、全程表现出乐观积极情绪和爱国主义精神的人才是其目标。因为这些人具备美国社会所称道的领袖素质，更能适应在美国的学习生活，日后也有更强动力返回祖国，有更高能力推动社会改革。

在美一年中，中亚学生除了在当地公立高中进行正常学业，还要参与当地社会活动。这一安排与项目设定的五大目标不谋而合，即了解美国社会、人民、价值观、文化、多元性；与美国人进行互动和建立长久联系；向美国民众介绍祖国及文化；探索和认识美国公民社会的关键因素；回国后在祖国分享和运用在美国学到的经验与知识。从中可以看出，这一项目的主要目的并不是让参与者在美国学习课堂知识、获得优异成绩，也不在于选拔中亚最优秀的专业人才为美国所用，而在于寻找中亚各国最具领袖素质、最热心于社会活动的青年，向他们展现美国优越的社会制度与文化，鼓励他们将这些制度与文化内化并产生改造祖国社会的志向，同时向他们传授参与社会变革活动的技能，从而使他们回到祖国后积极倡导或投身于这些活动，最终达到维护美国利益的长远目标。多名参与项目的中亚学生表示，自己在返回祖国后均产生了强烈的改造祖国的愿望。项目还出现了一种"二代"现象，比如哈萨克斯坦女生奥加（Olga Pak）曾在1993—1994年参加项目，二十年后，她的儿子亚历山大则在2013—2014年参与项目。①哈萨克斯坦女生娜加（Najia Pak）在完成项目回国后的2010年创办了团结基金（Unity Fund），旨在为哈国青年人参与公共事务提供资金与渠道支持。当前该基金已有500名成员，其活动包括组织"快闪"活动、反对国内暴力行为、植树、拜访老人院等。② 项目参与者发起的创业和社会活动项目也很容易获得在当地的美国NGO及其他组织的资助。

项目还有一个颇有深意的做法，即为学生提供大量机会学习美国政治体制。所有学生都有机会参观所在州的首府，与州长及州政府高级官员会面，了解当地政府体系的运作。对政治特别感兴趣的学生还可以加入位于美国首都华盛顿特区的组织"公民教育工作坊"，参与它举办的研讨会和白宫国会之旅等，深入了解美国联邦政治体制的细节。这些活动对中亚、东欧很多地区的学生造成了强烈的心理震撼。"在美国经历这些之后，很多人会问为什么母国政府不这样运行……乌克兰校友会则是美国软实力转变为硬政治的一个鲜明例子。"③ 参加项目的多名乌克兰学生都进入政府担任重要职务，且在历次国内社会活动中表现踊跃。如1994年的校友安德丽（Andriy Shevchenko）是乌克兰著名记者、前议员，2015年被任命为乌

---

① "A New Generation of FLEX Arrives in the United States", *U. S. Department of State*, February 6, 2013, https：//eca. state. gov/story/new – generation – flex – arrives – united – states.

② "Shaping the Future of the Kyrgyz Republic", *U. S. Department of State*, February 4, 2013, https：//eca. state. gov/alumni – story/shaping – future – kyrgyz – republic.

③ Leyla R. Latypova, "Tracing the Success of Soft Power in the U. S. State Department's Future Leaders Exchange Program", *Inquirers Journal*, Vol. 9, No. 10, 2017.

克兰驻加拿大大使。2004 年的校友哈莉娜（Halyna Yanchenko）则在 2014 年革命后被任命为基辅市参议会的反腐议员（Anti‐corruption Deputy）。俄罗斯著名的"今日俄罗斯"电视台总编辑马格丽塔（Margarita Simonyan）是 1994 年的校友。2014 年，俄罗斯暂停了该项目在俄的活动。有人认为，俄罗斯政府正是认识到这些教育交流活动在塑造本国青年价值观、影响本国社会等方面存在巨大威力，才会叫停项目。[①]

（三）全球本科生交流项目

该项目由《自由支持法案》授权于 1993 年创立，专门资助 12 个独联体国家在读本科生赴美学习一学期到一年，旨在推动各国向民主体制与市场经济转型，具体目标有四个。一是使参与者拥有改变祖国的意愿与志向。二是使参加者了解公民社会的关键因素并将这些观念带回祖国。三是与美国民众建立长久的联系。四是提高以下技能：高效使用各类资源的能力、人际交往能力、使用与传播信息的能力、使用先进技术的能力。[②] 当前项目资助范围已扩大到 62 个国家，每年资助约 250 人。1993—2011 年，它共资助了吉尔吉斯斯坦的 176 名学生前往美国公立大学和社区大学学习。

虽然它属于非学历项目，但其挑选过程非常严格，也吸引了中亚各国最优秀的人才。一项对吉尔吉斯斯坦参与项目学生的调查显示，他们因在美国接受了大量社会改革熏陶，日后大部分都从事了公共事业，成为教师、学者、记者、科学家、技术研发人员和社区

[①]　Leyla R. Latypova, "Tracing the Success of Soft Power in the U. S. State Department's Future Leaders Exchange Program", Inquirers Journal, Vol. 9, No. 10, 2017.

[②]　Aguirre International, "An Evaluation of the FREEDOM Support Act Undergraduate Program", U. S. State of Department, Bureau of Educational and Cultural Affairs, 2003, p. 140, https：//eca. state. gov/files/bureau/fsa‐educational‐partnerships‐executive‐summary_ october‐2004. pdf.

领袖等。①

（四）埃德姆德·马斯基研究生奖学金（Edmund S. Muskie Graduate Fellowship Program）

这也是由《自由支持法案》授权、由国务院于 1992 年创建的教育交流项目，与"全球本科生交流项目"不同，它是一个非学历和学历混合项目，即为 12 个新独立国家的本科毕业生提供前往美国进行一年非学历学习、一年学历学习和两年学历学习等多种类型的资助。涵盖商业管理、经济、教育、环境管理、国际事务、新闻与大众传播、法律、图书与信息科学、公共管理、公共健康和公共政策等 11 个专业。该奖学金每年资助大约 140 人，2012 年因财政问题暂停一年，后又恢复。

2015 年美国国务院又创建马斯基实习计划，它是上述研究生项目的补充，旨在为上述国家已来到美国学习和工作的研究生及专业人士提供在美国政府机构、企业和民间组织实习的机会，以丰富他们在美国的经历，加强他们与美国社会的联系。

（五）其他交流项目

1. Tech Girls

该项计划由教育与文化事务局（ECA）公民交流办公室的青年计划部主办，主要从中东和北非以及中亚各国选拔对科学、技术、工程和数学（STEM）感兴趣的中学女生（15—17 岁），资助她们赴美进行 4 周的密集学习与访问。入选女生先在弗吉尼亚理工大学接受 2 周关于编程、网络安全、互动实验及个人发展的培训，然后参观美国的高

---

① Kevin Timlin, "The Factors Influencing the Achievement of a U. S. Governmentally Sponsored International Education Exchange Program's Objectives: Reflections of Alumni from the Kyrgyz Republic", *Doctoral Dissertation at The University of Minnesota*, 2017, p. 169.

新科技企业，与美国负责科技立法的联邦通讯委员会工作人员座谈，参加社区服务，最后在美国国务院、本国驻美使馆代表、美国科技企业代表前展示此行的学习成果。自 2019 年 7 月，项目开始在中亚招生。① 该项目受到了各国女生的热烈欢迎，入选 2020 年项目的共有来自哈国、吉国、塔国和乌国的共 24 名女生。② 此外，美国国务院资助的姐妹项目 "Tech Women" 也于 2015 年进入中亚，同样获得了较好反响。

2. 英语培训项目

语言是文化的载体，除学历教育、跨国交流等，美国也十分注重在中亚各国开展语言培训。相关项目可以分成线上和线下两类。在美国驻哈、吉、乌、土、塔五国大使馆的网站上，有为五国国民特设的英语学习资源，包括英语学习教学论坛以及线上的英语学习资料。这些资料包含了美国的音乐、电影、文学、脱口秀、游戏等内容，十分生动有趣，使观众在娱乐的过程中既能提高英语水平又能浸润美国文化。线下的英语教学，则主要由地区英语项目办公室（Regional English Learning Office，RELO）组织开展。美国在全球共设有 21 个地区英语项目办公室，由美国国务院及下属的教育和文化事务局管理，是专门通过英语教学与培训在全球开展公共外交的机构。它的具体职能是，与各国教育部、教师协会、高校、中小学和英语教学专业人士合作，通过课程开发、教材编写和教师培训等方式，提高各国英语教学质量。③ 美国在中亚的地区英语项目办公室设

---

① "Tech Girls Program Expands to Central Asia"，*U. S. Department of State*，https：// eca. state. gov/highlight/techgirls‑program‑expands‑central‑asia.

② "2020 Tech Girls Program"，https：//kz. usembassy. gov/education‑culture/opportunities/2019‑techgirls/.

③ 本部分关于地区英语项目办公室的详细资料，均来自 https：//kz. usembassy. gov/education‑culture/regional‑english‑language‑office/。

在美国驻哈萨克斯坦大使馆公共事务处下，面对中亚五国开展各种教育和文化交流计划和项目，以增进中亚各国人民和美国人民之间的相互了解。该办公室资助了大量中亚语言项目，规模较大的有英语语言研究员项目（English Language Fellow Program），该项目从美国选拔英语教学专业人员，并派遣到中亚各国的大学、教育部或其他机构工作，为期10个月。他们与中亚各国的教师及研究人员合作创建相关课程、编写教学资料、制订培训计划，为中亚学生和希望提升英语水平的民众提供更优质的学习资源和更丰富的渠道。另一个英语语言专家项目（English Language Specialist Program）则由美国学者与中亚学者合作，开展以英语为主要外语的教学（TEFL）和其他语言使用者进行英语教学（TESOL）的活动，并在当地委托机构的协助下，为中亚各国英语教师提供为期2周到4个月的教学技能培训。

3. 驻中亚使馆的其他活动

美国国务院管理或拨款的教育交流合作项目，最终都会通过美国驻中亚各国使领馆来执行。以美国驻哈萨克斯坦大使馆为例，它设有公共事务处，负责与哈萨克斯坦政府、文化学术机构和非政府组织合作，推动美与哈及中亚各国的人员和信息交流。在教育合作方面，该处在哈国6个重要城市设有美国教育交流信息咨询中心，负责在几乎所有与中亚教育合作项目有关的地区进行宣传、选拔、派出和校友管理，包括：富布莱特项目（包括访问学者项目、博士学位项目、留学生项目），胡伯特·汉弗莱奖学金项目，埃德蒙·马斯基研究生奖学金项目，未来领袖交流项目，普通教员发展项目（Junior Faculty Development Program），全球本科生交流项目，教学提升和成就项目（TEA），美国驻哈大使馆助学金项目，机会均等项目（EAP）（针对残疾人），校友机构项目（AGP）。非政府组织美国教育和语言研究合作委员会（American Council for Collaboration in Education and Language Study）在哈工作十多年，主要负责协助大使馆管理美国向哈提供的奖学金项目。1993—2000 年共有 1000 多名哈国民众参加了该项目。据美国国际教育协会统计，仅在 2010—2013 年，就有 3907 名哈国公民前往美国参加各种教育合作项目。[①] 当时哈萨克斯坦的总人口为 1700 万，可见比例不低。使馆还将在美国本土极受欢迎的青少年拼词竞赛游戏 "全国拼写蜜蜂"（National Spelling Bee）引入中亚，受到了当地民众的欢迎。[②]

表 3 - 6 所列为 2017 年美国政府与中亚五国的双边教育合作项目的参与人数。

表 3 - 6 2017 年美国政府与中亚五国的双边教育合作项目参与人数　单位：人

部门	项目	哈萨克斯坦		吉尔吉斯斯坦		塔吉克斯坦		乌兹别克斯坦		土库曼斯坦	
		赴哈	赴美	赴吉	赴美	赴塔	赴美	赴乌	赴美	赴土	赴美
国务院	富布莱特及相关项目	10	25	10	24	34	16	6	25	0	14
	全球教育项目	4	213	2	301	3	256	6	33	2	10
	国际访客领袖项目	0	82	0	39	0	27	0	41	0	23
	特别学术交流项目	4	0	5	0	0	0	0	0	0	0
国防部	国际军事教育与培训	0	12	0	32	0	67	0	8	0	0
	地区安全研究中心	0	96	0	32	0	52	0	60	0	20
	地区国防反恐奖学金项目	0	15	0	7	0	20	0	5	0	1

---

① Almaz Tolymbek, "Public Policies in the Higher Education of Kazakhstan", Research paper TSCIA, *Central and Inner Asia Studies Seminar*, University of Toronto, Vol. 8, 2006, p. 16, https：//web. archive. org/web/20170808154507id _ /http：//www. personal. kent. edu/ ~ atolymbe/public_ html/Almaz%20Tolymbek%20Home%20Page_ files/HE_ Policies_ Kaz_ AT. pdf.

② "National Spelling Bee Contest 2023", U. S. Embassy Bishkek, October 23, 2023, https：//kg. usembassy. gov/national - spelling - bee - contest - 2023/.

续表

部门	项目	哈萨克斯坦		吉尔吉斯斯坦		塔吉克斯坦		乌兹别克斯坦		土库曼斯坦	
		赴哈	赴美	赴吉	赴美	赴塔	赴美	赴乌	赴美	赴土	赴美
USAID	教育项目	0	296	0	1427	0	3714	0	41	0	85
卫生部	NIH 访问奖学金	0	1	0	1	0	0	0	0	0	0
和平队	志愿者服务项目	0	0	71	0	0	0	0	0	0	0

资料来源：笔者根据 IAWG 2017 年报告整理。详情参见 https：//iawg. gov/wp – content/
uploads/FY – 2017 – SCA – Regional – Report. pdf。

四　向中亚派遣和平队

中亚国家独立后，美国几乎第一时间派出了和平队志愿者。美国时任总统老布什在白宫玫瑰园为这些志愿者送行时发表演讲称，和平队正是被培训用于这一历史时刻的。"它体现了我们的使命，我们对和平的渴望，这种渴望没有政治和地理界线。"[1] 除了正处于内战之中的塔吉克斯坦，另外四个中亚国家都接收了和平队的大量志愿者。他们在每个国家开展的活动略有区别，比如在哈开展英语教学、教育、青年发展、艾滋病预防和社区发展等活动，在乌则有小商业发展、英语教学、农村地区妇女儿童健康改善和艾滋病防治等活动，在吉只有教育项目。1992—2005 年驻乌志愿者共 761 人，1993—2011 年驻哈志愿者共 1126 人，1993—2013 年驻土志愿者共 734 人，1993 年迄今驻吉志愿者共 1300 人。

---

[1] "Statement from Peace Corps Director Jody Olsen on the Passing of President George H. W. Bush", Peace Corp, December 5, 2018, https：//www. peacecorps. gov/news/library/statement – peace – corps – director – jody – olsen – passing – president – george – hw – bush/.

　　和平队在中亚的教育合作主要是开展英语教学项目。获得 TEFL
认证的志愿者进入中亚的初中、高中和大学，与本校英语教师组成
教学团队，提供每周 36 小时的联合教学。一方面向本校教师传授更
科学的英语教学方法，撰写更合理的课程计划，提供更丰富的教学
资料；另一方面培养学生创造性和批判性的英语思维。除英语教学
外，和平队还在各中学与大学教授数学和科学等课程，建立图书馆、
电脑培训室、青年发展俱乐部等。仅在吉尔吉斯斯坦，从 1993 年迄
今就有共 600 名 TEFL 志愿者在 200 多所中学和 15 所大学进行英语
教学活动。① 可以说，和平队为中亚教育领域的英语教学发挥了重要
作用。

　　但在十余年迅猛发展后，和平队在中亚的行动自 2005 年开始遭遇
挫折。原因之一是志愿者安全问题。2011 年，和平队停止在哈萨克斯
坦的项目，117 名志愿者在 10 天内撤离。哈萨克斯坦政府称，哈国当
前在政治与社会经济发展方面已取得巨大成就，国民收入已超过全球
平均水平，因此“和平队在哈萨克斯坦停止活动是很合理的”。和平
队也发表声明称，根据联合国发展署的人类发展指数来看，哈萨克斯
坦已成为和平队项目所在国中最为发达的国家。② 但有媒体报道，多
名女性志愿者遭遇性侵，且当地恐怖主义分子对志愿者造成人身威胁，
才是和平队在哈项目关停的真正原因。乌兹别克斯坦项目也有报道说
女性志愿者遭到骚扰或侵犯。③ 而女性志愿者在和平队志愿者中占比

　　① "Peace Corps Suspends Program in Kazakhstan", Peace Corp, November 18, 2011, ht-
tps：//www. peacecorps. gov/news/library/peace – corps – suspends – program – in – kazakhstan/？_
ga = 2. 20266360. 1520572341. 1608878892 – 1537476832. 1606471213.

　　② "Peace Corps to Withdraw from Kazakhstan", *Wall Street Journal*, November 18, 2011,
https：//www. wsj. com/articles/SB10001424052970204517204577045833015475546.

　　③ "Peace Corps Volunteer Scarred by Memories ： Central Asia： Woman Tells of Being
Raped, Robbed and Brutalized Shortly after Her Arrival in Uzbekistan", *La Times*, July 2, 1995,
https：//www. latimes. com/archives/la – xpm – 1995 – 07 – 02 – mn – 19662 – story. html.

超过 65%，这暴露了和平队将女性志愿者派往较为偏远、宗教文化迥异或者社会治安欠佳地区时考虑不周的问题。除安全问题，和平队在中亚也遇到了较大的政治阻力。2005 年 6 月，美国批评乌兹别克斯坦政府对安集延骚乱事件的处理，乌国政府立刻回击，并拒绝为签证过期的和平队志愿者提供续签，美国不得不暂停项目，并撤出 52 位志愿者。俄罗斯 2002 年关停和平队项目时，也有俄罗斯报纸指责和平队志愿者是美国政府间谍。① 2009 年，在志愿者登上前往土库曼斯坦首都阿什哈巴德的航班前不到 24 小时，土国政府通知和平队不再欢迎志愿者入境，并为境内志愿者的活动设置了若干限制，使项目于 2012 年被叫停。② 哈萨克斯坦项目关停之前，和平队内部也有报告称，哈政府对和平队提出的与当地学校合作的申请不予理会。

由于大多项目已被叫停，当前和平队在美国与中亚教育合作领域的地位已大不如前，但它在提高中亚中学与大学英语教学水平、推动中亚学生对美国教育的了解和向往方面，做出了不容忽视的历史贡献。如果说开设大学、实施"富布莱特"项目，是为了使中亚城市的知识精英接触到美国一流教育资源，那和平队的使命便是将英语、数学、科学等基础课程与美国价值观进行结合，送往中亚偏远城市与乡村。此外，它既致力于高等教育的优中选优，也注重从基础教育开始施加潜移默化的影响。2017 年，和平队派驻东欧和中亚的志愿者占其全球志愿者人数的 13%。③ 当前，和平队仍有 31 名志愿者在吉尔吉斯斯坦开展教育项目。

---

① "Russia kicks out U. S. Peace Corps", CNN, December 28, 2002, https://edition. cnn. com/2002/WORLD/europe/12/28/peace. corps/index. html.

② "The Peace Corps' Declining Role in Central Asia Kyrgyzstan Hosts the Region's Last Cadre of Peace Corps Volunteers", *The Diplomat*, October 29, 2015, https://thediplomat. com/2015/10/the – peace – corps – declining – role – in – central – asia/.

③ "2018 Factsheet of Peace Corps", Montana State University Billings, http://www. msubillings. edu/internationalstudies/pdf/peace_ corps_ prep/Fact%20Sheet. pdf.

五　资助国内中亚研究

苏联解体后，原属于苏联学（Sovietology）的中亚研究成为一个独立研究领域，并随着中亚在美国外交战略中地位的上升而快速发展。大量以中亚问题为主要研究对象的研究机构得以创建，大量研究人员开始专门从事中亚研究，以中亚和高加索这一欧亚地区（Eurasia）为研究主题的学术期刊也陆续发刊。中亚研究机构大多附属于高校和智库，研究人员则多为高校学者及学生。美国政府资助这些研究机构、项目和人员，也构成了与中亚教育合作的一部分。

美国国际研究交流委员会是美国资助中亚研究项目的主力军。有数据显示，1999—2000、2000—2001、2001—2002 三个学年，它共资助了 107 个高级研究机构，其中，为俄罗斯相关项目提供了 40 个奖学金，占总数的 37%；为中亚相关项目只提供了 12 个奖学金，占总数的 11%。但此后它对中亚研究的资助力度逐年加大，2002—2003、2005—2006 两个学年，它为中亚与高加索地区提供了 25 个奖学金，占总数的 25%，基本与俄罗斯地区持平。[①] 该委员会对短期交流项目的资助也有越来越关注中亚地区的趋势。2001 年，它为短期教育交流项目提供了 42 笔赠款，其中为美俄交流项目提供 18 笔，占总数的 43%；为美国与中亚、高加索的交流项目仅提供了 4 笔。2005 年，它的赠款下降至 29 笔，为美俄交流项目提供了 9 笔，占总数的 31%；为中亚、高加索交流项目提供了 5 笔，占总数的 17%。

美国最著名的智库与高校均设有中亚研究机构，并与中亚学界保持着密切的学术交流。智库包括卡内基国际和平研究会、华盛顿战略与国际关系研究中心俄罗斯与中亚研究项目、詹姆斯顿基金会、兰德

---

① 曾向红:《遏制、整合与塑造：美国中亚政策二十年》，兰州大学出版社 2014 年版，第 274 页。

公司等。高校包括哈佛大学、乔治·华盛顿大学、斯坦福大学、芝加哥大学、约翰·霍普金斯大学、乔治敦大学、加州大学伯克利分校、加州大学洛杉矶分校、哥伦比亚大学等。这些机构与大学频繁举办学术研究会，招收大量中亚学生，创建多个学生交流项目，还为攻读学位的学生提供大量奖学金。如美国乔治·华盛顿大学的中亚研究项目（GAP），经常就特定的议题进行跨学科讨论。在 2019 年 3—5 月，该项目先后资助了"苏联时期哈萨克斯坦的大饥荒""中亚社交媒体的兴起""后卡里莫夫时代乌兹别克斯坦的人力资本改善及社会创新""哈萨克斯坦和乌兹别克斯坦教育面临的挑战"等主题会议，邀请大量来自中亚国家（或旅美）的学者访美并在它主办的会议上做主题发言。可见，这些研究项目并非闭门造车，而是非常注重与中亚学界的交流，在议题上则倾向于中观和微观研究。[1] 笔者于 2017—2018 年在美国华盛顿特区霍普金斯大学高级国际问题研究院访学，经常参加该院下属中亚与高加索研究所，乔治敦大学外事学院欧亚、俄罗斯与东欧研究中心，战略与国际关系研究中心俄罗斯与中亚研究项目等机构举办的学术会议。一个非常直接的感受是，中亚学者及学生非常期待来美国进行交流，他们的英语水平和学术思维也完全能够适应这种国际化学术交流场合。据一位经常赴美进行学术交流的哈国青年教师介绍，他所在的国际关系学院有 90% 的教师均参加过美国资助的学术活动。此外，笔者还发现，在这些场合中表现最为优秀的中亚学者，多数毕业或就职于美国中亚大学。

六 开展军事教育合作

军事教育通常不会被纳入教育领域，但美国的国际军事教育合作

---

① 肖斌：《中国中亚研究：知识增长、知识发现和努力方向》，《俄罗斯东欧中亚研究》2019 年第 5 期。

确实与国际教育合作采用了同一路径，即影响青年、培养领袖、捍卫美国价值观与国家利益。美国通过为世界各国军队精英提供军事领域的教育、培训与交流机会，与这些精英建立相互信任、相互了解、相互认同的紧密关系，从而促使这些人将在美所学带回祖国，对祖国的军事体系进行改革。从这个角度讲，在某些特殊时刻，国际军事教育合作的实用价值可能比民间教育合作更加突出。

根据 1976 年《国际安全援助与武器出口管制法案》而创立的国际军事教育与培训项目（IMET）是美国国务院最重要的军事教育项目，它为 135 个国家的 6000 名军事人员提供相关培训，2012 年经费约 1.06 亿美元，占国务院总预算的 0.1%。2003—2013 年，美国国务院和国防部在对外军事教育项目上的总花费超过 60 亿美元。虽然只占美国军费总开支的 0.09%，但规模翻了一番。2003 年美国用于军事职业教育的资金为 4.9 亿美元，2013 年增至 7.4 亿美元。2013年后增幅有所减缓，2018 年美国为 155 个国家共 62700 名学生提供军事教育与援助，共花费 7.76 亿美元。截至 2019 年 12 月，美国陆军指挥与总参谋学院共培养了来自 165 个国家的 8300 名国际学员，超过一半学员在回到祖国后成为军队、政府或国家领导人，其中 28位成为国家元首。还有 285 位国际学员进入了该学院设立的国际名人堂，包括印度尼西亚前总统苏西洛、巴林国王哈马德·本·伊萨·阿勒哈利法。[①]

美国国际军事教育合作可以分为教育与培训两类。教育是指为现任或未来可能担任高级领导的外国军官提供有关当代国防和安全战略的教育，使他们拥有较强的指挥、决策和管理能力，并加入以

[①] "Developing Competent, Committed Leaders of Character", CGSC Foundation Overview and Program Guide, 2019, https://www.cgscfoundation. org/wp – content/uploads/2020/02/2019 – CGSCF – Overview – Program – Guide. pdf.

美国为中心的国际军事领袖网络。这类教育通常由美国最著名的六所军事学院来实施，即美国国家战争学院、艾森豪威尔国家安全与资源战略学院、美国陆军学院、美国空军学院、美国海军学院和美国海军陆战队战争学院。培训项目则为外国低层军官与士兵提供技术培训，比如反叛乱、禁毒、维和、反海盗、排雷和机械工程等。与教育项目相比，培训项目通常为美国对外军事销售（Foreign Military Sales, FMS）的补充，旨在扩大美军及美军装备在该国的影响力及效力。①

若按具体项目分，美国国际军事教育合作可分为四类。第一类为外国资助项目，第二类为国防部资助项目，第三类为国务院资助项目，第四类为混合资助项目。第一类外国资助项目是指美国向军售的客户国一同出售军事教育与培训项目，使这些国家的军事人员能够更好地使用和维护设备。2018 年，美国对外军售总额约 477 亿美元，其中"安全合作教育和培训"超过 3.83 亿美元。第二类美国国防部资助项目包括外军军事资助（Foreign Military Financing, FMF）；国际军事教育与培训项目（International Military Education and Training, IMET）；国际毒品与执法项目（International Narcotics and Law Enforcement, INL）；非扩散、反恐、扫雷和相关项目（Nonproliferation, Anti – terrorism, Demining, and Related Programs, NADR）；巴基斯坦平叛能力基金（Pakistan Counterinsurgency Capability Fund, PCCF）；维和行动（Peacekeeping Operations, PKO）；美国联邦航空管理局授权的毒品教育与培训（FAA – authorized Drawdown for Narcotics Education and Training）。第三类国务院资助项目包括阿富汗安全部队基金（Afghanistan Security Forces Fund, ASFF）；联军战备保障项目（Coalition Readiness

---

① Duraid Jalili, "The Use of Professional Military Education as a Soft – Power Asset in U. S. International Security Policy", *Strife Journal*, Special Iss. I, November/December 2015.

Support Program，CRSP）；国务院地区安全研究中心（DOD Regional Centers for Security Studies）；外国安全部队（Foreign Security Forces：Authority to Build Capacity，10 U. S. C. 333.）；全球安全应急基金（Global Security Contingency Fund，GSCF）；人道主义援助；印太海洋安全倡议（Indo-Pacific Maritime Security Initiative，MSI）；地雷行动项目（Mine Action Programs）；地区反恐与非常规作战奖学金项目（Regional Defense Combating Terrorism and Irregular Warfare Fellowship Program，CTFP）。第四类混合资助项目包括：学术交流/军校外国学生项目（Academy Exchanges/Service Academy Foreign Student Program II-9）；空军领袖计划（Aviation Leadership Program，ALP）以及其他交流；专业军事教育交流（Professional Military Education，PME）；五家地区研究中心开展的教育合作，包括亚太安全研究中心（Daniel K. Inouye Asia-Pacific Center for Security Studies，APCSS）、马歇尔欧洲安全研究中心（George C. Marshall European Center for Security Studies）、威廉·佩里国防研究中心（William J. Perry Center for Hemispheric Defense Studies，WJPC）、近东南亚战略研究中心（Near East South Asia Center for Strategic Studies，NESA Center）以及非洲战略研究中心（Africa Center for Strategic Studies，ACSS）；作战指挥部的其他教育合作。[1]

中亚独立初期，美国与中亚的国际军事教育合作较少。20 世纪 90 年代后期伊斯兰极端主义思潮开始在欧亚地区扩张，美国、俄罗斯、土库曼斯坦等国纷纷向中亚各国提供军事援助。1999 年和 2000 年"乌兹别克斯坦伊斯兰运动"（IMU）在吉尔吉斯斯坦发起袭击后，美

---

[1] "Foreign Military Training Report Fiscal Years 2018 and 2019"，Department of Defense and the Department of State，https：//www. state. gov/wp-content/uploads/2019/12/FMT_ Volume-I_ FY2018_ 2019. pdf.

国加强了对中亚的军事援助，军事教育合作日渐增加，"9·11"事件后军事教育合作更是飞速发展。美国与中亚的军事教育合作目的有三个。一是推动中亚各国军队现代化和民主化改革，使军队成为各国民族团结和政治转型的稳定器而非不稳定因素，这也是美国在中亚最重要的安全利益之一。二是培养中亚各国军队中的"明日之星"，为美国与中亚各国军方的友好互信奠定基础。① 三是提高中亚各国军队应对恐怖主义和暴乱的能力，维护国家安全稳定。2003—2013年，美国在中南亚地区的军事教育投资大幅增长，阿富汗增长了229%，巴基斯坦增长了114%，印度的增幅则达到惊人的796%，在这三个国家的军事教育投资占在中南亚地区总投资额的74%。此外，吉尔吉斯斯坦增长了179%，塔吉克斯坦增长了436%。

由于美国在不同国家和地区的利益诉求及该国家与地区自身的需求有所不同，因此美国在不同国家与地区投入不同的军事教育合作项目。下文将简单介绍美国和中亚最主要的军事教育合作项目。

地区防务反恐与非常规作战奖学金项目（Regional Defense Combating Terrorism and Irregular Warfare Fellowship Program，CTFP）是美国国防部实施的安全合作计划，旨在为相关国家提供反恐领域的教育、培训和其他支持，与这些国家迅速建立合作关系。它的对象是那些当前或未来可能参与反恐行动的中高级军官、国防部文职人员和安全部门职员。它的目标是帮助伙伴国家提高反恐能力，在战术与战略层面建立一张覆盖美国与伙伴国家反恐专家及前线人员的全球网络，帮助国防部应对新出现的反恐需求。其实施形式也比较多样，包括由美国军事教育机构提供的学历教育、地区研究中心提供的短期培训以及会议、研讨会等其他形式。当前，哈、吉、塔、乌、土五国均开展

① Olga Oliker, David A. Shlapak, *U. S. Interests in Central Asia*: *Policy Priorities and Military Roles*, The Rand, 2005, p. 48, https://www.rand.org/pubs/monographs/MG338.html.

了这一项目。

国土安全局/美国海岸警卫队项目（Department of Homeland Security/U. S. Coast Guard，DOHS/USCG）是美国海岸警卫队定期协助其他联邦机构，例如国务院和国防部，为其他国家军人提供培训和技术援助的项目，内容包括海上执法、搜救、海洋环境保护、港口安全和海洋安全。各国也可以通过对外军售项目，专门购买这一培训服务。每年美国海岸警卫队学院（USCGA）接收不超过36名外国军官攻读海洋工程、电力工程、民用工程、海洋与环境科学、管理、政府学等8个专业的本科学位。目前仅在哈国实施了这一项目。

外国军事资助（Foreign Military Financing，FMF）属于国务院的国际事务预算内的项目，即向盟国及其他友好国家提供资金，供其购买美国防务设备、服务和培训。其实质是对外军售的一种补贴。它能增加美国与其他国家的双边军事合作，提高盟友和友好国家的国防能力，提高联合行动的效率。目前仅在哈国实施了这一项目。

美国对外军售项目（Foreign Military Sales，FMS）是指美国向购买美军装备和服务的国家打包出售的军事教育与培训项目，旨在帮助各国军事人员更好地使用和维护这些设备。2018年，美国对外军售总额约为477亿美元，其中"安全合作教育和培训"超过3.83亿美元。目前在哈萨克斯坦、塔吉克斯坦、乌兹别克斯坦均实施了这一项目。

美国国际军事教育与培训计划（International Military Education and Training Program，IMET）是国务院向新兴国家与发展中国家提供的国际军事教育与培训项目。2018年，项目共向126个盟国和伙伴国家提供军事教育与培训，耗资1.11亿美元。它每年招收5000多名学生前往美国及盟国境内的150多所军校及军事机构学习，正式教学内容包括4000多门课程。学生可以参加一学年、两学年、多学年和研发四类项目。除了维护各地区的和平稳定、提高其他国家与美国展开联合行动或支持美军行动的能力，IMET 项目还有一个显著特征，即注重对参与者进行军事理念与价值观的灌输。除军事学习外，参与者还要参加一项"美国实地研究计划"，学习那些"美国民主要素"，如美国司法系统、立法监督体系、言论自由制度及人权保护政策等，并进行实地参观。它还允许参与者的家属随同赴美，组织志愿者帮助这些军官及家人适应在美生活，包括孩子入学、配偶学习英语和参与社区活动等。这个项目因此被视作美国"硬实力"与"软实力"结合的典范。① 当前，中亚五国均参与了这一项目。

地区中心（Regional Centers）是美国国防部下设的针对特定地区的军事研究机构，包括亚太安全研究中心、欧洲安全研究中心、近东南亚战略研究中心以及非洲战略研究中心等。它们在军事教育合作中的定位是促进双边与多边研究、沟通与交流，主要为伙伴国家的军官与文职人员提供在校课程、1—3 周的研讨会等。当前，中亚五国均参与了这一项目。

提高外国安全部队的能力项目（第 333 条款）（Foreign Security Forces：Authority to Build Capacity – Section 333），是美国国防部为外国国家安全部队提供培训和设备，以增强其应对恐怖主义、大规模杀伤性武器、毒品贩运活动、跨国有组织犯罪等安全威胁，展开海上和边境安全行动、军事情报行动以及符合美国国家利益的其他国际行动的能力。当前，哈、塔参与了这一项目。

军校外国学生项目（Service Academy Foreign Student Program），这是美国国防部下属三所军事学院——美国军事学院、美国海军学院和美国空军学院实施的交流计划，是美国国际军事教育合作的又一个重要组成部分。它包括短期交流计划，如和伙伴国家的军校

---

① 甄帅：《美国国际军事教育与培训计划研究》，硕士学位论文，东北师范大学，2013 年。

互派学员到对方进行一学年或一个暑期的交流；也包括学位项目，每个军校每年招收不超过 60 名外国学生攻读全日制四年制本科学位。美国国防部会为这些学生提供部分费用，其母国也会提供部分费用。

航空领袖计划（The Aviation Leadership Program，ALP）是由美国空军资助，旨在为发展中的友好国家提供每年 15—20 名本科生飞行员培训（UPT）的项目，内容包括英语培训、飞行员培训以及美国社会文化教育。根据学生的学习进度，它持续时间为一到两年。当前，哈、塔参与了这一项目。

此外，中亚各国还参加了一些属于职业培训而非正规教育的项目，比如人道主义排雷行动项目（Humanitarian Mine Action，HMA），即为各国军队中的排雷行动提供技术和管理技能培训，为民众提供防雷意识的教育宣传等；维和行动（PKO），是美国向参与符合美国利益的维和行动的相关国家提供费用报销和军事补贴的项目，每年不得超过 500 万美元。此处不予详述。

2018—2019 年美国与中亚五国的军事教育合作项目见表 3 – 7 至表 3 – 11。

表 3 – 7　2018—2019 年美国与哈萨克斯坦的军事教育合作项目

项目	2018 年			2019 年		
	学生数（人）	课程数（项）	价值（美元）	学生数（人）	课程数（项）	价值（美元）
地区防务反恐与非常规作战奖学金项目	9	9	149936	7	7	128193
国土安全局/美国海岸警卫队项目	1	1	97000	0	0	0.00
外国军事资助项目	38	30	1059782	12	24	754458

续表

项目	2018 年			2019 年		
	学生数（人）	课程数（项）	价值（美元）	学生数（人）	课程数（项）	价值（美元）
对外军售项目	79	6	77264	12	8	126768
人道主义排雷行动项目	6	2	5703	24	3	106500
国际军事教育与培训（1 年）	20	18	739956	11	18	664673
国际军事教育与培训（研发）	0	0	0.00	4	4	120969
维和行动项目	11	1	10820	0	0	0.00
地区安全研究中心	26	15	18851	0	0	0.00
提高外国安全部队能力项目	128	2	155000	20	2	0.00
军校外国学生项目	5	2	160119	1	1	79841
总计	5	2	2474431	121	63 **	1981402

资料来源："Foreign Military Training Report Fiscal Years 2018 and 2019"，Volume Ⅰ – Section Ⅲ – Part Ⅲ – Ⅴ，p. 3。

表 3 – 8　　2018—2019 年美国与塔吉克斯坦的军事教育合作项目

项目	2018 年			2019 年		
	学生数（人）	课程数（项）	价值（美元）	学生数（人）	课程数（项）	价值（美元）
地区防务反恐与非常规作战奖学金项目	23	4	76975	27	5	156306
对外军售项目	0	0	0.00	4	3	0.00

项目	2018 年			2019 年		
	学生数（人）	课程数（项）	价值（美元）	学生数（人）	课程数（项）	价值（美元）
人道主义排雷行动项目	38	2	36122	0	0	0.00
国际军事教育与培训（1 年）	1	1	3502	1	1	29178
地区安全研究中心	50	12	25018	0	0	0.00
提高外国安全部队能力项目	7	1	22620	0	0	0.00
总计	119	20	164237	32	9	185484

资料来源："Foreign Military Training Report Fiscal Years 2018 and 2019"，Volume I – Section Ⅲ – Part Ⅲ – Ⅴ，p. 4。

表 3 - 9　　2018—2019 年美国与乌兹别克斯坦的军事教育合作项目

项目	2018 年			2019 年		
	学生数（人）	课程数（项）	价值（美元）	学生数（人）	课程数（项）	价值（美元）
航空领袖计划	0	0	0.00	1	2	31556
地区防务反恐与非常规作战奖学金项目	10	6	94145	12	9	389802
对外军售项目	0	0	0.00	30	2	0.00
国际军事教育与培训（1 年）	6	4	164516	12	14	474970
地区安全研究中心	58	13	37150	0	0	0.00
总计	74	23	295811	55	27	896328

资料来源："Foreign Military Training Report Fiscal Years 2018 and 2019"，Volume I – Section Ⅲ – Part Ⅲ – Ⅴ，p. 5。

表 3 - 10　2018—2019 年美国与吉尔吉斯斯坦的军事教育合作项目

项目	2018 年			2019 年		
	学生数（人）	课程数（项）	价值（美元）	学生数（人）	课程数（项）	价值（美元）
地区防务反恐与非常规作战奖学金项目	4	3	49650	9	8	152360
人道主义排雷行动项目	8	2	7.605	0	0	0.00
国际军事教育与培训（1 年）	12	20	658328	8	10	353894
国际军事教育与培训（2 年）	0	0	0.00	1	1	14588
维和行动项目	4	2	12746	0	0	0.00
地区安全研究中心	21	9	18382	0	0	0.00
总计	49	36	746711	18	19	520642

资料来源："Foreign Military Training Report Fiscal Years 2018 and 2019"，Volume I – Section Ⅲ – Part Ⅲ – Ⅴ，p. 2。

表 3 - 11　2018—2019 年美国与土库曼斯坦的军事教育合作项目

项目	2018 年			2019 年		
	学生数（人）	课程数（项）	价值（美元）	学生数（人）	课程数（项）	价值（美元）
地区防务反恐与非常规作战奖学金项目	4	3	38002	12	11	392255
人道主义排雷行动项目	6	2	5703	0	0	0.00
国际军事教育与培训（1 年）	0	0	0.00	5	5	43660
地区安全研究中心	22	11	20770	0	0	0.00
总计	32	16	64475	17	16	435915

资料来源："Foreign Military Training Report Fiscal Years 2018 and 2019"，Volume I – Section Ⅲ – Part Ⅲ – Ⅴ，p. 5。

军事教育合作构成了美国与中亚教育合作中较少受到关注但又影响深远的一个领域。通过对中亚五国军队高、中、低各级军官及文职人员提供形式多样的教育与培训服务，美国成功地拓宽了高层官员的决策视野，提高了中层军官的战略水平，增加了低层军官与士兵的军事技能。美国军事理念与观念、先进军备与服务以及美式价值观以教育这种低调、灵活且高效的方式影响和塑造着中亚军队及社会。正因在军事教育合作中培养起来的默契，美国在"9·11"事件后快速完成了在中亚的军事基地和驻军部署，开通了从中亚通往阿富汗的后勤运输通道，同时与中亚各国军队及安全部队展开了大量的联合行动。反恐战争结束后，美国与中亚的直接军事合作减少，军事教育合作也有所缩减，但仍维持着一定规模。美国据此牢牢掌握着对中亚各国军队和中亚地区稳定的控制权。

美国前政治军事事务助理国务卿艾瑞克·纽森（Eric Newsom）称："我相信，在大多数情况下，我们无法完全理解国际军事教育与培训项目和类似产品是如何直接或间接地向外国军队受训者传播美国价值观的。当前，在军事预算大幅缩减的情况下，全球各国军队本来可能发生大量政变，但当前并未发生，一部分原因便是（他们从美国）学会了政府对军队的控制。"[①] 虽然很难将这些项目对各国政府及军队的影响进行量化估算，但 1995 年约翰·库珀（John A. Cope）研究了 IMET 项目与美国参与多场战争并获得较好结果之间的相关性。比如 1982 年英国与阿根廷在马岛战争中伤亡惨重却无法达成和议，最终靠美国高级官员与曾在美学习的阿根廷高级官员的同学情谊，协助英阿建立起非官方沟通渠道，达成了两国的停火。1993 年海湾战争时，美军与参战的海湾各国军官也沟通顺畅，因为这些军官大多在美

---

① M. A. Pomper, "Battle Lines Keep Shifting Over Foreign Military Training", *Congressional Quarterly Weekly*, January 29, 2000, p. 196.

国接受过军事训练，懂得如何与美国进行配合。① 美国国家安全局前任局长威廉·奥多姆（Willian Odom）1993 年在国会作证时还提到另一个例证，即苏联入侵阿富汗后，巴基斯坦外长建议巴基斯坦哈克总统与苏联交好，拒绝美国的援助。由于哈克总统曾在美国两所陆军大学接受过教育，结交了多位美国密友，认为美国更为可信，最终接受了美国的援助。②

七 其他教育合作

除上述系统性教育合作项目，美国还与中亚合作实施了其他一些较为零散和短暂的教育项目，比如法律教育合作。美国认为，中亚各国的司法从业人员知识陈旧，司法制度运行低效，因此一直积极地推动中亚国家升级改造司法系统，教育便是其重要手段。美国在国内或中亚各国举办了大量的培训项目，既有海外的长期交流学习项目，也有短期访问和本地培训；既有针对法官的专门培训，又有针对法院管理人员、检察官、律师等司法从业人员的培训。比如从 1997 年开始，美国国际开发署帮助塔吉克斯坦高等法院、宪法法院、塔吉克斯坦法官协会开展有关商业法和司法机构独立方面的培训，向中亚派出工作组，为各国高等教育机构中的法律学院、社会法律组织的教师提供培训，使他们掌握更现代、更系统也更西式的法律知识体系及教育理念，并传递给更多学生。此外，索罗斯基金会和开放社会基金会还通过其下设的宪法和法律政策研究所（COLPI）为中亚提供类似培训项目。③

---

① J. A. Cope, *International Military Education and Training：An Assessment*, Darby PA：Diane Publishing, 1995, p. 30.

② Lt Gen（Ret）William Odom, "U. S. Military Assistance After the Cold War", Testimony before the Senate Foreign Relations Sub - Committee on International Economic Policy, Trade, Oceans and Environment, June 16, 1993, cited in J. A. Cope, *International Military Education and Training：An Assessment*, Darby PA：Diane Publishing, 1995.

③ 张霞：《美国对中亚国家的法治改造》，《国际研究参考》2013 年第 9 期。

这些法律教育合作也带有十分浓厚的社会改造特征，受到了一些中亚国家政府与民众的抵制。千年挑战公司在中亚未实施教育合作项目，只与吉尔吉斯斯坦在 2007 年签署了 1590 万美元的合约，旨在提高吉国反腐能力，提高其法治水平。其中便有为吉国检察官培训中心、全国司法委员会提供培训材料和方案的内容。在哈萨克斯坦，美资设立的人权与法治国际署向贫困及受过培训的法律学生提供法律协助，学习人权立法等内容。

从 2003 年起，美国还实施了一些改善中亚国家基础教育的项目，其中包括推动中亚国家改革教材和课程设置，发展国民教育，加强教师培训，推广网络远程教学等。① 美国对塔吉克斯坦的援助中有一个类别称为"用资于民"，其中便有防辍学项目（2010 年 10 月至 2013 年 9 月）。它分析塔国各地儿童辍学的原因，采取有针对性的措施，预防学龄儿童辍学。美国在吉、塔两国开展了提高学龄前及学龄儿童阅读能力的"所有孩子都阅读"项目（All Children Reading，ACR）。这是 2001 年美国国际开发署帮助发展中国家应对"儿童和青年缺乏优质教育机会"问题的项目。2001—2015 年，ACR 项目援助了 41 个国家和地区的 4400 多万名学生。

另外，美国政府及私人基金会还直接向中亚教育体系提供贷款。如洛克菲勒基金会、福特基金会、索罗斯基金会等都向中亚各个大学提供资金支持。以吉尔吉斯斯坦为例，由于高等教育系统资金短缺，吉国政府引入了大量国际资本，除了美国国际开发署、索罗斯基金会之外，也有联合国教科文组织、联合国开发计划署、联合国儿童基金会、亚洲开发银行、世界银行等国际组织。②

---

① 高祖贵：《美国与中亚的关系分析》，《俄罗斯东欧中亚研究》2005 年第 2 期。
② 阿依提拉·阿布都热依木：《吉尔吉斯斯坦高等教育变革研究》，《比较教育研究》2016 年第 4 期。

通过在中亚创办大学、资助中亚学生学者赴美学习交流、派出志愿者在中亚教授英语、资助美国中亚研究、为中亚军队提供军事教育与援助等多种方式，美国已与中亚建立了全方位的教育合作关系。据不完全统计，仅在1993—2005年，美国国际开发署、农业部、商务部及非政府组织便资助了9万多名来自东欧、中亚和俄罗斯的大学生、学者、政府官员等赴美留学和交流。仅2001年，美国便从中亚国家招收了316名高中生和大学生、55名研究生前往美国高校深造。① 对中亚来说，美国是其最重要的国际教育合作伙伴。这些合作帮助中亚度过了独立后艰难的教育重建与转型，推动了中亚教育体系与国际社会接轨，促进了中亚教育水平的整体提升，也为中亚优秀青年与知识精英提供了接受优质教育和开阔个人视野的机会。当然，这些教育范畴的成果并非美国与中亚开展教育合作的全部目的，推动中亚社会民主转型、维护美国在中亚的战略利益，才是其最终指向。应该说，美国在很大程度上实现了这些目的，但也遭受了意料之外的挫折。

① 高祖贵：《美国与中亚的关系分析》，《俄罗斯东欧中亚研究》2005年第2期。

第四章　美国与中亚教育交流
合作的整体评估

　　对美国与中亚教育合作的评估将从三部分展开，即总结特色、展现成果、指出不足。特色方面，下文将结合第二章第三节第四部分关于美国国际教育合作特征的内容，既阐述美国与中亚教育合作和美国国际教育合作的共同特征，也挖掘其在美国中亚战略和中亚特殊国情影响下的独特之处。成果方面，美国通过教育合作有效维护了在中亚的各种战略利益，包括推动反恐战争、维护中亚稳定、促进中亚民主转型，它对中亚各国知识精英的观念塑造也成为美国外交上的一笔无形财富，其影响在未来可能会进一步显现。但是，强势推动民主、不顾及中亚各国需求、整体投入不足等问题，也使美国和中亚的教育合作面临着严重的危机。

第一节　美国与中亚教育合作的特征

一　以推进中亚民主化为根本导向

　　如前所述，将推广美国民主价值观深嵌于对外援助和国际教育合作议程，是美国的一贯做法。由于中亚各国曾经是苏联加盟共和国，且美国在中亚还存在与俄罗斯的地缘竞争，因此美国推动中亚民主化的意愿比在其他地区更加强烈。

冷战时期美国与苏联的教育合作，可以为研究美国与中亚教育合作提供一些启示。如果说冷战前美国通过国际教育合作传播美国价值观与文化，体现的是一种先进文化的优越感及"救世主"的使命感，那么冷战后，它则正式成为美国对抗苏联共产主义价值观传播、动摇社会主义阵营的外交与战略工具。1958 年 1 月，美国与苏联签订《文化、技术和教育领域的交流协议》（*Agreement between the United States of America and the Union of Soviet Socialist Republics on Exchanges in the Cultural, Technical and Educational Field*）。依照协定，美苏将在广播电视、文体艺术、旅游、教育等 13 个领域展开交流。在教育方面，两国将从自然科学、工程、人文科学和高等教育等领域选派四个大学专家和教师代表团，每团包含 5—8 名成员，前往对方国家交流 2—3 周。美方选派的是哥伦比亚大学和哈佛大学，苏联选派的是莫斯科大学与列宁格勒大学。随后，美苏又就学生的年度交流达成协议。1958—1988 年，包括学者、学生、科学家和工程师在内的 5 万多名苏联公民通过美苏交流计划访问美国。美国文化外交研究学者耶鲁·瑞奇蒙德（Yale Richmond）2003 年出版的著作《文化交流与冷战：铁幕拉开》基于大量的访谈和个案研究，认为这一交流计划最终为戈尔巴乔夫的改革、苏联的解体和冷战的结束埋下了伏笔。

与苏联展开教育合作进而在冷战中"不战而胜"的经验被美国移植到了中亚。推动中亚各国民主化转型一直是美国在中亚的重要战略目标之一。在美国针对中亚进行民主输出的一系列活动中，教育不是最引人注目的，却是影响最为深远的。

第一，美国将与中亚教育合作的重点置于人文社会科学领域。

虽然中亚各国独立后需要大量能源、工业、化学、计算机等科技领域人才，美国高等教育的突出优势也正在于此，但美国却将与中亚教育合作的重点放在了人文社会科学领域。美国中亚大学的学科体系明显偏重人文与社会科学。15个本科专业仅有应用地质学、应用数学与软件工程这3个理工科专业，其余均为人文与社会科学专业。研究生专业则全部为人文与社会科学领域。尤其是新闻、传播、社会、国际关系、心理学、人权等，都是蕴含浓厚西方文化与价值观的学科。"富布莱特"项目的下属项目均有指定的学科领域，虽然也包含医学、计算机、工程等学科，但绝大部分参与者来自人文社会学科。人文与社会科学学科的本质在于按照国家意志和社会发展需要，在传授知识的同时，培养学生相应的世界观和价值观，树立这些观念所需要的思维方式，同时塑造相应人格。它们因此不可避免地带有强烈的文化与意识形态特征。中亚学生和知识精英参与美国教育合作项目，学习相关人文社会科学知识，便在无形中接受了其中隐藏的美式价值观和思维方式，甚至影响了自身的人格。

第二，在各类教育交流项目中安排大量参观美国政府的行程。几乎所有项目的中亚参与者赴美后，都会被安排参观当地政府，与州长及州政府高级官员会面，甚至参观国会。对政治表现出兴趣的参与者还有机会被"开小灶"，参加专门研习美国政治体制的工作坊，充分接受关于美国制度"优越性"的思想。这均可能对参与者尤其是年轻学生造成强烈的心理冲击。大量参与者在回国后还会将在美国的所见所闻进一步传播给同学或同行，激发越来越多的人对所谓的民主自由价值观的向往。

第三，各类合作项目在选拔中亚参与者时注重挑选"未来领袖"而非专业顶尖人才。无论是对英语和学术要求较高、侧重于挑选精英的"富布莱特"项目，还是针对社会各界的其他项目，在筛选申请者时，仅把英语水平和学业表现作为标准之一，而非全部。以"富布莱特"学者项目为例，它挑选的是在业界有发言权和影响力的学者和初显锋芒的青年骨干，且这些人通常对美国较为了解，能胜任跨文化交流。"未来领袖交流"项目的对象是青年学生和高中生，它挑选"社会领袖"的倾向更加明显。最终获胜者不是英语和学业最顶尖的，而是具备"领袖"素质的人，即有较强抗压能力，善于团队合作，又展现出强烈的社会责任感。美国中亚大学更直接以培养"中亚社会领袖"、促进中亚社会转型为办学宗旨。美国认为，这些具有领袖素质的人，比英文和学习能力拔尖的人更容易接受美国价值观，有更大的动力返回祖国，有更大的可能在政府、商业和社会组织中担任高层职务，也有更强的能力改造本国社会。这一观念也被事实所验证。正如一位俄罗斯评论家所称：中亚目前的很多年轻政治精英均毕业于美国名牌大学，受过良好的西方教育，更认同西方价值观，"这将为美国今后深入影响中亚局势提供一个更为坚实的平台。"①

二　以民间组织与私人基金为合作主力

社会力量和私人基金会对美国国际教育合作乃至美国整个公共外交领域的贡献已无须再强调。在美国与中亚的教育合作中，同样有大量私人基金会在发挥作用，存在感最强、作用最突出的是由美国金融家索罗斯创办的"开放社会基金会"。

该基金会成立于 1979 年，其理念是通过培育"活跃开放的公民社会"，从而强力推进欧亚地区新独立国家的社会转型与民主化进程。它下设的"欧亚项目"则大力宣扬要在哈萨克斯坦、吉尔吉斯斯坦、塔吉克斯坦、亚美尼亚和乌克兰等国推动当地的公民社会创建、人权维护和言论自由等。它的主要活动包括维护人权，捍卫民

---

① ［俄］米哈伊尔罗·斯托夫斯基：《外部势力不断介入，美俄土都想当中亚老大》，《环球时报》2003 年 12 月 8 日第 12 版。

主活动的空间；打击腐败；培育社区领袖，保护边缘群体的权益；加强独立媒体，维持多元信息空间；创建和维护本地公民及学术界参政的平台。当前，该项目下运行的几个项目，包括抗击新冠疫情项目、推动互联网信息自由传播的"数字信息项目"、加强社会信息公开化的"透明项目"、促进司法独立的"司法体系改革项目"、培育公民记者的"独立记者项目"以及教育项目。教育项目包括三类，即"包容性教育""早期儿童及教育"以及"奖学金"与"高等教育项目"。包容性教育是针对残疾人、孤独症患者等特殊人群的教育项目，"早期儿童及教育"则主要针对学龄前儿童，均属于教育援助的类型，此处不予详述。

"奖学金项目"与美国在中亚的教育合作导向是完全一致的。从目标来看，它谋求资助受到"政治压迫"的学者与学生前往国外留学或交流，以获取引领祖国社会变革的学术与专业能力，简单而言就是培养"社会变革领袖"。从地域来看，它优先考虑资助的不是最贫困和需要教育援助的地区，而是那些"学术自由和人权受压制"的国家的公民。从重点领域来看，它资助的人主要来自中亚各国的人文与社会科学领域，每年共 300 个名额，包括学位和非学位教育。自 20 世纪 80 年代后期以来，该项目已为欧亚地区提供了 15000 多个名额的资助。

相比奖学金项目，"高等教育项目"的活动更成体系。它直接与各国的大学合作，意图培养学生的批判性思维、宣扬"多元化意识和公民意识"，从而建设一个"开放的社会"。最重要的活动包括自 20 世纪 90 年代初以来，与中亚及欧亚地区 50 多所大学合作，为学生开设课程、举办讲座和培训、组织暑期活动，主题均与公民意识和社会开放有关。[1]

---

[1]　关于开放社会基金会的资料，均来自 https：//www.opensocietyfoundations.org/。

当前，该基金会为哈萨克斯坦、吉尔吉斯斯坦和塔吉克斯坦三国提供了数百个名额的奖学金，资助在其看来具有"社会改革领袖"素质的高校学生和学者前往欧洲和美国学习。在吉尔吉斯斯坦，奖学金项目和高等教育支持项目共同为美国中亚大学提供资助，美国国务院和开放社会基金会的资助占该大学运行费用的60%。[①]

开放社会基金会虽然是私人基金会，有独立的预算及活动原则，但它的目标与美国政府完全匹配，在与中亚的教育合作上也是如此。它重视人文与社会科学领域的合作，选拔资助者时注重其"领袖"素质而非专业能力，其最终目标是通过教育合作来培养"社会改革领袖"，从而干预中亚各国改革进程、引导其走上美式发展道路。但它没有官方背景，活动相对不易引发警惕与反感；且财力雄厚，在政府拨款发生迟滞、缩减甚至取消时可以维持相关教育合作的进行，使美国与中亚的教育合作得以在更大范围、更多层面以更多形式开展。

三　重视教育合作项目的全周期管理

从管理学角度看，任何项目都应包含前期的调研与规划，中期的实施和监管，以及后期的评估和反馈。后期的评估和反馈看似已不属于项目主要内容，实际上对总结经验教训、提升未来其他项目的实施水平具有极为重要的作用。美国几乎所有公共外交项目都运用了这种科学管理方法，与中亚的教育合作也是如此。

在项目的监管和评估方面，和平队的做法十分具有代表性。虽然在进入中亚时，和平队已在全世界活跃了四十余年且积累了丰富经验，

[①] "Kyrgyzstan: American University Grapples with Broken Government Promise", *Eurasia Net*, March 7, 2012, https://eurasianet.org/kyrgyzstan - american - university - grapples - with - broken - government - promise.

但它对于如何在中亚、东欧等地开展活动仍展开了大量前期调研，在实施过程中十分谨慎。1994 年，美国国会委托专家对和平队在东欧、中亚等地区的独立国家的工作成果进行评估。专家对比了和平队在波兰、保加利亚、俄罗斯和乌兹别克斯坦四个国家的政策制定、项目实施及优缺点。① 他们认可和平队对这些国家的社会转型、民众生活及民众对美国印象所做出的贡献，但同时指出，由于项目设计不够完善、落实力度不够、工作人员能力不足及对志愿者的支持与培训不够周全等原因，这些项目的实施成果低于预期。此外，和平队每年还要对全球所有志愿者进行年度调查，以了解他们参与和平队的原因、当前工作进度、对工作的满意度及面临的困难等，据此对后续工作进行调整和完善。② 美国与中亚的其他教育合作项目均有非常严格的定期评估、调查和审核制度，以确保及时收集项目参与者的相关意见，纠正项目中存在的问题，调整后续实施细则，确保项目实施完全符合美国国家利益的需要。

　　项目资料的高透明度和公开性也是美国与中亚教育合作中值得称道的。美国移民和海关执法局创建了"学生和交流访问者信息系统"（SEVIS），将所有参与美国教育合作项目的 F、J、M 类签证持有者的身份信息都录入系统。它涵盖了美国所有教育合作项目全体参与者的元数据，可以直观展示美国国际教育合作的全球布局及不同阶段的变化。美国国务院网站则配置了功能强大、操作简易的搜索引擎。申请者只需要根据自己的身份，选择"美国公民"或"非美国公民"项

---

① "Peace Corps: New Programs in Former Eastern Bloc Countries Should Be Strengthened", Letter Report, December 19, 1994, https://www.govinfo.gov/content/pkg/GAOREPORTS - NSIAD - 95 - 6/html/GAOREPORTS - NSIAD - 95 - 6.htm.
② 和平队对中亚各国志愿者的完整年度调查报告参见 https://www.peacecorps.gov/a-bout/open - government/reports/? search_ text = annual%20volunteer%20survey&list = open - gov - reports&countries = 88&countries = 93&countries = 190。

目，便能获得美国国务院针对这两类人的全部教育交流项目信息。再输入个人的详细信息，比如国籍、学历、希望交流的时长等，便能获得更有针对性的项目列表。"富布莱特"项目的网站则能查到自项目实施以来70余年所有参与者的信息，包括姓名、国籍、参与项目名称、在美学习学校等。申请者很容易便能查询到往届参与者的信息，大致了解本国每年的录取情况，研究者也可以通过数据直观看出美国和不同国家及地区之间的交流密切程度和历年变化曲线。项目管理者则能据此对每个项目的规模、参与者的地区分布等情况进行宏观掌握和灵活调整。

美国在项目结束后对校友的组织与管理也颇具特色。负责国际教育合作的专家认为，国际教育交流合作不能因项目的完成而终止，而是可以通过校友网络（Alumni Networking）持续终身，这需要项目管理方的刻意设计与精心组织。因此，美国一直致力于创建校友组织，将项目结束后返回祖国的参与者们凝聚到一个共同体之内，使这群观念相似、经历相似的精英可以交流赴美心得体会，分享就业资源，彼此强化在美习得的价值观与生活习惯，构建一种社会关系网，继而影响周边其他人。[1] 2001年，美国国务院教育与文化事务局专门创建了网站 Alumni. State. Gov，成为东南欧和欧亚地区美国教育合作项目参与者的校友联络基地。"未来领袖交流项目"专门有以项目发起者、美国国会议员布拉德利·赫拉德命名的校友网站，定期举行交流会、就业咨询会及其他联谊活动，中亚各国的参与者都活跃其中。在2012年项目举行的"FLEX面孔"摄影大赛中，一、二、三等奖由俄罗斯、土库曼斯坦和塔吉克斯坦的参与者获得。[2] "富布莱特"

---

[1] Leyla R. Latypova, "Tracing the Success of Soft Power in the U. S. State Department's Future Leaders Exchange Program", *Inquirers Journal*, Vol. 9, No. 10, 2017.

[2] "The Faces of FLEX", U. S. Department of State, August 23, 2012, https://eca. state. gov/gallery/faces – flex.

项目的校友组织工作也非常细致。1977 年创建的"富布莱特联合会"
（Fulbright Association）当前已在全球建立了 65 个分支，其中有 2 个位
于中亚。[①]

　　美国与中亚开展教育合作时还有一些比较独特的做法，比如运用
外交战略中的一种重要手段，即结盟。这里所称"结盟"并非通过正
式协约组成正式同盟，而是美国试图扩大在中亚教育领域的影响力，
但自身行动又受到种种限制时，会资助第三方与中亚教育合作，间接
实现自身诉求。比如它资助了联合国教科文组织在中亚开展的一系列
基础教育合作项目。土耳其与中亚存在语言和宗教文化的近源性，在
教育合作时拥有诸多其他国家不具备的便利条件。因此，美国也一直
支持土耳其创建针对中亚国家的突厥语新闻和社交网站，还资助中亚
学生赴土耳其留学等。

第二节　美国与中亚教育合作的成就

　　评估教育合作成果是专业性极强、工程量极为浩大的工作，因为
参与者的感受、日后的事业发展、合作成果对两国关系的促进等关键
因素均很难用统一标准进行测量。但毋庸置疑，与中亚的教育交流合
作基本实现了美国最看重的两大目标。

一　维护了美国在中亚的战略利益

　　从国际关系角度看，贯穿美国中亚战略始终的轴线是通过援助、
合作和干预等多种手段，谋求介入、改造和操纵本地区国家，进而遏
制地区战略对手的实力提升。事实证明，经过周密的设计、细致的实

---

① "Fulbright Alumni"，U. S. State Department，https：//eca. state. gov/fulbright/fulbright -
alumni.

施和有效的反馈等多个环节，美国与中亚的教育交流合作，与政党发展、选民教育、司法体系改革、媒体和公民组织发展一道，成为美国向中亚输出民主、推动中亚各国社会转型的重要力量。

"9·11"事件前，美国在中亚的战略利益尚不明确，但它已通过教育合作与中亚各国建立并保持了有效联系，使在苏联治下多年的中亚各国社会精英及优秀青年迅速接触到西方价值观，加速了处于社会转型期的各国"向西转"的趋势。美国作为一个外来者和后来者，因而在中亚获得了与俄罗斯进行博弈和竞争的资本，为美国后来实施更全面的中亚战略奠定了坚实基础。1999年2月，美国与乌兹别克斯坦建立双边委员会，随后乌宣布退出俄罗斯主导的《独联体集体安全条约》。同年4月，乌兹别克斯坦与乌克兰、格鲁吉亚、阿塞拜疆、摩尔多瓦组建了具有反俄倾向的"古阿姆"集团。教育合作虽不是这些事件发生的直接原因，但从长远来看，发挥了不可替代的作用。美国国际开发署在实施教育援助项目时，设有政治与技术两个层面的目标。政治层面是与受援国建立友好关系以维护美国的战略利益，技术层面则是提高入学率、教学质量和促进社会发展。一个项目可以在技术上非常成功，在政治上无所作为；同样也可以在技术上充满瑕疵却获得丰厚的政治回报。① 美国在大量教育合作项目中均要求参与者在项目结束后必须返回祖国，不得申请美国居留权和公民身份。也就是说，在美国看来，这些参与者推动本国改革对美国产生的价值，远远超出他们作为杰出人才在美国的贡献。

"9·11"事件发生后，基于通过教育、援助及其他合作建立的友好关系，中亚为美国反恐战争提供了大量的支持，包括允许美国在中

---

① David W. Chapmana, Jessica Jester Quijada, "An Analysis of USAID Assistance to Basic Education in the Developing World, 1990 – 2005", *International Journal of Educational Development*, Vol. 29, Iss. 3, 2009, p. 277.

亚各国驻军、建设军事基地、经各国国土及领空为美军提供后勤运输、参与美国主导的反恐行动等。双方军队在此过程中的配合度较高，这与中亚军队大量官兵曾接受美国教育与培训有一定关系。而 2005 年席卷中亚各国的"颜色革命"，则被视为美国不断推动中亚民主化的直接结果。此时正值美国与中亚关系最为密切之际，双方的教育合作正如火如荼地开展。学者发现，2005 年吉尔吉斯斯坦"郁金香革命"中的反对派领导人捷克巴耶夫和奥通巴耶娃均在 2004 年参加了美国国务院国际访客领袖项目，并近距离观察了 2004 年美国总统选举过程。他们都公开表示，美国的民主援助对他们的努力很有帮助。① 而在对"颜色革命"报以同情和支持的中亚知识精英与年轻学生中，大多要么曾经参与过与美国的教育交流合作项目，要么十分向往这些项目。2020 年 10 月 6 日，吉尔吉斯斯坦首都比什凯克爆发大规模抗议活动，造成 1 人死亡，590 人受伤。美国中亚大学（AUCA）的若干学生也参与其中。②

虽然"颜色革命"与其他政权更迭事件的结果并未如美国预料的由亲西方政权取代亲俄政权，但这些事件的发生充分展现了美国向中亚输出与渗透价值观的能力，教育合作的作用不可小觑。当然，这种大张旗鼓的价值观输出行为在中亚引发了强烈反弹，迫使美国随后降低此前的价值观输出强势态度，但这一战略目标并没有改变，而是转入更隐性的层面并持续推进。

二　奠定了美式教育在中亚的地位

从教育学视角来看，与中亚的教育交流合作，使美国教育体系

---

① Jim Nichol, "Coup in Kyrgyzstan: Developments and Implications", Congressional Research Service, April 14, 2005. https://fas.org/sgp/crs/row/RL32864.pdf.

② 曾向红：《丝路新观察专稿：中亚"民主岛"将出现第三次"革命"?》，腾讯网，https://new.qq.com/omn/20201006/20201006A0C7AJ00.html。

成为中亚教育领域的重要参与者。如前所述，中亚各国此前属于苏联教育体系的组成部分，苏联解体后中亚五国与俄罗斯教育体系概出同源，因此俄罗斯与中亚发展教育交流合作，在教学语言、教育内容和教育思想等方面拥有其他国家无可比拟的优势。土耳其则凭借宗教文化优势，在中亚教育领域迅速占有了一席之地。美国与中亚既无历史渊源，也无文化亲缘，仅凭借优质的教育资源、全面的教育合作计划和细致的落实行动，在中亚的教育领域实现了从无到有、从弱到强的跨越。

通常意义上的国际教育交流合作多以高等教育合作为主要内容，但美国一直坚持高等教育与基础教育并重的原则，在中亚也不例外。美国与中亚的教育合作项目既有学龄前教育和基础教育项目，也有高等教育项目；既有面对中亚社会大众的阅读推广、英语教学和技能培训等单项项目，也有与教育系统的制度性合作；既有美国政府主导的官方合作，也有社会组织及私人基金会实施的民间资助和交流；既有美国教育资源向中亚的输出，也有中亚学生向美国的流动。因此，项目类型非常多样，覆盖面非常广泛，对中亚教育体系的影响也十分深远。以美国中亚大学来讲，它的招生规模、学科体系完整度与中亚其他著名高校相比，均不占优势。但由于教学模式、教学质量向美国一流高校看齐，它在中亚拥有很大影响力，在吉尔吉斯斯坦高校中排名第一，同时吸引了周边国家的大量优秀生源。独立不到十年的2000年，哈萨克斯坦100名高中毕业生在接受问卷调查时表示，他们已不再把俄罗斯当成最向往的留学地，而希望前往英国、美国、捷克、土耳其和日本留学。[①] 随着中亚各国去俄化改革的推进，英语虽然不能

---

① Dmitry Poletaev, Botagoz Rakisheva, "Educational Migration from Kazakhstan to Russia as an Aspect of Strategic Cooperation Within the Customs Union", *EDB Eurasian Integration Yearbook*, 2011, p. 203. 曾向红、杨恕：《中亚各国国家民族的构建：以塔吉克斯坦为例》，《国际政治研究》2006 年第 2 期。

完成取代俄语，但已成为当前中亚各国高等教育中的主要语言，被中亚各国视为参与全球经济竞争的最重要技能。哈萨克斯坦教育部在2004年9月颁布政策，规定所有中学的教学都使用三种语言进行，即俄语、哈萨克语和英语。[①]

"美国政策资助下国际交流与培训跨部门工作小组"2019年报告显示，美国本年度在阿富汗、孟加拉国、不丹、印度、马尔代夫、尼泊尔、巴基斯坦、斯里兰卡和中亚五国等13个国家所属的中南亚地区共投入教育合作与培训项目经费共2.3亿美元，虽然比2018年的5.7亿美元少了一半，在美国全球教育合作与培训项目经费总额中的比例也从2018年14.7%减至8.4%，交流人数却比2018年大幅攀升。其中，参与美哈交流的美国公民为134人，哈国公民为4258人。参与美吉交流的美国公民214人，吉国公民为24505人。参与美塔交流的美国公民为77人，塔国公民为1144人。参与美乌交流的美国公民为133人，乌国公民为1519人。参与美土交流的美国公民为22人，土国公民为3993人。当然这些数据涵盖了所有的国际交流和培训项目，比如艺术家与运动员、政府官员、企业代表、媒体精英甚至宗教人士的交流等，但其中纯教育交流的，位于教育、外语和区域文化研究、社会科学、科学与数学这4个条目下的仍占大多数。[②]

虽然美国并未将教育合作当成从中亚各国吸纳人才的主要渠道，但中亚各国仍有大量知识与技术精英通过这些合作机会前往美国。当前，美国与加拿大的哈萨克斯坦移民主要分为两部分，一部分是苏联解体前移民的物理学家、生物学家、化学家、艺术家和各领域

---

① Bolormaa Shagdar, "Human Capital in Central Asia: Trends and Challenges in Education", *Central Asia Survey*, Vol. 25, No. 4, 2006, p. 526.

② 数据整理自美国政策资助下国际交流与培训跨部门工作小组2018年和2019年年度报告，详见工作小组官方网站 https://iawg.gov/reports/annual - reports/。

的专家，① 另一部分便是参了美国的教育合作项目后，再寻求其他机会移民美国的各行业精英。

第三节　美国与中亚教育合作的缺陷

虽然成功跻身为中亚教育领域的主要参与者，且凭借教育合作不断推进在中亚的各项议程，但美国与中亚的教育合作也遭遇了大量阻力，存在诸多缺陷。其中最突出的，是美国输出民主价值观的意图引发了中亚各国的警觉与抵触。此外，中亚在美国国际教育合作版图上仍处于边缘位置，美国在中亚整体投入较少，也造成了许多问题。

一　强烈政治意图引发中亚各国抵触

中亚各国独立后，社会与思想转型主要体现在三个方面：一是摒弃苏联的共产主义世界观与价值观，二是积极吸纳西方价值观，三是树立以主体民族文化为核心的国家价值观。从第二方面和第三方面可以看出，中亚各国在吸纳西方价值观时并非全盘接纳，而是对其中有利于国家发展且与本民族价值观没有根本冲突的部分进行"有选择地采纳"②，比如个人自由、言论自由、多党制和三权分立等。③ 中亚国家多位领导人多次抨击过所谓的"西方民主"，强调西方价值观一定要与本国传统相互融合。乌兹别克斯坦总统卡里莫夫就曾提出："我们传统的价值观同现代民主社会价值观相结合，才是我们

---

① Rakisheva B., "The Structure of Kazakh Diaspora in the USA", *Mezhdunarodnye Issledovaniya. Obshestvo. Politika. Ekonomika*, Vol. 1, No. 6, 2011. Cited from Dmitry Poletaev, Botagoz Rakisheva, *Educational Migration from Kazakhstan to Russia as an Aspect of Strategic Cooperation Within the Customs Union*.

② 曾向红：《美国对中亚事务的介入及中亚国家的应对》，《国际政治研究》2015 年第3 期。

③ 赵常庆：《中亚五国新论》，昆仑出版社 2014 年版，第 43 页。

未来繁荣的保证，才是我们社会同国际社会一体化的保证。"①

在进行国际教育交流合作时，中亚各国也保持着较强的"教育主权"观念。它们愿意接受欧美国家提供的教育援助，也乐于与他们展开全方位交流，但并不愿意放弃本国在教育上的独立探索，更拒绝全盘西化。哈萨克斯坦教育部负责中学教育的官员曾经表示，哈政府希望成为一个发达国家，而不是被视为一个"落后"国家。他说："国际援助机构帮助我们达到了（社会发展的）国际标准。但我们与它们之间的互动是互利的，我们希望成为世俗文明的现代国家，而不是阿富汗或阿尔巴尼亚。"②

但美国在与中亚交往时忽视了中亚各国的主权意识，这也成为双方关系中的主要症结。以援助为例，美国在中亚各国独立后便开始提供经济、技术、军事与教育援助，却始终附有大量政治条件，要求各国推动民主改革、开放市场经济等。③ 独立初期，中亚各国由于急需外界援助，并未就此表达异议。但在"颜色革命"后，此前积累的不满情绪大面积爆发。2005 年，乌国以干涉本国内政为由，相继停止了联合国难民高级事务署、欧亚基金会、自由之家等多个由美国资助的国际组织在乌国的活动；开放社会基金会的多个项目也被叫停。土库曼斯坦则进一步加大对外国非政府组织在其国内行为的管控力度。

中亚各国对美国的教育合作项目也采取了一些"反击"措施。以美国中亚大学的发展为例。1998 年，美吉政府签署办学协议时，

---

① ［乌兹别克斯坦］伊斯拉姆·卡里莫夫：《临近 21 世纪的乌兹别克斯坦：安全的威胁、进步的条件和保障》，王英杰译，国际文化出版公司 1997 年版，第 118 页。

② Jazira K Asanova, *International Assistance to Educational Development of Kazakhstan: Donor - Recipient Interactions*, Doctoral Dissertation, Hofstra University, 1999, p. 170.

③ Jim Nichol, "Central Asia: Regional Development and Implication for the U. S. ", *Congressional Research Service*, March 21, 2014, p. 58, https://www.everycrsreport.com/files/ 20130531_ RL33458_ dc1e9441a4714cee311e2f4b03c07e87522c9e5f. pdf.

吉尔吉斯斯坦承诺将美国中亚大学安置于比什凯克市中心一栋苏联建筑内，并免除 30 年租费。但 2009 年夏天，巴基耶夫总统便要求美国中亚大学搬出这栋建筑。同年 11 月，吉国国家资产部一位官员宣布，美国中亚大学作为"商业性大学"，应向吉国政府支付每年约 13 万美元的房屋租赁费。吉国政府多名官员附和，认为美国中亚大学不交租费有违商业原则。随后，美国中亚大学为缓解这一冲突，在比什凯克郊区新建校区。①

中亚曾是和平队志愿者最活跃的地区之一，但从 2005 年开始中亚各国陆续叫停了项目，目前只有吉尔吉斯斯坦仍在实施。虽然和平队宣称停止活动的原因是该国已发展到了不再需要和平队帮助的水平，但据媒体分析，更深层原因一是志愿者的人身安全受到威胁，二是中亚各国担心和平队的活动受到美国政府的操控、充当美国输出价值观的工具。

双方的军事教育合作也受到了越来越多的抵触。美国战争学院的哈萨克斯坦军事问题专家罗戈·麦克德莫特（Roger N. McDermott）说，中亚各国军队官兵在北约国家接受教育和培训后回到岗位，极有可能受到上级的排斥和忽视。他警告美国决策者："哈萨克斯坦的确希望得到西方资本，但让哈萨克斯坦完全倒向西方，则是一厢情愿的想法。"② 开放社会基金会资助的一份研究报告显示，由于格鲁吉亚军方曾与美国展开大量教育合作，因此在所谓"玫瑰花革命"期间，未能尽职地捍卫政权，使总统谢瓦尔德纳泽不得不黯然下台。这引发了

---

① "Kyrgyzstan: American University Grapples with Broken Government Promise", *Eurasia Net*, March 7, 2012, https://eurasianet.org/kyrgyzstan – american – university – grapples – with – broken – government – promise.

② Roger McDermott, *Kazakhstan's Defense Policy: An Assessment on the Trends*, Carlisle, PA: Strategic Studies Institute of the U. S. Army War College, February 2009, p. 40. https://www.globalsecurity.org/military/library/report/2009/ssi_ mcdermott. pdf.

中亚各国领导人的警觉，尤其是吉、土和乌三国，对派出年轻官兵参与和美国及北约的军事教育合作越来越谨慎。"在过去五年中，很多前往美国圣安东尼奥参加英语培训的乌兹别克斯坦学生擅自离开队伍，一些人还向美国寻求政治避难。自 2005 年起，卡里莫夫总统取消了前往乌国境外进行军事培训的所有项目，以确保年轻官员不受西方思想的影响。"①

为了换取中亚在阿富汗战争中的全力合作，美国在"颜色革命"后放缓了在中亚国家推进民主化的步伐。2010 年发布的《美国国家安全战略报告》虽然依旧提出要促进民主和人权，但强调"美国不会将任何一种政府形式强加到另一个国家"。这可以看作美国对此前强力输出民主价值观的战略所做的调整。但应看到，美国只是放缓而不是放弃这一意图。优先考虑眼前利益，并不代表美国放弃了长远利益，而美国在中亚的长远利益之一，正是民主化改革。② 虽然双方的教育合作在奥巴马执政时期有所恢复，但中亚各国对美国的不信任感依旧存在，这也妨碍了美国在中亚教育领域的进一步发展。③

二　整体投入不足导致竞争力有限

从中亚各国独立到 2001 年 9 月，中亚一直处于美国外交战略版图的边缘地带。美国每年向俄罗斯和乌克兰提供的援助远超向中亚各国提供的援助。1992—2010 财年，美国向中亚地区的援助总额为 57 亿

---

① Joshua Kucera, "U. S. Military Aid to Central Asia: Who Benefits?", *Open society Foundation Occasional Paper Series*, No. 7, 2012, https://www.opensocietyfoundations.org/uploads/811a2e90 - cbe9 - 490e - 9aa6 - dea12976eff3/OPS - No - 7 - 20121015.pdf, p. 25.

② 朱永彪:《美国中亚政策与中美关系——"美国中亚政策与中美关系研讨会"来稿选辑》,《和平与发展》2010 年第 6 期。

③ Joshua Kucera, "U. S. Military Aid to Central Asia: Who Benefits?", *Open society Foundation Occasional Paper Series*, No. 7, 2012, https://www.opensocietyfoundations.org/uploads/811a2e90 - cbe9 - 490e - 9aa6 - dea12976eff3/OPS - No - 7 - 20121015.pdf, p. 25.

美元, 仅占向欧亚地区援助总额的 14%。"9·11"事件后, 美国在 2002 年对中亚的援助金额便猛增至 5.84 亿美元, 达欧亚地区援助总额的四分之一。随后, 美国对中亚的援助经历了数次起落。美国前总统小布什提出要逐步取消对哈萨克斯坦的经济援助, 且限制对乌兹别克斯坦的援助。美国对中亚的援助在绝对数额和百分比方面与对南高加索地区的援助相近, 有时甚至更少。奥巴马政府又在 2009 年将对中亚的援助增加到 4.945 亿美元, 且在 2010 年和 2011 年均表示把对塔、吉的援助列为优先事项, 因为塔是美国"在阿富汗军事行动的前线"。[1] 2014 年美国宣布从阿富汗撤军, 对中亚的援助再次经历骤降, 特朗普政府在中亚实行全面的战略收缩, 一直持续到拜登政府上台。

在教育领域, 美国对中亚的整体投入也显得不足。开放社会基金会专门以欧亚地区新独立国家为资助对象, 但在中亚的投入还不到其对外总资助金额的五分之一。美国中亚大学当前只有两千名学生, 韦伯斯特大学则更少。尽管这些学校与项目的知名度较高, 辐射能力较大, 但整体办学规模远小于俄罗斯, 面对欧盟也不占优势。随着中国与中亚教育交流合作的崛起, 美国这一劣势可能进一步加大。但近年来, 美国不断夯实"C5+1"机制, 尤其是 2022 年又打出"价值观外交"旗帜, 美国与中亚的教育合作规模有可能进一步提升。依托"C5+1"机制创建了多个全新的教育合作项目。其中最受欢迎的是青年理事会 (Youth Council Program)。它是"C5+1"机制中专门面向中亚和阿富汗大学生的综合性项目, 除提升其英语水平、培养批判性思维, 还着力提升这些学生的领导力, 最终目标是"向他们介绍并帮助

---

① Jim Nichol, "Central Asia: Regional Development and Implication for the U.S.", *Congressional Research Service*, March 21, 2014, p. 57, https://www.everycrsreport.com/files/20130531_ RL33458_ dc1e9441a4714cee311e2f4b03c07e87522c9e5f. pdf.

他们参与美国在该地区的外交政策优先事项，有助于他们与同龄人就整个地区的热点问题进行互动"。美国国务院为项目提供经费，资助力度很大，每个项目每年可获 9 万—12 万美元的资助。①

还有一个为"C5 + 1"英语开放网络项目（C5 + 1 Opening Networks Through English），它聚焦于英语培养，将派出 1000 名英语教育的专业人员，为中亚各国政府、各类组织及企业中的雇员提供入门及进阶的英语培训，以增强他们"与美国专业人士及美国的联系"② 2022 年美国国务院负责南亚和中亚事务的助理国务卿唐纳德·卢密集访问中亚五国，也与各国落实了多个教育合作计划，尤其在访问土库曼斯坦时，他宣布双方将恢复共资助 920 名土国学生、因新冠肺炎疫情而暂停两年的"未来领袖"交流计划（FLEX）。在回答是否有计划未来在土国开设美国高校的问题时，唐纳德·卢说："多年来，我们一直支持土库曼斯坦的英语项目，资助大学生交流。现在，我们正资助一个邀请美国英语语言和经济学教授到土国际人文与发展大学交流的项目。我们的目标不是专门开设一所美国大学，而是提高该国高等教育机构的能力。"③ 2023 年 1 月，美国国务院发言人内德·普赖斯在介绍 2023 年美国在中亚政策的主要方向时称，除了经贸投资外，美国还将在专业交流、教育和英语教学、医疗保健、核武器不扩散和安全、独立公民社会和大众媒体能力建设、区域贸

---

① "Implementation of C5 + 1 Youth Council Program", Highergov, July 16, 2023, https：// www. highergov. com/grant - opportunity/implementation - of - c5 - 1 - youth - council - program - 347829/#description.

② "American Councils Announces Launch of C5 + ONE Program", American Councils for International Education, May 9, 2023, https：//www. americancouncils. org/news/announcements - featured - content/american - councils - announces - launch - c5one - program.

③ "Assistant Secretary Donald Lu Visits Kazakhstan, Turkmenistan, and Uzbekistan", Caspian Policy Center, Nov 22, 2022, https：//www. caspianpolicy. org/research/security - and - politics - program - spp/assistant - secretary - donald - lu - visits - kazakhstan - turkmenistan - and - uzbekistan.

易和能源安全等领域，加强与中亚各国政府和人民的合作。教育排位显然十分靠前。因此，随着美国不断加强与中亚地区的多边与双边联系，有必要密切关注美国与中亚的教育合作趋势和可能随之而来的新增长期。

三　中亚配套能力薄弱影响教育交流合作可持续性

可持续性是指一个行为或系统持续存在的能力。教育合作的可持续性是指即使某方停止投入资金，项目本身仍可以靠其他资金渠道得以持续存在及运转的能力。[①] 美国国际开发署曾专门调查过 1990—2005 年在洪都拉斯、马拉维、南非、玻利维亚、埃塞俄比亚、乌干达、赞比亚等发展中国家开展的基础教育援助项目的可持续性。大量项目工作人员认为，一旦失去外部资金援助，这些项目很有可能无以为继。原因是多样的，包括受援国政府无力支付这些项目所需要的资金、受援国对这些项目尚未形成比较明确的所有权意识、受援国政府管理能力低下、项目运营主要依靠外国工作人员而未与当地教育主管部门形成有效对接和协调等。[②]

中亚也存在这些情况。独立初期，各国经济形势低迷，用于教育领域的开支在整个公共财政中所占比例偏低，维持现有教育体系已捉襟见肘，再无余力投入美国发起的合作项目中。此外，发展中国家在与发达国家进行教育合作时，通常会对对方抱有较高期待，希望对方全权负责出资、管理和服务等。中亚各国与美国合作时，责任意识和

[①] Grace Akukwe Nkansa, David W. Chapman, "Sustaining Community Participation: What Persists After the Money Ends?", *International Review of Education*, Vol. 52, No. 6, 2006, p. 510.

[②] Grace Akukwe Nkansa, David W. Chapman, "Sustaining Community Participation: What Persists After the Money Ends?", *International Review of Education*, Vol. 52, No. 6, 2006, p. 522.

参与程度也较低，只愿为其提供政策许可、场地设施等基本配套，其他活动均在美国的主导下完成。几乎所有访问交流项目的经费都由美国一力承担，一旦美国减少资金投放，或者缩减人员规模，这些项目便很难正常运转下去。比如和平队从中亚各国退出后，和平队志愿者创建的青年训练营、计算机教室等均马上陷入停滞，随后被弃用。而与美国的高等教育合作项目也在很大程度上受到美国拨款的影响。特朗普时期，受美国外交战略收缩的影响，美国对外援助的整体规模较奥巴马时期明显缩减。美军撤离阿富汗，也使中亚在美国全球战略中的重要性大幅下降。美国投入中亚教育合作的经费也随之减少。

为应对这些情况，美国开始探索全新的教育合作方式，尤其是教育援助的服务、管理与融资机制。在服务方面，美国呼吁伙伴国政府建立对教育合作和援助项目的责任感和所有权意识，以更积极的态度投入项目管理。在管理方面，美国认为伙伴国政府应与美国共同建立项目的信息透明机制、问责制等管理制度，派遣专门人员参与项目的日常管理，提高项目管理的有效性。在融资方面，鼓励伙伴国建立责任共担的意识，积极调动国内公共与私人资源，筹集与美方投资相匹配的公共财政经费或私人捐助，以平衡外资与内资，提高整体资金规模，同时刺激伙伴国对项目的责任心，减少对外国援助的依赖。[1] 但这种全新的合作理念要普及并落实尚需很长时间，中亚各国是否有意愿与能力承担这些责任也未可知。

四　双方需求各异，难以真正互利共赢

一位美国教育学家提出，在推动国际教育合作时，最核心的价值主张应为扩大尊重。他提出，尊重是人类互动的核心，意味着视对方为合

---

[1]　"U. S. Government Strategy on International Basic Education in FY 2019 – 2023"，USAID，https：//files. eric. ed. gov/fulltext/ED601027. pdf，2023 – 1 – 5，p. 26.

作伙伴，确保对方的权利。教育合作中的尊重具有一个重要的因素，即相互性（Mutuality）。也就是说，成功的教育合作有一个重要的衡量标准，就是合作双方向对方学习和与对方共同学习的水平。无论本国教育水平、教育资源和教育经费是否优于对方，在进行国际教育合作时，都应该具备文化上的谦虚，认识到自己看待世界的方式并非真理，对方的方式也有可取之处。美国与中亚进行教育交流合作时，当然也包括推行对外战略时，经常有意无意忽视这一点。

中亚各国的教育体系有一个突出特色，即教育水平超出经济发展水平。苏联重视教育在国计民生中的作用，运用强大的中央能力在全国范围内统筹财政力量与教育资源，使全体加盟共和国的教育实现同步发展。因此，当时中亚地区的经济发展水平虽然较低，但教育水平却与其他加盟共和国基本持平，甚至可与部分发达国家比肩。苏联解体后，中亚各国经济严重倒退，但民众的受教育程度较高，教育体系的基础也相对稳固。因此，各国与美国开展教育交流合作时，存在着与其他欠发达地区截然不同的需求和期待，但美国却并未充分认识到这一点。

美国青年学者凯文·蒂姆林（Kevin Timlin）曾在1997—1999年作为和平队志愿者在吉尔吉斯斯坦担任英语教师。他的博士学位论文对美国与吉尔吉斯斯坦的"全美本科生项目"进行了全面研究。"全美本科生项目"旨在资助中亚一流大学的优秀本科生前往美国公立及社区大学进行一学年的学习，是吉美教育合作中最受欢迎的项目之一。但蒂姆林的研究结果显示，大部分学生对此项目予以积极评价，但也存在一些负面反馈。最令这些学生失望的是以下几点。一是他们在赴美后通常不是去大城市，而被安置于中西部州的中小城市；学校通常不在城区，而在偏远城镇。二是大量学生，尤其是大一学生会被安排进入美国两年制的社区大学。美国对社区大学的定位是提供初级的高等教育，其师资水平、学生素质和教学环境等与一流高校存在较大差距。因此很多学生发现，远渡重洋来到美国求学，而这里的学校还远比不上母国大学的水平，难免大失所望。很多社区大学没有接收国际学生的经验，也没有配备相应的国际学生服务体系，这也给吉国学生的学习和生活造成诸多不便。三是美国高校往往鉴于吉国学生是外国交流学生的身份，对他们的学业不做硬性要求，教师也不会在交流生身上投入精力与资源进行培养，吉国学生则倍感边缘化和学无所成。

另一种与中亚各国需求不匹配的情况是，美国企图通过这些项目来培养信仰美国民主价值观、引领中亚各国社会变革的领袖，但参与项目的很多中亚公民，尤其是青年学生，更希望以项目为跳板，获得前往美国留学、工作和移民的机会。虽然美方鼓励参与者在项目结束后返回祖国，甚至明确规定参与者在项目结束后的特定时段内不得申请美国的居留权和公民身份，但大量参与者仍怀抱期望。据哈萨克斯坦教育与科学部统计，在1993—2010年接受博拉沙克总统奖学金资助的7356名学生中，有2788名学生已毕业，但其中仅有1725人选择回国工作，有近40%的毕业生滞留国外，不愿回国。虽然教育部要求学生必须回国服务五年，且要求学生家长提供资产进行经济担保，但仍无法阻止国际教育合作中人才流失的情况。哈政府规定，自2012年起，博拉沙克总统奖学金不再培养本科生和硕士生，此举在于吸引最优秀的学生到国内新建立的纳扎尔巴耶夫大学学习而非出国。可见，哈政府已认识到，培养本土人才及其爱国主义精神也是发展教育的一项重要任务。[①] 蒂姆林还接触到一种极端情况，即有些项目参与者回国后无法适应吉尔吉斯斯坦的生活而自杀。因此他对包括全美本科生项目在内的美国与中亚教育合作的价值提出了疑问，即这些项目是否通过推动吉尔吉斯斯坦的民主价值观与公民社会而使该国真正受益；

---

① 申建良：《中国新疆与中亚国家高等教育合作研究》，博士学位论文，新疆农业大学，2014年，第40页。

抑或它们正在将中亚各国最优秀的人才推向美国，甚至"摧毁了他们的意志"。①

对美国而言，教育合作不只是教育领域的合作，更是其中亚战略的一部分，是美国追求在中亚的战略目标、推进中亚民主化的重要工具。政府与社会共同行动，公共财政与私人基金共同投资，使美国与中亚的教育合作形式多样、范围广泛、手段灵活，可以深入中亚各国的城乡各处。此外，美国对于教育合作项目的设计、实施与后续评估的全周期管理经验，使双方合作在较短时间内成果斐然，且拥有极强的纠错能力。但双方在教育合作中无法弥合的利益分歧、美国整体投入的不足、对中亚教育需求的忽视等，又使双方的教育合作难以形成长期、健康且互利的格局，经常遭遇挫折。从 2019 年《新中亚战略》可以看出，特朗普政府压缩在欧亚地区的军事力量，降低对中亚地区的战略投入，但并未改变美国在中亚的三大战略目标，即遏制俄罗斯、中国、伊朗，将中亚国家整合并纳入西方自由主义秩序，塑造中亚国家的发展方向和地缘政治取向；主要关注议题或政策目标也没有明显变化，即民主、经济（能源）、安全议题。拜登政府并未出台新的中亚战略，但从其执政后的行动看，美国在延续这些思路的前提下，可能有一些新变化，比如重视内外结合、外部优先的策略。内部是指将哈萨克斯坦和乌兹别克斯坦作为推进美国中亚政策的战略伙伴，外部则是从南亚和南高加索向中亚推进，从而减少中亚国家"两边下注"的机会，挤压俄罗斯和中国在中亚的利益。② 也就是说，美国可能再次提升推进民主、维持地缘竞争优势的优先程度，因此教育合作在美国中亚战略中的地位有望实现稳中有升。

---

① Kevin Timlin, *The Factors Influencing the Achievement of a U. S. Governmentally Sponsored International Education Exchange Program's Objectives*: *Reflections of Alumni from the Kyrgyz Republic*, Doctoral Dissertation at the University of Minnesota. 2017, p. 111.

② 肖斌:《拜登政府中亚政策前瞻》,《世界知识》2021 年第 10 期。

结　语

习近平总书记指出："人是文明交流互鉴最好的载体。深化人文交流互鉴是消除隔阂和误解、促进民心相知相通的重要途径。"① 在新冠疫情与世界百年未有之大变局的共同作用下，国际政治秩序与全球经济形势进入全面动荡、变革与重塑期，中国在其中的角色也面临着重大调整。中美之间的博弈与竞争大势已然明朗，中国与欧盟互为彼此第一大贸易伙伴，但疫情以来一些政客不断炒作"对华脱钩"议题。中国与印度的关系因边境争端已在谷底徘徊三年，短期内即使有所缓解，印度对华竞争和防范的态势也难以根除。与此形成对照的是，中国与"一带一路"共建国家的合作可圈可点，《区域全面经济伙伴关系协定》的签署标志着亚洲经济合作进入新纪元。中国与中亚各国也携手抗击疫情，聚焦经济复苏，共促地区稳定，取得了实实在在的成果。2020 年各方创建的"中国＋中亚五国"外长会晤机制一直运转良好，2022 年 4 月六国元首共同宣布打造"中国—中亚命运共同体"，2022 年 6 月各方一致同意创建"中国＋中亚五国"元首会晤机制。后疫情时期，中亚对中国崛起的战略价值愈发明确，正如我国外交部部

---

① 《习近平在亚洲文明对话大会开幕式上的主旨演讲（全文）》，《人民日报》（海外版）2019 年 5 月 16 日第 5 版。

长王毅指出，百年变局、世纪疫情和乌克兰危机持续冲击国际政治、经济、安全体系，世界进入新的动荡变革期。而中国和中亚唇齿相依，安危与共，已成为并肩前行的命运共同体。①

命运共同体的建设，出发点在互利共赢，但落脚点在人心。人心工程的建设需要依靠人文交流，而人文交流的主力是教育。"一带一路"倡议提出十年来，教育在共建"一带一路"中的基础性与主导性作用深入人心，教育对外开放战略不断完善，国际教育交流与合作政策也在持续深化。中国积极以教育政策对接各方需求，促进与共建国家之间的民心相通，以学历学位互认推动国际高等教育体系互鉴，以中外合作办学实现优质教育资源共享，以留学生互派推进国际人力资源开发，以多元化交流合作机制搭建"一带一路"教育共同体。② 中亚地区是"一带一路"核心区与中国周边外交的重要对象，也是中国推动教育对外开放、构建"一带一路"教育共同体的关键性伙伴。王毅外长提出，要开辟中国与中亚之间的人文交流的多元路径。教育应该成为其中最重要的路径之一。

本书全面梳理了美国国际教育合作从传教工具逐步变为国家战略手段的过程，总结了美国通过促进立法、统筹联邦多机构力量、吸纳民间智慧与资源等方式不断扩大教育合作范围的路径，勾勒出美国在意识形态输出、国际政治竞争、吸纳优秀人才等多重诉求推动下，在中亚构建起巨型教育合作网络的全貌。本书并无意在此做出一个高度凝练、振聋发聩的结论，只想强调几个在行文过程中不断彰显其重要性，但在国内仍未引发足够关注与讨论的现象和观点。

---

① 《王毅出席"中国＋中亚五国"外长第三次会晤》，中国一带一路网，2022 年 6 月 9 日，https：//www.yidaiyilu.gov.cn/info/iList.jsp？cat＿id＝10003&info＿id＝250733&tm＿id＝126。

② 秦惠民、王名扬：《"一带一路"十周年：我国高等教育国际交流与合作的政策、成效与新格局》，《中国高等教育》2023 年第 20 期。

第一，中美"大国竞争时代"已经到来，美国选择与中国、俄罗斯等大国进行对抗的态势日渐明朗，中亚乃至"大中亚"地区有可能成为大国全面博弈的新焦点。中亚在中国周边外交布局及国际战略中的地位将显著提高。中国与中亚的各领域合作，与中美竞争及中国崛起的关联度也相应提高。

第二，随着中国—中亚命运共同体建设的展开，教育、公共卫生等人文领域合作的重要性空前突出。从今往后的 5 年可能是推动与中亚教育合作的重要窗口期。相关的研究及决策应该紧跟时代的脚步和需要。

第三，"一带一路"建设已从高歌猛进的初创期进入精耕细作的深度发展期，此时，充分的基础研究、科学的田野调查和公开的多方论证成为当务之急。教育领域尤其如此。目前中国与中亚教育合作正在关键的提质增速期，大量项目正在筹备和落实中。为使这些项目顺利进行，我们除了对中亚当地的教育环境进行充分调查，还必须对美国、俄罗斯、欧盟、土耳其等国家与组织与中亚国家的教育合作交流情况展开全面深入的研究，从而做出科学规划和细致筹谋，避免陷入信息不对称甚至是一些误区。

第四，研究美国与中亚的教育合作，要同时具备学习和批判的眼光。要识别出美国那些已被证明有效的经验，适当参考；对一些低效、引发中亚国家不满甚至起了反作用的做法，则应进行规避和反思。只有全面了解自身需求、中亚需求及外部影响等多种因素，中国才能制定出全面、科学、有效的与中亚教育合作的战略。希望本书成为相关努力的良好开端。

参考文献

一 中文文献

（一）著作

陈学飞：《高等教育国际化：跨世纪的大趋势》，福建教育出版社 2002
年版。

范晓玲：《"一带一路"沿线国家哈萨克斯坦的中国认同》，光明日报
出版社 2017 年版。

富育红：《阿富汗武装集团的发展现状及对周边地区安全的影响》，载
孙力主编《中亚黄皮书：中亚国家发展报告（2020）》，社会科学文
献出版社 2020 年版。

顾明远、薛理银：《比较教育导论：教育与国家发展》，人民教育出版
社 1996 年版。

顾明远主编：《教育大辞典》，上海教育出版社 1999 年版。

靳希斌、安雪慧、月国华等：《国际教育援助研究——理论概述与实
践分析》，福建教育出版社 2008 年版。

李爱萍：《美国国际教育：历史、理论与政策》，云南大学出版社 2005
年版。

李少军：《国际政治学概论》，上海人民出版社 2005 年版。

梁碧莹：《近代中美文化交流研究》，中山大学出版社 2009 年版。

梁超主编：《中亚博弈新视角》，社会科学文献出版社 2011 年版。

王桂芳：《中亚战略格局和中国安全》，军事科学出版社 2004 年版。

卫道治：《中外教育交流史》，湖南教育出版社 1998 年版。

许涛：《中亚地缘政治沿革：历史、现状与未来》，时事出版社 2016
    年版。

杨鸿玺：《美国中亚战略 20 年——螺旋式演进》，社会科学文献出版
    社 2012 年版。

杨启光：《教育国际化进程与发展模式》，社会科学文献出版社 2011
    年版。

于富增、江波、朱小玉：《教育国际交流与合作史》，海南人民出版社
    2002 年版。

赵常庆：《中亚五国新论》，昆仑出版社 2014 年版。

曾向红：《遏制、整合与塑造：美国中亚政策二十年》，兰州大学出版
    社 2014 年版。

［美］亨廷顿：《我们是谁：美国国家特性面临的挑战》，程克雄译，
    新华出版社 2005 年版。

［乌兹别克斯坦］伊斯拉姆·卡里莫夫：《临近 21 世纪的乌兹别克斯坦：
    安全的威胁、进步的条件和保障》，王英杰译，国际文化出版公司
    1997 年版。

（二）论文

阿依提拉·阿布都热依木、刘楠：《"一带一路"倡议下中国与哈萨克
    斯坦教育合作的政策对接与实践推进》，《比较教育研究》2019 年第
    12 期。

阿依提拉·阿布都热依木：《吉尔吉斯斯坦高等教育变革研究》，《比
    较教育研究》2016 年第 4 期。

蔡武：《坚持文化先行 建设"一带一路"》，《求是》2014 年第 9 期。

陈德云：《全面国际化：美国高等教育国际化发展的新动向》，《全球教育展望》2014 年第 12 期。

陈举：《"一带一路"战略下中国与哈萨克斯坦高等教育合作空间探究》，《教育探索》2017 年第 1 期。

陈柯旭、石婧：《中美欧援助塔吉克斯坦比较研究：关于援助资金、领域分配和效果评估》，《新疆师范大学学报》（哲学社会科学版）2014 年第 3 期。

陈亚州、曾向红：《特朗普政府的中亚政策——继承与调整》，《国际问题研究》2018 年第 4 期。

陈玉祥：《浅谈"二战"以来美国的教育法规和高等教育变革》，《中国农业教育》2001 年第 5 期。

谌莉、刘晓红：《美国高等教育国际化的经验与反思》，《世界教育信息》2005 年第 1 期。

崔日明、陈晨：《美国"新丝绸之路"战略研究——基于中国"一带一路"战略比较》，《世界经济与政治论坛》2016 年第 3 期。

邓浩：《"一带一路"倡议与新时期中国的中亚外交》，《当代世界》2019 年第 6 期。

丁梦琦：《美国国际开发署的教育援助探究——以 ACR 项目为例》，《世界教育信息》2018 年第 2 期。

丁宁：《美国"中亚民主化"战略：意识形态的争夺》，《新疆社会科学》2010 年第 1 期。

范晓玲：《哈萨克斯坦国民心目中的中国形象分析》，《新疆财经大学学报》2016 年第 2 期。

范晓玲：《哈萨克斯坦主流网络媒体中的中国形象——以网络版〈哈萨克斯坦快报〉和〈哈萨克斯坦真理报〉为研究对象》，《新疆社科论坛》2016 年第 5 期。

范晓玲:《丝绸之路文化融入研究——哈萨克斯坦历史教科书中的中国形象》,《新疆大学学报》(哲学·人文社会科学版) 2016 年第 5 期。

范祖奎、易红:《吉尔吉斯斯坦高等教育现状调查研究》,《新疆社会科学》2011 年第 4 期。

高英彤:《〈国防教育法〉对美国高等教育发展的影响与启示》,《河北师范大学学报》(教育科学版) 2006 年第 3 期。

高祖贵:《美国与中亚的关系分析》,《俄罗斯东欧中亚研究》2005 年第 2 期。

谷贤林:《利己抑或利他:美国基金会教育援助动机及其策略分析》,《清华大学教育研究》2018 年第 3 期。

关春巧:《布什政府的美国对外援助政策改革探析》,《国际政治研究》2005 年第 4 期。

郭琼:《中国在中亚地区国家形象塑造的实践、挑战及建议》,《新疆社会科学》2014 年第 1 期。

韩苗苗、武和平:《中亚各国语言政策的走向及影响》,《中国社会科学报》2018 年 3 月 22 日第 6 版。

胡礼忠:《富布莱特项目与中美教育交流》,《国际观察》2000 年第 5 期。

黄仁国:《伊拉克战争后美国的教育国际交流新趋势》,《湖南科技大学学报》(社会科学版) 2009 年第 3 期。

邝艳湘:《二战后美国国际教育交流及其政治效应探析》,《公共外交季刊》2016 年第 3 期。

李慧、苏卡特、阿米娜:《中国与中亚国家"教育丝绸之路"合作路径探析——基于中亚四国高等教育的发展》,《东北大学学报》(社会科学版) 2018 年第 4 期。

李联明、汪霞：《后"9·11"时代美国高等教育国际化新发展研究》，《高等教育研究》2014年第8期。

李文佳、熊理然、刘雪娇等：《中美"新丝绸之路"战略比较分析》，《对外经贸》2015年第7期。

廖春红：《〈国家处于危机中〉对美国教育的影响》，《牡丹江师范学院学报》（哲学社会科学版）2006年第2期。

刘继业：《欧盟对中亚高等教育项目的援助》，《国际资料信息》2010年第3期。

刘俊霞：《西北五省区与中亚五国高等教育跨区域合作构想》，《现代教育管理》2016年第8期。

卢娜：《哈佛大学国际化特点及对中国高等教育的启示》，《中州大学学报》2008年第2期。

马毅飞、谭可：《美国国际教育政策的战略走向——基于〈美国教育部2012—2016国际战略〉的分析》，《现代教育管理》2015年第6期。

马毅飞：《美国国际教育的历史、多重身份与新发展》，《大学（研究与评价）》2008年第1期。

潘志平：《俄美中亚"大博弈"的攻守逆转及地缘政治走向》，《新疆师范大学学报》（哲学社会科学版）2011年第1期。

潘志平：《欧亚腹地的地缘政治——以美国的地区战略为视角》，《俄罗斯东欧中亚研究》2009年第1期。

潘志平：《中亚地缘政治现状分析（2008—2009）》，《新疆师范大学学报》（哲学社会科学版）2010年第2期。

彭丽婷：《国际教育援助实践及启示》，《世界教育信息》2018年第24期。

苏畅：《中亚伊斯兰极端主义的由来及应对》，《现代国际关系》2016年第1期。

孙大廷、孙伟忠：《美国高等教育国际化政策的文化输出取向——以"富布赖特计划"为例》，《黑龙江高教研究》2009 年第 5 期。

孙铭：《瓦解苏共的思想杀手——雅科夫列夫》，《红旗文稿》2014 年第 11 期。

田海丁：《美国对东南亚国家教育援助观察——以印度尼西亚为例》，《管理观察》2018 年第 6 期。

田海丁：《美国对外教育援助历程的观察与思考》，《天津中德应用技术大学学报》2019 年第 1 期。

汪霞、钱小龙：《美国高等教育国际化的现状、经验及我国的对策》，《全球教育展望》2010 年第 11 期。

王春玲：《美国境外办学的历史与现状——对"一带一路"建设中我国教育合作的启示》，《河北师范大学学报》（教育科学版）2018 年第 5 期。

王留栓：《美国高等教育国际化进程展望》，《上海高教研究》1995 年第 3 期。

王明昌：《土耳其与中亚国家关系的现状及前景》，《国际研究参考》2018 年第 5 期。

王盈：《全球化时代美国教育政策的战略调整》，《世界教育信息》2007 年第 2 期。

王振权、刘闽、薛山红：《跨越与挑战：中亚五国教育发展及改革走向》，《外国教育研究》2006 年第 12 期。

王志：《"丝绸之路经济带"视角下中美中亚竞合关系》，《常州大学学报》（社会科学版）2017 年第 5 期。

翁丽霞、洪明：《美国联邦政府国际教育政策探略——聚集〈国际教育法〉第六款与"富布赖特计划"》，《教育发展研究》2011 年第 7 期。

武山山、贺国庆：《浅析"9·11"以来美国高等教育国际化新进展》，《宁波大学学报》（教育科学版）2016 年第 2 期。

肖斌：《中国中亚研究：知识增长、知识发现和努力方向》，《俄罗斯东欧中亚研究》2019 年第 5 期。

许涛：《试析美俄中亚政策演变路径与前景》，《俄罗斯学刊》2015 年第 5 期。

许玮：《美国国际教育的先行者——两所学校的实践和经验》，《外国中小学教育》2005 年第 6 期。

杨恕、郭旭岗：《美国对哈萨克斯坦公共外交述评》，《俄罗斯东欧中亚研究》2015 年第 3 期。

杨恕、王术森：《中亚与西亚的地缘经济联系分析》，《兰州大学学报》（社会科学版）2018 年第 1 期。

杨恕：《关于推进"一带一路"建设教育交流合作的战略思考》，《比较教育研究》2015 年第 6 期。

杨恕：《中亚高等教育概况》，《中亚研究》2017 年第 1 期。

于虹：《后"9·11"时代美国高等教育国际化政策发展和实践新动向》，《外国教育研究》2015 年第 8 期。

张德启：《塑造世界公民：美国高等教育国际化进程中的林肯计划》，《全球教育展望》2009 年第 10 期。

张宏莉：《中亚国家语言政策及其发展走向分析》，《新疆社会科学》2015 年第 2 期。

张霞：《美国对中亚国家的法治改造》，《国际研究参考》2013 年第 9 期。

张杨：《冷战共识——论美国政府与基金会对亚洲的教育援助项目（1953—1961）》，《武汉大学学报》（人文科学版）2013 年第 3 期。

赵华胜：《美国中亚政策与中美关系——"美国中亚政策与中美关系

研讨会"来稿选辑》,《和平与发展》2010 年第 6 期。

赵华胜:《后阿富汗战争时期的美国中亚外交展望》,《国际问题研究》2014 年第 2 期。

赵华胜:《美国新丝绸之路战略探析》,《新疆师范大学学报》(哲学社会科学版) 2012 年第 6 期。

赵华胜:《美国与上海合作组织:从布什到奥巴马》,《国际问题研究》2010 年第 2 期。

赵华胜:《浅评中俄美三大战略在中亚的共处》,《国际观察》2014 年第 1 期。

赵喆:《美国国际开发署的教育援助探究——以 EiCC 项目为例》,《世界教育信息》2018 年第 2 期。

赵中建:《从一所学校看美国高等教育的国际化——以宾夕法尼亚大学教育研究生院为例》,《全球教育展望》2001 年第 1 期。

曾满超、王美欣、蔺乐:《美国、英国、澳大利亚的高等教育国际化》,《北京大学教育评论》2009 年第 2 期。

曾向红:《"一带一路"倡议的智力支持:中亚研究的现状与未来》,《国际展望》2016 年第 5 期。

曾向红:《美国参与中亚事务的主要途径及其效果研究》,《当代亚太》2013 年第 4 期。

曾向红:《美国对中亚事务的介入及中亚国家的应对》,《国际政治研究》2015 年第 3 期。

曾向红:《重塑中亚的地缘政治环境:2005 年以来美国中亚政策的调整》,《外交评论》2008 年第 3 期。

郑刚、刘金生:《"一带一路"战略中教育交流与合作的困境及对策》,《比较教育研究》2016 年第 2 期。

周谷平、韩亮:《"一带一路"倡议与教育外交》,《比较教育研究》

2018 年第 4 期。

朱陆民：《中国与中亚国家关系中的美国因素》，《新疆社科论坛》2013
年第 2 期。

朱兴德：《"一带一路"沿线教育市场格局》，《神州学人》2019 年
第 6 期。

朱永彪：《美国中亚政策与中美关系——"美国中亚政策与中美关系
研讨会"来稿选辑》，《和平与发展》2010 年第 6 期。

[俄] 米哈伊尔罗·斯托夫斯基：《外部势力不断介入，美俄土都想当
中亚老大》，《环球时报》2003 年 12 月 8 日第 12 版。

（三）学位论文

冯燕：《独立后中亚高等教育与国际合作研究》，硕士学位论文，新疆
师范大学，2013 年。

何雪晴：《乌兹别克斯坦高等教育及其国际化发展研究》，硕士学位论
文，新疆大学，2017 年。

黄仁国：《政治、经济与教育的三向互动》，博士学位论文，湖南师范
大学，2010 年。

刘自忍：《美国高等教育国际化初探》，硕士学位论文，西南大学，
2007 年。

鲁珺：《探析美国〈国际教育法〉》，硕士学位论文，苏州大学，
2008 年。

马斌：《冷战后美国对中亚援助政策研究》，博士学位论文，复旦大
学，2012 年。

马静：《乌兹别克斯坦高等教育研究》，硕士学位论文，兰州大学，
2012 年。

马毅飞：《中美国际教育政策研究——基于比较视角的理论与实例分
析》，博士学位论文，华东师范大学，2014 年。

申建良：《中国新疆与中亚国家高等教育合作研究》，博士学位论文，新疆农业大学，2014 年。

宗培荣：《冷战后美国中亚战略中的非政府组织》，硕士学位论文，湘潭大学，2009 年。

孙喆：《中国共建"一带一路"倡议与美国"新丝绸之路"计划对比研究》，硕士学位论文，外交学院，2018 年。

魏丹萍：《美国国际教育交流机构研究》，硕士学位论文，华东师范大学，2012 年。

袁佳：《"一带一路"背景下中亚地区孔子学院职能拓展研究》，硕士学位论文，兰州大学，2020 年。

赵玉池：《国际教育援助研究》，博士学位论文，西南大学，2010 年。

甄帅：《美国国际军事教育与培训计划研究》，硕士学位论文，东北师范大学，2013 年。

（四）互联网资料

曾向红：《丝路新观察专稿：中亚"民主岛"将出现第三次"革命"?》，"丝路新观察"专稿，腾讯网，https://new.qq.com/omn/20201006/20201006A0C7AJ00.html。

《兰州高校加强和中亚国家的教育合作》，国务院新闻办公室，2013 年 11 月 4 日，http://www.scio.gov.cn/dfbd/dfbd/Document/1349804/1349804.htm。

《推进共建"一带一路"教育行动》，教育部，2016 年 7 月 13 日，http://www.moe.gov.cn/srcsite/A20/s7068/201608/t20160811_274679.html.

《教育部：扩大"一带一路"国家间教育领域合作交流》，新华网，2016 年 8 月，http://www.xinhuanet.com//politics/2016-08/11/c_129222105.htm? from = timeline。

《"中国—中亚国家大学联盟"成立，7 国 51 所高校深化"一带一路"科教合作》，国务院新闻办公室，2016 年 9 月 28 日，http：//www. scio. gov. cn/m/ztk/wh/slxy/31209/Document/1492691/1492691. htm。

《2016 年度我国来华留学生情况统计》，教育部网站，2017 年 3 月 1 日，http：//www. moe. gov. cn/jyb＿ xwfb/xw＿ fbh/moe＿ 2069/xwfbh＿ 2017n/xwfb＿ 170301/170301＿ sjtj/201703/t20170301＿ 297677. html，2023 年 1 月 5 日。

《"一带一路"上的中国教育行动》，教育部网站，2017 年 5 月 16 日，http：//www. moe. gov. cn/jyb＿ xwfb/moe＿ 2082/zl＿ 2017n/2017＿ zl29/201705/t20170516＿ 304698. html。

《留学中国渐成世界选择　教育国际影响力不断增强》，环球网，2017 年 10 月 30 日，https：//lx. huanqiu. com/article/9CaKrnK5Aoo。

《全面推进共建"一带一路"教育行动》，人民网，2019 年 2 月 20 日，http：//edu. people. com. cn/n1/2019/0220/c1006 – 30807546. html。

《2018 年来华留学统计》，教育部网站，2019 年 4 月 12 日，http：//www. moe. gov. cn/jyb＿ xwfb/gzdt＿ gzdt/s5987/201904/t20190412＿ 377692. html。

《哈萨克斯坦跻身中国与"一带一路"沿线国家贸易额前 20 位》，中国商务部，2020 年 6 月 11 日，http：//fec. mofcom. gov. cn/article/fwydyl/zgzx/202006/20200602972479. shtml。

《互学互鉴，以开放推动办学国际化；互容互通，以合作助力教育现代化》，兰州大学，2020 年 10 月 14 日，http：//news. lzu. edu. cn/zt/ddh2020/73231. html。

二　英文文献

（一）英文专著

Alan J. De Young, Stephen P. Heyneman, eds. , *The Challenges of Educa-*

tion in Central Asia, Charlotte: Information Age Publishing, Illustrated edition, 2006.

Alice Greg, *China and Educational Autonomy: The Changing Role of the Protestant and Educational Missionary in China* 1807 – 1937, New York: Syracuse University Press, 1946.

Britta Korth, *Language Attitudes towards Kyrgyz and Russian*, Bern: Peter Lang, 2005.

Charles Frankel, *The Neglected Aspect of Foreign Affairs: American Educational and Cultural Policy Abroad*, Washington D. C. : The Brookings Institution, 1965.

Elizabeth Wishnick, *Growing U. S. Security Interests in Central Asia*, US Army War College Press, 2002.

F. J. H. Mertons, ed. , *Reflections on Education in Russia*, Amersfort: Acco Publishers, 1995.

Gabriel Abraham Almond, Sidney Verba, *The Civic Culture: Political Attitudes and Democracy in Five Nations*, Princeton University Press, 1963.

Heike C. Alberts, Helen D. Hazen, *International Students and Scholars in the United States Coming from Abroad*, New York: Palgrave Macmillan U. S. , 2013.

Herbert Read, *Education for Peace*, New York: Charles Scribner's Sons, 1949.

J. A. Cope, *International Military Education and Training: An Assessment*, Darby PA: Diane Publishing, 1995.

Jazira K Asanova, *International Assistance to Educational Development of Kazakhstan: Donor – Recipient Interactions*, Doctoral Dissertation at Hofstra University, 1999.

Joshua Kurlantzick, *Charm Offensive: How China's Soft Power is Transforming the World*, New Haven: Yale University Press, 2007.

Julie Mathews – Aydinli, ed. , *International Education Exchanges and Intercultural Understanding Promoting Peace and Global Relations*, New York: Palgrave Macmillan, 2017.

Kenneth King, Lene Buchert, eds. , *Changing International Aid to Education*, Paris: UNESCO, 1999.

Kevin Timlin, *The Factors Influencing the Achievement of a U. S. Governmentally Sponsored International Education Exchange Program's Objectives: Reflections of Alumni from the Kyrgyz Republic*, Doctoral Dissertation at The University of Minnesota, 2017.

Leonard Sussman, *The Culture of Freedom: The Small World of Fulbright Scholars*, Lanham: Rowman & Littlefield Publishers, 1992.

Philip H. Coombs, *The Fourth Dimension in Foreign Policy*, New York: Harper&Row, 1964.

Robert Blum, ed. , *Cultural Affairs and Foreign Relations*, Englewood Cliffs: Prentice Hall, 1963.

Rowan Gaither, et al. , *Report of the Study for the Ford Foundation on Policy and Program*, Detroit, Michigan: The Ford Foundation, November, 1949.

S. Fraser, ed. , *Governmental Policy and International Education*, New York, NY: John Wiley & Sons, 1964.

Stephen Webber, Ilkka Liikanen, eds. , *UK Education and Civic Culture in Post – Communist Countries*, New York: Palgrave Macmillan, 2001.

Susan Jacoby, *Inside Soviet Schools*, New York: Hill and Wang, 1974.

Teresa Brawner Bevis, *A History of Higher Education Exchange: China and America*, New York: Routledge, 2014.

Teresa Brawner Bevis, *Higher Education Exchange between America and the Middle East in the Twenty – First Century*, New York: Palgrave Macmillan, 2016.

Theodore M. Vestal, *International Education: Its History and Promise for Today*, Westport: Praeger Publishers, 1994.

Thomson, C. A, Laves, W. H. C., *Cultural Relations and U. S. Foreign Policy*, Bloomington: Indiana University Press, 1963.

Urie Bronfenbrenner, *Two Worlds of Childhood: U. S. and U. S. S. R.*, New York: Russell Sage Foundation, 1970.

Walter Johnson and Francis J. Colligan, *The Fulbright program: A History*, Chicago: The University of Chicago Press, 1965.

Wilson Iain, *International Exchange Programs and Political Influence: Manufacturing Sympathy?* New York: Palgrave Macmillan, 2014.

(二) 英文期刊

Aktolkyn Rustemova, Serik Meirmanov, Akito Okada, et al., "The Academic Mobility of Students from Kazakhstan to Japan: Problems and Prospects", *Social Sciences*, Vol. 9, No. 8, 2020.

Alan J. De Young, "Problems and Trends in Education in Central Asia Since 1990: the Case of General Secondary Education in Kyrgyzstan", *Journal Central Asian Survey*, Vol. 25, 2006.

Andrew Kuchins, Jeffrey Mankoff, "Central Asia in a Reconnecting Eurasia: U. S. Policy Interests and Recommendations", *CSIS*, May 11, 2015.

Bill Richardson, "A New Realism: A Realistic and Principled Foreign Policy", *Foreign Affairs*, Vol. 87, No. 1, 2008.

Carol Atkinson, "Does Soft Power Matter? A Comparative Analysis of Student Exchange Programs 1980 – 2006", *Foreign Policy Analysis*, Vol. 6, No. 1, 2010.

David W. Chapmana, Jessica Jester Quijada, "An Analysis of USAID Assistance to Basic Education in the Developing World, 1990 – 2005", *International Journal of Educational Development*, Vol. 29, Iss. 3, 2009.

Duraid Jalili, "The Use of Professional Military Education as a Soft – Power Asset in U. S. International Security Policy", *Strife Journal*, Special Issue I, November/December 2015.

Grace Akukwe Nkansa, David W. Chapman, "Sustaining Community Participation: What Persists After the Money Ends?", *International Review of Education*, Vol. 52, No. 6, 2006.

Halford Mackinder, "The Geographical Pivot of History", *The Geographical Journal*, Vol. 23, No. 4, 1904.

Holly Moran Hansen, "Defining international education", *New Directions for Higher Education*, Vol. 117, 2002.

Issac Kendel, "The National and international Aspect of Education", *International Review of Education*, No. 1, 1955.

Jim Nichol, "Central Asia: Regional Development and Implication for the U. S. ", *Congressional Research Service*, March 21, 2014.

Kathryn H. Anderson, Stephen P. Heyneman, "Education and Social Policy in Central Asia: The Next Stage of the Transition", *Social Policy& Administration*, Vol. 39, No. 4, 2005.

Knight J. , "Updating the Definition of Internationalization", *International Higher Education*, Vol. 33, 2003.

Laura W. Perna, Kata Orosz, Zakir Jumakulov et al. , "Understanding the

Programmatic and Contextual Forces That Influence Participation in a Government – Sponsored International Student – Mobility Program", *Higher Education*, Vol. 69, 2015.

Leyla R. Latypova, "Tracing the Success of Soft Power in the U. S. State Department's Future Leaders Exchange Program", *Inquirers Journal*, Vol. 9, No. 10, 2017.

Lipset, Seymour Martin, "Some Social Requisites of Democracy: Economic Development and Political Legitimacy", *The American Political Science Review*, Vol. 53, No. 1, 1959.

M. A. Pomper, "Battle Lines Keep Shifting Over Foreign Military Training", *Congressional Quarterly Weekly*, January 29, 2000.

Madeleine Reeves, "Of Credits, Kontrakty and Critical Thinking and Critical Thinking: Encountering 'Market Reforms' in Kyrgyzstani Higher Education", *European Educational Research Journal*, No. 4, 2005.

Marlene Laruelle, "The U. S. Silk Road: Geopolitical Imaginary or the Repackaging of Strategic Interests?", *Eurasian Geography and Economics*, Vol. 56, No. 4, 2015.

Michael Mihalka, "Not Much of a Game: Security Dynamics in Central Asia", *China and Eurasia Forum Quarterly*, Vol. 5, No. 2, 2007.

Nicholas Tate, "International Education in a Post – Enlightenment World", *Educational Review*, Vol. 65, No. 3, 2013.

Roger Bate, "The Trouble with USAID", The American Interest, Vol. 1, No. 4, 2006.

Sidney Verba, Norman H. Nie, Jae – o Kim, "Participation and Political Equality. A Seven – Nation Comparison", *Political Science Quarterly*, Vol. 94, No. 4, 1979.

Steve Heyneman, "The Transition From Party/State to Open Democracy: The Role of Education", *International Journal of Educational Development*, No. 1, 1998.

（三）官方文本

1. 法律

"National Defense Education Act of 1958" (P. L. 85 – 864; 72 Stat. 1580), History of Federal Education Policy, https://federaleducationpolicy. wordpress. com/2011/06/03/national – defense – education – act – of – 1958 – 2.

"S. 2532 – Freedom Support Act", 102nd Congress (1991 – 1992), April 07, 1992, https://www. congress. gov/bill/102nd – congress/senate – bill/2532/text.

"S. 517 – Educational Exchanges Enhancement Act of 1991", 102nd Congress (1991 – 1992), February 02, 1991, https://www. congress. gov/ bill/102nd – congress/senate – bill/517/text.

"S. 579 – Silk Road Strategy Act of 1999", 106th Congress (1999 – 2000), March 10, 1999, https://www. congress. gov/bill/106th – congress/senate – bill/579.

"S. 623 – READ Act", 115th Congress (2017 – 2018), March 14, 2017, https://www. congress. gov/bill/115th – congress/senate – bill/623.

Servicemen's Readjustment Act (1944), Our Documents, https:// www. ourdocuments. gov/doc. php? flash = false&doc = 76.

2. 国家战略及预算报告

Strobe Talbott, "A Farewell to Flashman: American Policy in the Caucasus and Central Asia", U. S. Department of State, July 21, 1997, https:// 1997 – 2001. state. gov/regions/nis/970721talbott. html.

"Annal Report on FY 2017 Data of Interagency Working Group on U. S. Government – Sponsored International Exchanges and Training", https://iawg. gov/wp – content/uploads/Final – Annual – Report – FY2017 – Data. pdf.

"Facts and Figures", Bureau of Educational and Cultural Affairs, U. S. Department of State, https://eca. state. gov/impact/facts – and – figures.

"Foreign Military Training Report Fiscal Years 2018 and 2019", Department of Defense and the Department of State, https://www. state. gov/wp – content/uploads/2019/12/FMT_ Volume – I_ FY2018_ 2019. pdf.

"FY 2004 – 2009 Department of State and USAID Strategic Plan", U. S. Department of State, https://2009 – 2017. state. gov/.

"Succeeding Globally Through International Education and Engagement", U. S. Department of Education International Strategy 2012 – 16, November 2012, https://www2. ed. gov/about/inits/ed/internationaled/international – strategy – 2012 – 16. pdf.

"The Bologna Declaration of 19 June 1999", http://www. magna – charta. org/resources/files/BOLOGNA_ DECLARATION. pdf.

"U. S. Department of Education Strategic Plan, 2002 – 2007", U. S. Department of Education, https://www. govinfo. gov/content/pkg/ERIC – ED466025/pdf/ERIC – ED466025. pdf.

"U. S. Government Strategy on International Basic Education in FY 2019 – 2023", USAID, https://www. usaid. gov/sites/default/files/documents/1865/USG – Education – Strategy_ FY2019 – 2023_ Final_ Web. pdf.

"USAID Education Policy", USAID, November 2018, https://www. usaid. gov/education/policy.

3. 领导发言

"Letter from Edmund J. James to Theodore Roosevelt"（1905 – 09 – 04），Theodore Roosevelt Center at Dickinson State University, https：// www. theodorerooseveltcenter. org/Research/Digital – Library/Record? li- bID = o51166.

"Statement from Peace Corps Director Jody Olsen on the Passing of President George H. W. Bush", Peace Corp, December 5, 2018, https：// www. peacecorps. gov/news/library/statement – peace – corps – director – jody – olsen – passing – president – george – hw – bush/.

Colin Powell, "Statement on International Education Week 2001", Global Education, 2001, http：//globaled. us/now/fullstatementpowell. html.

Evan Feigenbaum, "Approach to Central Asia", Remarks at the Central A- sia – Caucasus Institute, Nitze School of Advanced International Studies Johns Hopkins University, Washington, D. C. , February 6, 2007, ht- tps：//2001 – 2009. state. gov/p/sca/rls/rm/2007/80245. htm.

George Bush, "Address to the Nation on the National Education Strategy", The American Presidency Projects, April 18, 1991, https：// www. presidency. ucsb. edu/documents/address – the – nation – the – na- tional – education – strategy.

4. 研究报告及其他

"A Beacon of Hope：The Exchange – of – Persons Program", U. S. Advisory Commission on International Educational and Cultural Affairs, Washington D. C. ：U. S. Government Printing Office, 1963.

"Boren Awards for International Study", IEE, https：//www. iie. org/pro- grams/boren – awards – for – international – study.

"Education at a Glance：OECD indicators", Organization for Economic Cooperation and Development, Paris: OECD, 2004, https://www.oecd – ilibrary.org/docserver/eag – 2004 – en.pdf? expires = 1605842975&id = id&accname = guest&checksum = C2DA4DED7F13A49C49A6229320C5FCBA.

"Education: Government Expenditure on Tertiary Education as a Percentage of GDP", UNESCO, http: data.uis.unesco.org/.

"Global Competence & National Needs: One Million Americans Studying Abroad", The Commission on the Abraham Lincoln Study Abroad Fellowship Program, November 2005, https://www.aplu.org/library/global – competence – and – national – needs – one – million – americans – studying – abroad/file.

"Internationalization of Higher Education Policies and Practices in Central Asia and Asia – Pacific", UNESCO, May 22, 2019, https://en.unesco.org/news/internationalization – higher – education – policies – and – practices – central – asia – and – asia – pacific – 0.

"National Security Strategy of the United States of America", White House, December 2015, https://obamawhitehouse.archives.gov/.

"National Security Strategy of the United States", The White House, Auguest 1, 1991, https://nssarchive.us/national – security – strategy – 1991/.

"Open Doors 2019", The Institute of International Education, https://www.iie.org/Research – and – Insights/Publications/Open – Doors – 2019.

"Securing America's Future: Global Education in a Global Age", Association of International Educators, 2003.

Aguirre International, "An evaluation of the FREEDOM Support Act Undergraduate Program", Washington, DC: Bureau of Educational and Cultural Affairs, 2003. https://eca.state.gov/files/bureau/fsa – educational – partnerships – executive – summary_ october – 2004.pdf.

（四）互联网信息

Ariel Cohen, "U. S. Interests and Central Asia Energy Security", *The Heritage Fundation*, Nobember 15, 2006, https：//www. heritage. org/europe/report/us – interests – and – central – asia – energy – security.

"Cross – Border Education Research Team", C – BERT International Campus Listing, http：//cbert. org/resources – data/intl – campus/.

"If Youth Are Given the Chance：Effects of Education and Civic Engagement on Somali Youth Support of Political Violence", Mercy Corps, May 2018, https：//www. mercycorps. org/research/if – youth – are – given – chance – effects – education – and – civic – engagement – somali – youth – support.

"Joseph S. Nye Testifies to Congress About Soft Power and Educational Exchanges ", NAFSA, January 25, 2017, https：//www. nafsa. org/blog/joseph – s – nye – testifies – congress – about – soft – power – and – educational – exchanges.

John Dewey, *Democracy and Education*, The Pennsylvania State University (A Penn State Electronic Classics Series Publication), 2001, https：//nsee. memberclicks. net/assets/docs/KnowledgeCenter/BuildingExpEduc/BooksReports/10. % 20democracy% 20and% 20education% 20by% 20dewey. pdf, p. 10.

"Russia Kicks out U. S. Peace Corps", CNN, December 28, 2002, https：//edition. cnn. com/2002/WORLD/europe/12/28/peace. corps/index . html.

"The Peace Corps' Declining Role in Central Asia Kyrgyzstan Hosts the Region's Last Cadre of Peace Corps Volunteers", The Diplomat, October 29, 2015, https：//thediplomat. com/2015/10/the – peace –

corps – declining – role – in – central – asia/.

Bilal Barakat, Henrik Urdal, "Breaking the Waves? Does Education Mediate the Relationship Between Youth Bulges and Political Violence?", World Bank, Policy Research working paper, No. WPS 5114. 2009, https: //openknowledge. worldbank. org/handle/10986/4304.

Joshua Kucera, "U. S. Military Aid to Central Asia: Who Benefits?", Open society Foundation Occasional Paper Series, No. 7, September 2012, https: //www. opensocietyfoundations. org/uploads/811a2e90 – cbe9 – 490e – 9aa6 – dea12976eff3/OPS – No – 7 – 20121015. pdf, p. 25.

Martha Brill Olcott, "U. S. Policy in Central Asia: Balancing Priorities (Part II)", Testimony Prepared for the Committee on International Relations Hearing on The Middle East and Central Asia, April 26, 2006, https: //carnegieendowment. org/2006/04/26/u. s. – policy – in – central – asia – balancing – priorities – part – ii – pub – 18277.

Olga Oliker, David A. Shlapak, *U. S. Interests in Central Asia: Policy Priorities and Military Roles*, The Rand, 2005, https: //www. rand. org/pubs/monographs/MG338. html.

Roger McDermott, "Kazakhstan's Defense Policy: An Assessment on the Trends, Carlisle, PA: Strategic Studies Institute of the U. S. Army War College, February 2009, https: //www. globalsecurity. org/military/library/report/2009/ssi_ mcdermott. pdf.

Walter Herman Carl Laves, "Toward a National Effort in International Educational and Cultural Affairs", Washington D. C. : Department of State publication, 1961, https: //qaqawedojemujyjyz. rangelyautomuseum. com/toward – a – national – effort – in – international – educational – and – cultural – affairs – book – 21653dx. php.

（五）主要参考网站

千年挑战公司网站：https：//www. mcc. gov/where - we - work。

和平队网站：https：//www. peacecorps. gov/。

美国国际教育委员会网站：https：//www. americancouncils. org/。

美国—中亚教育基金会网站：https：//uscaef. org/about/。

美国国际研究交流委员会网站：https：//www. irex. org/。

"开放社会基金会"网站：https：//soros. kg/，https：//www. opens-ocietyfoundations. org/。

美国中亚大学网站：https：//www. auca. kg/。

美国韦伯斯特大学塔什干分校的网站：https：//webster. uz/in-dex. php。

美国驻地区英语办公室的详细资料，参见 https：//kz. usembassy.

gov/education - culture/regional - english - language - office/。

"富布莱特"项目网站：https：//us. fulbrightonline. org/。

后　　记

　　本书的构思源于 2017 年我以联合培养博士的身份在美国约翰斯·霍普金斯大学高级国际问题研究院（SAIS）学习时的一个闪念。美国首都华盛顿特区汇聚了多个美国一流的中亚研究机构，除高级国际问题研究院下属的中亚与高加索研究所，还有乔治敦大学外事学院的欧亚、俄罗斯与东欧研究中心，乔治华盛顿大学艾略特国际关系学院的中亚研究项目等。此外，多家智库也有涉中亚的项目，如战略与国际关系研究中心（CSIS）的俄罗斯与中亚研究项目。我时常去这些机构蹭会，认识了不少中亚各国的参会者，也发现他们具备的一些特性。比如英语很好，在学术交流场合的发言十分精准流畅；对美国文化很熟悉，与美国本地参会者在会下也交流自如；高中、大学或硕士时大都参与过中亚与美国的教育交流项目，在美国进行过短期或长期学习；与美国同行保持着较为密切的学术与个人联系。此外，"美国中亚大学"时常出现在这些中亚学者的名片上。当时，我有一种恍然大悟之感，我们常说的美国在实施中亚政策十分注重价值观传递，这不正是一种生动体现吗？如果日后有机会进行更深入探究就好了。

　　2018 年年底进入兰州大学文学院的博士后流动站后，我苦苦思索能将此前的中亚研究成果与流动站在人文交流研究的优势进行结合的议题，之前的念头再次闪现。通过与博士后合作导师彭岚嘉教授的沟通，决定利用在站的两年时间，对美国与中亚教育合作进行历史梳理、成效评估与未来展望，同时提取对中国的有益启示。本书即将付梓，五年前的一闪念终于落了地。

学界同行时常戏称自己是个体户，做学术是一场独自上路、艰难求索的旅程。但回首本书从埋首选题，到起笔成文，再到修改完善、润色打磨和等待出版的过程，每一步都受到了前辈、师长、同行和亲朋们的倾力支持。博士后合作导师彭岚嘉教授在确定选题时表达了充分支持，在写作与完稿后又给予我大量宝贵意见。硕士与博士导师杨恕教授是国内中亚研究界的一流学者，与中亚多所高校和科研机构长年保持密切的学术联系。他不仅将自己多年收集的关于中亚教育的资料全部赠予我，还向我讲述了他对中亚教育、中国与中亚教育合作的诸多见解，这些资料与谈话也成为本书的"发家之本"。曾向红教授见证了我从硕士开始接触中亚研究到现在独立著书的全过程，多年来，尽力竭力地为我提供论文修改、投稿建议和研究规划等诸多帮助。请他为本书写序时，他欣然同意，让本书大为增色。此外，兰州大学政治与国际关系学院副院长陈小鼎教授、汪金国教授、焦一强教授均对本书提出过宝贵意见，兰州大学国际文化交流学院院长黎春玲师姐、王珊老师为我提供了兰州大学海外共建孔子学院和本校中亚留学生的最新数据，政治与国际关系学院 2022 级硕士研究生王文婧与陈虎协助我校对书稿，谨于此处致以谢意。本书的责任编辑侯聪睿老师也为本书付出了大量心血。收到她编辑完的书稿时，我对书稿上密布的红笔、蓝笔、便签条等修改痕迹既感且愧。这是我第一次直观感受到，一本书的出版是作者与编辑的共同心血，编辑的名字应该被更多人看见。

在女权主义思潮兴起的当下，每每看到公共舆论场讨论妻职、母职对职业女性的显性和隐性剥削时，我便深感我拥有一个职业女性能拥有的最好的家庭。父母远在湖南，对我事业上的点滴进步都报以热烈回应。公婆与我们比邻而居，在我们需要支持时总是挺身而出。先生与我相伴 14 年，事事尊重我，支持我，在我出差、出国或加班时总是说："你放心去，有我呢"。小儿达央是一个健康开朗的四年级小学生。在家工作时，他会凑过来，结结巴巴读着电脑屏幕上的文字，发出"妈妈真厉害"的赞叹。养育他的过程，使我无限接近幸福。成为他的榜样，也是我勉励前行的动力。谨以此书送给他。

本书虽将付梓，但仍有诸多遗憾和不足。比如原计划在 2020 年到 2022 年前往中亚高校调研、对甘肃各高校的中亚留学生进行问卷调查，均由于新冠疫情的影响未能实现。2023 年初书稿交付出版社后，受乌克兰危机、大国竞争加剧等影响，美国的中亚政策又发生了重大变化。虽然在校对时，更新了一些数据，也增添了新的内容，仍然难免疏漏。因此恳请读者与同行予以批评指正。

假日朋友相约时，我时常因加班而缺席。朋友便戏谑：什么时候能著作等身？本书让我终于向这个目标迈出了第一步。还剩下九十九步，最终能走到哪里，且交给时间来回答。是为后记。